Hermann Schreiber **Das gute Ende**

Wider die Abschaffung des Todes

Rowohlt

1. Auflage Januar 1996
Copyright © 1996 by Rowohlt Verlag GmbH,
Reinbek bei Hamburg
Alle Rechte vorbehalten
Dokumentation Jutta Temme
Umschlaggestaltung Susanne Heeder
(Foto Laura Colan/Photonica – Gruner + Jahr Fotoservice)
Satz aus der Candida (Linotronic 500)
Gesamtherstellung Clausen & Bosse, Leck
Printed in Germany
ISBN 3 498 06301 4

Für Hanns

Inhalt

Vorwort

Wer hineinhört ins Stimmengewirr der Medien, wer sich die dramatisierten Realitäten anschaut, die im Fernsehen und in den Bilderblättern aufscheinen, der könnte auf den Gedanken kommen, eine «Trendwende» verschlafen zu haben. Ist der Tod plötzlich und unerwartet vom Tabu zum Thema geworden? Ist es vorbei mit der Verdrängung des Todes aus dem Leben der Menschen, aus dem Alltag, aus der Aufmerksamkeit der Heilkundigen, aus unser aller Bewußtsein, ja sogar aus der Erinnerung? Oder warum sonst sind Tod und Sterben in einem Maß zum Gegenstand öffentlicher Darstellung geworden, das vor ein paar Jahren noch schwer vorstellbar gewesen wäre?

Muß sich nicht etwas geändert haben, wenn das Thema Tod nicht mehr nur das elitäre Umfeld akademischer Dispute, sondern auch die Bestsellerlisten und sogar die Popindustrie beschäftigt; wenn die Erörterung von Tod und Sterben jene Stufe der Inkompetenz erreicht hat, die sie Talkshow-tauglich macht; wenn ein gelernter Werbefotograf es für aussichtsreich hält, eine Werbekampagne «für eine individuelle Sepulkralkultur» unter dem Motto «Tod – find ich gut» zu entwerfen, in der zum Beispiel das Motiv eines frisch ausgehobenen Grabes mit der Textzeile «Tieferlegen, ey!» versehen ist? Ist die Zeit wirklich gekommen für neue Todesbräuche und für ein derart entspanntes

Verhältnis zum Sterben? Alle reden auf einmal vom Tod – und also wandelt sich das gesellschaftliche Bewußtsein?

Schön wär's. Aber wenn es so wäre, dann müßte mehr zu erkennen sein als ein sogenannter Trend, es müßte mehr Bewegung ins gesellschaftliche Bewußtsein kommen, als die Bugwelle des wechselhaften Medien-Interesses erzeugen kann. Es hat immer Scharlatanerien und Modetrends gegeben, die mit Tabu-Verstößen Interesse wecken wollten; die Trends sind gegangen, die Tabus sind geblieben. Wohl wahr, daß über Sterben und Tod nun anders geschrieben und anders geredet wird. Aber daß auch anders gestorben wird – das ist eben nicht die Folge.

«Wir sterben hierzulande elender als die Armen in den südamerikanischen Favelas!» Das hat kein radikaler Gesellschaftskritiker gesagt, sondern laut *Frankfurter Allgemeine Zeitung* der Sozialminister der Bundesrepublik Deutschland, Norbert Blüm, im September 1995 auf einer Veranstaltung seines Hauses zum Thema «Humanes Sterben in unserer Gesellschaft».

Noch immer sterben weitaus die meisten Menschen nicht zu Hause, sondern im Krankenhaus, obwohl sie das erklärtermaßen nicht wollen, und obwohl die Krankenhäuser sich nicht als Sterbehäuser begreifen mögen. Noch immer werten die meisten Mediziner das Sterben eines Patienten als Niederlage und ziehen sich zurück, wenn sie den Kampf gegen den Erzfeind Krankheit verloren haben. In der Regel haben sie es auch nicht anders gelernt. Nicht nur die Gesellschaft der Laien, auch die Schulmedizin hat den Tod ins Exil geschickt, und da ist er noch immer: ausgebürgert.

So deutlich sagen Ärzte das freilich nur, wenn sie sel-

10

ber keine «eingefleischten Schulmediziner» sind, wie der Schweizer Aids-Experte Ruedi Lüthy zum Beispiel: «Wenn jemand an einer unheilbaren Krankheit leidet und ein Tumor beispielsweise unkontrollierbar zu wachsen beginnt, erlischt das Interesse des Schulmediziners in der Regel. Da hat man als Arzt verloren. Diesen Patienten hat man ja nichts mehr zu bieten. Am schlimmsten ist es jeweils kurz vor dem Tod. Ärzte, da nehme ich mich gar nicht aus, drücken sich davor, bei einem Sterbenden vorbeizuschauen.» Durchaus etabliert hingegen dürfte die Ansicht des Oberarztes einer ungenannten Klinik sein, die der Göttinger Jurist Professor Hans-Ludwig Schreiber in einem Vortrag zitiert hat: «Man solle sich auf dieses ganze Gerede von Recht und Ethik in der Behandlung überhaupt nicht einlassen, das seien schwankende Größen. Er tue alles, was er medizinisch machen könne, daran und nur daran habe er sich zu orientieren. Solange es medizinisch noch gehe, behandele er, dann sei es irgendwann zu Ende.» Gestorben wird gefälligst allein.

Und dann verschwindet man, schnell und manchmal auch spurlos. Die Neigung zu anonymen Urnenbestattungen nimmt weiterhin zu, wohl auch weil sie preiswerter sind. Es gibt traditionelle Beerdigungsunternehmer, die befürchten, daß sie immer häufiger als reine Entsorger beschäftigt werden. Auch die sogenannte Trauerarbeit, wenn sie überhaupt getan werden soll, kann man delegieren: an diskrete, psychologisch geschulte Helfer.

Was bedeutet demgegenüber die Tatsache, daß der Tod zum Talkshow-Thema geworden ist, daß in einem Doris-Dörrie-Film ein Volkshochschulkurs für bewußtes Sterben vorkommt oder daß durchgeknallte Werbetexter sich kesse Sprüche fürs letzte Stündlein ausdenken? Sie bedeutet gar nichts.

Wäre da wirklich ein Wandel im gesellschaftlichen Bewußtsein von Tod und Sterben, dann müßte er sich an einem veränderten Umgang mit den Alten ablesen lassen. Aber den gibt es auch nicht. Wohl existieren in Wirtschaft und Gesellschaft noch ein paar heimliche (oder unheimliche) Gerontokratien; an der Basis aber wird eine «altersselektive Personalpolitik» praktiziert, die immer den jüngeren Bewerber begünstigt und, wenn gespart werden muß, zuerst die Älteren nach Hause schickt. Von mehr Respekt vor der Berufserfahrung oder gar von einer möglichen Verlängerung der Lebensarbeitszeit ist wenig zu sehen. Statt dessen wächst die Angst der Jungen vor der drohenden Altenlawine, und der Generationenkonflikt verschärft sich.

Aber wenn sich in der Substanz nun gar nichts verändert hat, wenn sowohl die Verdrängung des Todes als auch deren schlimme Folgen noch unvermindert wirksam sind – warum reden dann auf einmal so viele vom Tod, warum begegnet er uns an jeder Ecke und auf jedem TV-Kanal? Je weniger wir bereit sind, uns mit dem eigenen Tod auseinanderzusetzen, desto allgegenwärtiger scheint er zu werden.

Zum einen ist der Tod eben gerade dadurch stärker ins Bewußtsein gerückt, daß er massiver denn je bekämpft wird, daß er um beinah jeden Preis aus dem Leben hinausgedrängt werden soll. Der maximale Einsatz der Medizin, besonders der medizinischen Technik, im Kampf gegen schwere und schwerste Krankheiten hat ja nicht nur Leben verlängert, sondern auch den Bedingungen der Lebensverlängerung, dem verhinderten Sterben durch die Apparatemedizin zum Beispiel, erhöhte Aufmerksamkeit verschafft. Und nicht zuletzt deshalb hat sich die Soziologie des Todes und des Sterbens unterdessen zu einer akademischen Disziplin, zu einem eigenen Zweig der sozialen Wissenschaften, entwickelt – nicht ohne Folgen auch für die populäre Publizistik.

Zweifellos aber hat Aids das Erscheinungsbild des Todes verändert – Aids nicht nur als eine medizinisch unbesiegte Seuche, die keineswegs bloß bestimmte «Risikogruppen» bedroht. Aids hat den Tod sozusagen zurückversetzt in eine Generation, die ihn im Verlauf der vergangenen fünf Jahrzehnte fast völlig aus den Augen und aus dem Sinn verloren hatte. Der Tod war zu einer ziemlich exklusiven Angelegenheit der Alten geworden. Das hat sich geändert. Jetzt macht der Tod auch in den Reihen der Jungen wieder reiche Beute. Die aber gehen anders damit um als die Alten. Das haben sie in früheren Zeiten, als der Tod sie ohnehin noch nicht verschonte, wohl auch schon getan. Ganz gewiß tun sie es heute. Sie wehren sich dagegen, mit Schweigen übergangen zu werden, sie reden an gegen die Ausgrenzung.

Die offensive Selbstdarstellung so mancher Aidskranker ist zumindest auf das Kolorit des zeitgenössischen Todesbildes nicht ohne Einfluß geblieben. Sie hat einer interessierten Öffentlichkeit zum Beispiel den HIV-positiven ehemaligen Postbeamten Napoleon Seyfarth beschert, der «auf Sterben und Tod nicht bloß gefaßt, sondern mit barocker Planungslust» zuging, wie der *Spiegel* schrieb – nicht ohne den leuchtendblauen Sarg mit Schweinskopf-Applikationen abzubilden, den der medienbewußte Homosexuelle sich schon bei Lebzeiten zum Zweck des Probeliegens ins Schlafzimmer gestellt hatte. Solcher Selbstdarstellung verdanken wir es wohl auch, daß ein gewisser Bob Flanagan als «Performance-Künstler» im Alter von 41 Jahren seine tödliche Stoffwechselkrankheit – also sich selber – im New Yorker Museum of Contemporary Art ausgestellt hat, weil er der Überzeugung war, der Prozeß des Sterbens sei «das endgültige dekonstruktive Kunstwerk».

Viel weiter reichen und viel schwerer wiegen die Folgen jener «Hirntod-Debatte», die besonders im Sommer und im Herbst 1995 von den parlamentarischen Beratungen des bundesdeutschen Gesetzes zur Organtransplantation ausgelöst worden ist. Es ging dabei zwar in erster Linie um Kranke, die mit Hilfe eines Spenderorgans am Leben zu bleiben hoffen – und in diese Lage kann sich auch jeder Gesunde ganz gut versetzen. Es ging aber ebenso um die Frage, wann der Mensch tot ist – genauer: wann er so tot ist, daß es nicht nur medizinisch, sondern auch ethisch zu verantworten ist, seine inneren Organe zu entnehmen.

Das Gesetz war ohne Zweifel überfällig. Die Rechtsunsicherheit im eigenen Lande hat schlimme Konsequenzen gehabt – bis hin zu Formen des Organimports und des «Transplantationstourismus», die weder medizinisch noch ethisch zu verantworten sind. Bei uns aber, in den hochentwickelten Ländern Mitteleuropas, hat die Bereitschaft zur Organspende dramatisch abgenommen; die Bundesrepublik erscheint, mit deutlichem Abstand nach Österreich und der Schweiz, ganz hinten auf der Liste. Die Zahl der Spender ist sehr viel geringer als der Bedarf an transplantationsfähigen Organen. Laut einer im April 1995 veröffentlichten Allensbach-Umfrage halten über 60 Prozent der Deutschen einen Mißbrauch von gespendeten Organen für möglich, und

35 Prozent befürchten, als Inhaber eines Organspender-Ausweises schneller als andere für tot erklärt zu werden. Es plagt sie offenbar die Angst, einer Verlängerung des eigenen Sterbens um Stunden oder gar Tage zuzustimmen: als eine Art Organbehälter unter den Händen eines ungeduldigen Chirurgenteams zu sterben, dessen erstes Interesse nicht dem Spender, sondern dem Organempfänger gilt. Denn der Spender soll so tot wie nötig, das Transplantat muß so lebendig wie möglich sein.

Diese Hirntod-Debatte hat Urängste geweckt, denn sie hat vielen Menschen erst bewußt gemacht, daß sie eine völlig falsche Vorstellung vom Tod gehabt haben. Just die Notwendigkeit, eine gesetzliche Definition des Todes allgemeinverbindlich festzuschreiben, hat deutlich werden lassen, daß es solche Allgemeinverbindlichkeit gar nicht gibt. Der Tod ist kein Zustand, der überall als solcher erkannt und definiert wird. Der Tod ist eine Verabredung, eine Konvention, und nicht mal eine von weltweiter Gültigkeit. Ein Mensch, der in Deutschland für tot erklärt werden kann, gilt etwa in Japan noch längst nicht als Leiche. Auch die Festlegung auf den Hirntod als den Tod des Menschen ist nichts anderes als eine Konvention – und sie wird umstritten bleiben.

Bis in die fünfziger Jahre galt der Tod des Menschen als gleichbedeutend mit dem Herz-Kreislauf-Stillstand, und ohne die Intensivmedizin wäre das wohl noch immer so. Ein Jahr nach der ersten Herztransplantation, 1968, hat eine Ad-hoc-Kommission der Harvard Medical School dann den Hirntod, den irreversiblen Ausfall aller Gehirnfunktionen, als den Tod des Menschen definiert: Von diesem Zeitpunkt an soll es nun erlaubt sein, dem Menschen Organe zu entnehmen. Zu einem Herz-

Kreislauf-Stillstand muß es dabei nicht kommen; das Herz kann unter maschineller Beatmung weiterschlagen. Mit Unterstützung der Intensivmedizin kann der Organismus auch nach dem Ausfall seiner im Gehirn angesiedelten Integrationsfunktionen fähig gehalten werden, sich als ein selbständiges Ganzes zu organisieren. Hirntote können schwitzen, Arme und Beine bewegen, auf Berührungen reagieren. Es gibt bei hirntoten Menschen – vom Rückenmark gesteuerte – Greifreflexe, die zu «Umarmungen» der Pfleger führen können. Neben den elementaren Stoffwechsel-Funktionen, wie zum Beispiel der Verdauung, bleiben sogar die reproduktiven Funktionen erhalten. Ein hirntoter Mann bleibt erektions- und sogar zeugungsfähig. Eine hirntote Schwangere – man erinnere sich an den spektakulären Fall des «Erlanger Babys» – kann mit intensivmedizinischer Hilfe ein Kind austragen. Marion Ploch, die Mutter des Erlanger Babys, unterschied sich nicht grundsätzlich von jenen Hirntoten, denen Organe entnommen werden. Die Ärzte hatten ihre Eltern bereits um deren Einverständnis zur Organspende gebeten, als die Schwangerschaft der potentiellen Spenderin entdeckt wurde.

Nein, der Streit der Gelehrten um die Konvention vom Hirntod als dem Tod des Menschen geht weiter. In den Experten-Anhörungen zum Transplantationsgesetz zum Beispiel sind Gegner und Befürworter der Hirntod-These ungefähr gleich stark vertreten gewesen. Man muß das Gehirn von dem übrigen Körper und seinen Organen unterscheiden, sagen die einen, denn es ist der Sitz der Informationsverarbeitung. Alle Lebensmerkmale, die ein höheres Lebewesen auszeichnen, entstehen durch die Tätigkeit seines Gehirns. Falsch, sagen

16

die anderen. Das Gehirn ist ein Organ wie viele andere auch. Herz, Niere, Lunge, Leber und Gehirn sind gleichermaßen aufeinander angewiesen. Zwei Drittel aller Lebewesen auf der Welt haben überhaupt kein Gehirn. Man kann also das Gehirn nicht mit Leben und den Hirntod nicht mit Tod gleichsetzen.

Unumstritten ist lediglich die Erkenntnis, daß es vom Hirntod kein Zurück ins Leben mehr gibt, sofern der irreversible Ausfall aller Gehirnfunktionen richtig diagnostiziert worden ist. Doch ob dieser Ausfall nun den unumkehrbaren Sterbeprozeß kennzeichnet, in dem zur Rettung des Lebens anderer Menschen Organe entnommen werden dürfen, oder bereits den Tod – darüber gibt es keinen Konsens. Wenn aber die Phase zwischen dem Hirntod und dem endgültigen Stillstand aller Körperfunktionen nicht eindeutig dem Tod zugerechnet werden kann, dann gehört sie noch zum Leben. Sterben gehört zum Leben.

Was auch immer nun im Gesetz stehen mag: Wenn es darum geht, zur Lebensrettung eines sehr kranken Menschen eine, womöglich traumatische, Verlängerung des eigenen Sterbens in Kauf zu nehmen – wer, wenn nicht bei Lebzeiten der Betroffene selber, sollte das wohl zulassen dürfen?

«Wer kann wissen, wenn jetzt das Seziermesser zu schneiden beginnt», hat der Philosoph Hans Jonas gefragt, «ob nicht ein Schock, ein letztes Trauma einem nichtzerebralen, diffus ausgebreiteten Empfinden zugefügt wird, das noch leidensfähig ist?» Kein Mensch weiß das, keiner kann es wissen. Mit naturwissenschaftlichen Erkenntnissen läßt sich über das Sterben fast gar nichts entscheidend Wichtiges sagen. Es ist wohl eher ein Thema für die Dichter. Anton Tschechow zum Bei-

spiel hat im *Kirschgarten* den «ewigen Studenten» Tro-
fimov sagen lassen: «Und was heißt das – du stirbst?
Vielleicht hat der Mensch hundert Sinne, und mit dem
Tode erlöschen nur die uns bekannten fünf, während
die übrigen fünfundneunzig weiterleben.» Was bleibt,
ist die Ungewißheit – und mit ihr die Angst.

Es gibt noch andere Erscheinungen, die erklären
könnten, warum der Tod auf einmal so populär geworden ist: als Streitpunkt, als schrille Verkleidung einer
oft verleugneten Katastrophe, als High-Tech-Objekt,
als Medien-Ereignis – jedenfalls als eine Spielart von
«action», als gefundenes Fressen für die sogenannte Er-
lebnisgesellschaft. Es gibt auch eine neue Schamlosig-
keit dem Tod gegenüber, die sich als *Reality TV* manifestiert oder als esoterische Enthüllung. Natürlich kann
niemand erzählen, wie er oder sie den Tod erlebt hat,
denn Tote reden nicht; doch wenn zum Beispiel Reani-
mierte dies tun, dürfen sie immer eines aufmerksamen
Publikums sicher sein.

Diese Trivialisierung des Todes ist nichts anderes als
eine Form von Tabuisierung, als eine Spielart der Verdrängung. Und die Inflation solcher Themen mindert,
wie jede Inflation, den Wert dessen, womit – oder wovon
– gehandelt wird. Der Tod als ein Teil des Lebens ist
mitnichten wichtiger geworden im allgemeinen Bewußtsein, und das Sterben als eine Zeit des Lebens, die
angenommen und bewältigt sein will, erst recht nicht.

Es hat zu allen Zeiten Menschen gegeben, die im Angesicht des Todes Bilanz gemacht, die Summe ihres Lebens gezogen und sich so auf das Sterben vorbereitet
haben. Die «letzten Worte» haben eine große Tradition,
und spätestens seit Platons dialogischer Darstellung des
Sterbens von Sokrates haben sie auch ihren Platz in der

18

Literatur. Menschen mit einem starken Ego und einer hohen Position haben gewiß immer die Öffentlichkeit im Sinn gehabt, wenn sie ihr Vermächtnis gemacht haben. Geändert haben sich im Lauf der Jahrhunderte nur die Formen der Vermittlung und die unmittelbaren Adressaten. Der Staatsmann und Kardinal Richelieu zum Beispiel hat sich 1642 auf dem Sterbelager nur an seinen König gewandt: «Sire, es ist das letzte Lebewohl. Ich habe den Trost, Ihr Königreich auf dem höchsten Stand des Ruhmes und Ansehens und Ihre Feinde geschlagen und gedemütigt zu wissen.» Der krebskranke Staatspräsident François Mitterrand hat sich, rund 350 Jahre später, via Fernsehen und in Zeitungsinterviews an die ganze Nation, wenn nicht an die Menschheit, gewandt und ist dabei durchaus persönlich geworden. «Sie sind da, mit Ihrem fragilen Körper, der bald zerbrechen wird – und dann dieses Etwas in Ihnen, das Ihnen ein Sehnen nach Dauer und nach Ewigkeit gibt...»

Im März 1995 machte ein solches Gespräch über Leben und Tod von sich reden, das der populäre Fernsehjournalist Hanns Joachim Friedrichs genau eine Woche vor seinem Krebstod mit zwei befreundeten Kollegen vom *Spiegel* geführt hatte – fast im Plauderton, jedenfalls ohne Pathos und ohne jedes Mitleid mit sich selber: die positive Bilanz eines Sonntagsjungen, der gelassen das Lebensende erwartete. Einen Tag, nachdem der schriftliche Niederschlag dieses Gesprächs als Titelgeschichte des *Spiegel* an den Kiosken erschienen war, starb Friedrichs. Das Aufsehen war beträchtlich, besonders in den Medien. Es war die Rede von einer Inszenierung – als habe da einer, der ohnehin Schluß machen wollte, sich einen spektakulären Abgang verschafft. Andere nannten das Gespräch sogar ein Signal, ein Beispiel für den veränderten Umgang mit Krankheit und Tod. Beides ist falsch. «Hajo» Friedrichs hat sich nicht das Leben genommen, auch nicht mit fremder Hilfe. Er hat nichts von alledem gebraucht, was heute unter Sterbehilfe verstanden wird. Daß sein Bild auf dem *Spiegel*-Titel erschienen ist, hat er nur noch vage wahrgenommen. Und das Aufsehen, das Friedrichs' «letzte Worte» erregt haben, verdanken sie, außer seiner Popularität, vor allem dem Umstand, daß sie für unseren Umgang mit Krankheit und Tod ganz und gar untypisch sind. Sie beseitigen die Verdrängung des Todes nicht, sie machen im Gegenteil deutlich, wie mächtig diese noch immer ist.

Wäre es anders, dann müßte es heute doch auch hierzulande eine rationale, von Goodwill geleitete Debatte über Sterbehilfe und Sterbebegleitung geben, eine Debatte darüber zum Beispiel, was Ärzte tun sollen, wenn sie nach schulmedizinischer Lesart «nichts mehr tun können» für einen Patienten. Dann müßte auch hierzulande frei von Verdächtigungen darüber beraten werden können, ob es neben dem Verfassungsrecht auf Leben nicht auch ein Recht auf den eigenen Tod geben sollte. Das ist aber nicht so. Die «kopernikanische Wende in der Einstellung zum Leben», die der Strafrechtsprofessor Albin Eser in der Forderung nach einem solchen Recht auf den eignen Tod erblickt hat, wird verhindert von einem ideologisch aufgeladenen Streit über die verbrecherische Vergangenheit, in der Massenmord fälschlich als Euthanasie bezeichnet worden ist.

Nein, es gibt auch nicht wirklich eine «Trendwende», sofern man darunter einen Sinneswandel verstehen will, der dazu führen könnte, den exilierten Tod wieder einzubürgern und das Sterben wieder menschlicher zu machen. Es gibt inmitten der Trivialisierung des Todes nur wenige Ausnahmen, die wirklich weiterhelfen können, denen jedenfalls ich bei meiner Auseinandersetzung mit dem Thema viel zu verdanken habe: Sherwin B. Nulands Buch *Wie wir sterben* zum Beispiel, die Erörterungen im Studium Generale der Universität Tübingen (die Walter Jens und Hans Küng nun auch als Buch veröffentlicht haben) oder die Diskussionen beim «Gesundheitsforum» der *Süddeutschen Zeitung* und der Evangelischen Akademie Tutzing. Wer solchen, nicht unbedingt populären Diskursen folgt, der begreift, wie weit wir noch von einem bewußten, offenen oder gar angstfreien Umgang mit dem Tod entfernt sind.

Das gilt keineswegs nur für die Mediziner, die Juristen, die Moralphilosophen (von den Bioethikern zu schweigen), das gilt vor allem für die große Mehrheit der Laien. Ich nehme mich da nicht aus. Ich habe mit der zeittypischen Verdrängung des Todes ganz gut gelebt und das nicht als ein Problem empfunden – bis ich ahnte, daß genau dies der Grund für mein Versagen war, als meine Mutter starb. Das war der Beginn eines Lernprozesses, auch der Beginn einer Annäherung an jenen Tod, den meine Vorfahren noch als «Freund Hein» gekannt und bezeichnet haben.

Eine Weile habe ich daran gedacht, dieses Buch, mindestens im Untertitel, ein «Plädoyer für Freund Hein» zu nennen. Aber Michael Naumann, viele Jahre mein Kollege und dann mein Verleger, hat mich rechtens daran erinnert, daß dieser Freund Hein inzwischen eine ganz unbekannte Gestalt geworden ist, daß wir auch ihn exiliert haben und daß er mitsamt der ganzen Todesmetaphorik unserer Großeltern nur noch auf Friedhöfen zu finden ist. Und zur Illustration dessen hat er mir folgende wahre Geschichte erzählt: «Vor wenigen Monaten bin ich mit meiner Mutter in meine Heimatstadt Köthen gereist. Dort haben wir uns auf dem Friedhof umgeschaut. Wir stießen auf das Grabmal eines Müllers und seiner Frau, der seinen Berufsstand mit einem großen, schönen Mühlstein dokumentierte. Im nicht minder prächtigen Familiengrab nebenan lagen ein Bäckermeister und seine Frau. Meine Mutter mußte sehr lachen, denn ihr Mann, also mein Vater, hatte in den dreißiger Jahren als Anwalt die Scheidung der ursprünglichen Bäckermeistergemahlin juristisch betreut, während sein Sozius die Scheidung der Müllerin begleitet hatte. Beide Frauen wechselten dann einfach, aber auf sehr naheliegende Weise, ihre Männer: Die Bäckerin nahm den Müller, und die Müllerin nahm den Bäcker. Nun liegen sie zu viert nebeneinander.»

Und die Moral von der Geschicht? Es ist nie zu spät für das gute Ende. Freund Hein soll leben!

Nachruf zu Beginn

Das Ende war abzusehen, seit langem schon, aber keiner wollte hinschauen, auch die alte Frau selber nicht. Sie sah wohl, daß sie sich bald nicht mehr allein würde versorgen können, doch sie wußte mit dieser Einsicht nichts anzufangen. Es war nicht an ihr, daraus Schlüsse zu ziehen. Je näher dieses «Geht nicht mehr» kam, desto weiter entfernte sie sich von der Realität. Zugleich wuchs ein Wunsch wieder, von dessen Unerfüllbarkeit sie sich längst überzeugt hatte: Sie wollte zurück in die einzige Umgebung, die ihr je wirklich vertraut erschienen war, sie wollte zurück in die Familie. Aber es gab keine Familie mehr.

Die alte Frau, sie war nun 85 Jahre alt, lebte seit 20 Jahren allein in einer ziemlich kleinen, nicht besonders komfortablen Dachwohnung an jenem Ort in der Pfalz, den sich ihr Vater angeblich als Altersruhesitz ausgesucht, den er aber nicht mehr erreicht hatte. Besorgt hatte die Wohnung ihre, unterdessen verstorbene, Schwester, mit der es aber nicht zu der eigentlich erhofften Gemeinsamkeit gekommen war. Außerdem gab es in der näheren Umgebung noch eine jüngere, gleichfalls verheiratete Schwester, die mit der Pflege ihres kranken Mannes ausgelastet war, und zwei verheiratete Nichten, die mit der Erziehung ihrer jeweiligen Kinder reichlich zu tun hatten. Mehr Familie war nicht übrig. Die alte Frau war seit fast 40 Jahren Witwe.

Aber sie hatte einen Sohn, einen einzigen. Und dieser Sohn machte, als Mittfünfziger, in einer mehrere hundert Kilometer entfernten Großstadt eine dieser späten Manager-Karrieren, zu deren Folgen der nahezu vollständige Verlust eines normalbürgerlichen Privatlebens gehört. Auf seine ziemlich komplizierten partnerschaftlichen Verhältnisse war die Bezeichnung Familie ohnehin nicht anzuwenden. Die alte Frau wußte das und akzeptierte es mit der verständnislosen, aber unerschütterlichen Zuneigung, die viele Mütter ihren vom Erfolg entfremdeten Söhnen bewahren. Das heißt, sie wußte, daß der Sohn sie nicht bei sich aufnehmen und in einem familiären Umfeld versorgen konnte. Aber eine andere Lösung wußte sie auch nicht.

Ihre Gebrechlichkeit nahm zu und zugleich das Mißtrauen, mit dem sie andere Hausbewohner und die von der ökumenischen Sozialstation besorgten ehrenamtlichen Betreuer, manchmal sogar ihren Hausarzt verfolgte. Den Umzug in ein gut geführtes Altenheim ganz in der Nähe ihrer Wohnung lehnte sie strikt ab, auch wenn der Sohn bei seinen spärlichen Besuchen die Rede darauf zu bringen versuchte. Dennoch besorgte er, als die Situation der allein lebenden Greisin immer kritischer wurde, vorsorglich einen Heimplatz und verabredete mit dem Hausarzt, der jüngeren Schwester und den beiden Nichten, die alte Frau nach dem nächstfälligen Krankenhausaufenthalt nicht mehr in ihre Wohnung, sondern «zur Nachsorge» in das Heim zu bringen. Und so wurde es auch gemacht.

Im Heim hat die alte Frau noch knapp zwei Monate gelebt, quasi unter Protest. Alle Versuche, sie in die alltäglichen Abläufe eines Alten- und Pflegeheims zu integrieren, scheiterten schnell. Entweder sie war apathisch, oder sie versuchte, sich zu wehren, zum Beispiel durch Sachbeschädigung. Selbst bei einem Besuch des Sohnes war sie, von einer Stunde auf die andere, nicht mehr ansprechbar. Ob sie wirklich ernsthaft krank war, blieb weithin ungeklärt. Sie selber sprach oft von Krebs. Die behandelnden Ärzte im Krankenhaus schienen das nicht ernst zu nehmen. Der Hausarzt, der sie auch im Heim weiter betreute, griff nur noch lindernd ein.

Die alte Frau starb allein in ihrem Zimmer – nicht unerwartet, aber plötzlich.

Der Fall ist einigermaßen typisch in seinem Verlauf. Auch die geschilderten Konstellationen kommen ziemlich häufig vor, seit es die Großfamilie fast gar nicht mehr gibt und seit selbst die sogenannte Kernfamilie immer häufiger als eine Art Lebensabschnittsgemeinschaft in Erscheinung tritt. Viele alte Menschen sterben seither so. Man könnte von einem Normalfall sprechen.

Ich kann das nicht. Die alte Frau war meine Mutter.

Es ist nicht so, daß ich mir Vorwürfe mache. Ich hätte mich, was die äußeren Umstände und den typischen Verlauf des «Falles» angeht, nicht anders verhalten können. Es gab den Ort einfach nicht, an dem meine Mutter ihr Leben zu Ende bringen wollte. Es gab auch niemanden in meiner unmittelbaren Umgebung, der die Kraft und die Kenntnisse gehabt hätte, meine Mutter rund um die Uhr zu betreuen und zu pflegen. Bereits der Versuch, die alte Frau «zu mir zu nehmen», sie also in meiner Wohnung unterzubringen, hätte das Ende jeder anderen Lebensgemeinschaft bedeutet. Es hätte in letzter Konsequenz sogar die Aufgabe meiner beruflichen Tätigkeit bedeutet – und damit die Zerstörung der materiellen Lebensgrundlage auch meiner Mutter. So aber hatte sie wenigstens Geld genug. Ungezählte alte Menschen sind viel schlechter dran.

Auch ist es nicht so, daß Eltern, wenn sie wieder wie die Kinder werden und doch noch die Eltern sind, immer mit ihren Kindern zusammen wohnen und von ihnen gepflegt werden wollen. Es wird, im Gegenteil, häufig behauptet, über 90 Prozent der alten Leute wollten das ausdrücklich nicht. Zwar nicht im selben Haus, aber auch nicht zu weit weg von den Kindern zu leben, sei der Wunsch der meisten alten Eltern, behauptet der renommierte Gerontologe Leopold Rosenmayr. Ich kann es nicht beweisen, aber ich bin ziemlich sicher, daß dieses Streben nach Abstand plus Intimität eher eine Reaktion auf die veränderten familiären und räumlichen Verhältnisse ausdrückt als den wahren Wunsch einer alten Mutter und eines alten Vaters, denen die annähernd gleichaltrigen Verwandten und Freunde alle weggestorben sind.

Außerdem werden, laut Statistik, im wiedervereinigten Deutschland 75 Prozent der auf Pflege angewiesenen Menschen tatsächlich von ihren Angehörigen versorgt – weil die sich eine andere Form der Betreuung gar nicht leisten können. Und wer glaubt, dies sei ein erstrebenswerter Zustand, sollte sich einmal in den Familien umsehen, die alte Menschen pflegen. Die Not derer, die dafür ihren Beruf aufgeben oder ihre Ehe strapazieren, macht nicht viel von sich reden, ist aber groß. Manche ältere Betreuer werden selber krank; die jüngeren klagen eher über berufliche Einbußen. Es gibt auch welche, die gewalttätig werden – gegen die Alten. Kaum einer, der alte Angehörige zu Hause gepflegt hat, will später einmal von den eigenen Kindern betreut werden.

Aber das alles ändert nichts daran, daß meine Mutter so gestorben ist, wie sie ganz bestimmt nicht hat sterben wollen, nämlich allein und in einer Umgebung, die sie als fremd, wenn nicht als feindselig empfunden hat. Ich weiß, daß sie von mir erwartet hat, ihr genau das zu ersparen. Das ist mein Problem. Damit muß ich mich auseinandersetzen.

Ich habe immer ein problematisches Verhältnis zu meiner Mutter gehabt, ganz anders als zu meinem Vater. Die Ehe der Eltern hat eigentlich nur als Notgemeinschaft während des Krieges richtig funktioniert. Ich habe mich oft gefragt, warum die beiden überhaupt geheiratet haben und wie es wohl geschehen konnte, daß ich zur Welt kam. Ich glaube, meine Mutter hat zeit ihres Lebens mit ihrer Sexualität nicht umgehen können – zu schweigen von der meinen. Daß sie als meine Mutter auch mein erstes Lustobjekt war, hat sie gewiß erschreckt; jedenfalls fiel ihr, außer ungeschickter Abwehr, nichts dazu ein. Bewältigt haben wir das (ich war damals immerhin 15 Jahre alt) beide nicht. Und dies mag dazu beigetragen haben, daß ich mich schon als sexuell fast völlig unerfahrener Abiturient einer wesentlich älteren Frau zugewandt habe.

Als bei Kriegsende mein Vater starb, entfremdete ich mich meiner Mutter sehr schnell. Das lag einmal daran, daß ich mir bei liberalen Lehrern eine Menge Argumente gegen meine streng katholische Erziehung angeeignet hatte. Zum anderen lag es an meinem erwachenden Liebesleben und vor allem an meiner unorthodoxen Partnerwahl, gegen die meine Mutter ebenso heftig wie hilflos protestierte. Es kam zum Bruch, auch zur räumlichen Trennung, und ich begann mein Berufsleben ohne Verbindung mit dem Elternhaus.

Natürlich ist es nicht beim Bruch geblieben. Vielmehr hat sich meine Mutter aus der räumlichen wie aus der zeitlichen Distanz immer stärker auf mich fixiert. Sie hat nicht nur ihre Ehe, sie hat auch unser Verhältnis retrospektiv verklärt. Und da es eine gemeinsame Gegenwart nicht gab, hat sie mein Leben sozusagen telepathisch begleitet. Sie war überzeugt davon, genau zu spüren, wenn es mir nicht gutging oder wenn mir Gefahren drohten, die ich nicht erkennen, die sie aber astrologisch voraussagen konnte. Das alles hat im Lauf der Jahre sicherlich dazu beigetragen, ihre ohnehin ungenaue, wenn nicht unzutreffende Vorstellung von meinem wirklichen Leben immer mehr jener Phantasie von Gemeinsamkeit anzunähern, die ihr Wunschdenken beherrschte. In ihren letzten Lebensjahren hat sie bei jedem unserer Telefonate – oft nicht nur einmal – gesagt: «Du bist doch das einzige, was mir auf der Welt noch geblieben ist.» Ich habe das nicht eben leicht ertragen. Bestreiten konnte ich es nicht.

Die Vereinsamung meiner Mutter war nicht aufzuhalten, aber sie war nicht zwangsläufig. Es hätte dort, wo sie lebte, durchaus die Möglichkeit gegeben, über die spärlichen familiären Kontakte hinaus mit verständigen Menschen zusammenzukommen, sogar in bescheidenem Umfang aktiv zu werden. Wie viele alleinlebende Alte hat meine Mutter dies entweder nicht wahrgenommen oder nicht annehmen wollen, und die Chancen, solche selbsterrichteten Kontaktsperren zu unterlaufen, sind gering. Sozialarbeiter und andere hilfsbereite Menschen sagen immer wieder, daß sie nur solche Leute erreichen können, die auf sie zukommen, anstatt zu Hause zu hocken. Einschlägige Untersuchungen haben aber bestätigt, daß zum Beispiel in Berlin-Charlottenburg das angebotene Seniorenprogramm der Hälfte der Befragten zwischen 60 und 70 Jahren unbekannt war oder daß in Frankfurt Ende der achtziger Jahre von 103 000 Menschen über 65 nur 1300 die eigens für sie geschaffenen Freizeitangebote nutzen wollten.

Was meine Mutter angeht, so hat sie gelegentlich zugegeben, daß sie von solchen Offerten überhaupt nichts wissen wollte. Sie wollte mich. Und genau das war es, was mich davon abgehalten hat, so häufig – und so entspannt – bei ihr zu sein, wie ich es mit meinen beruflichen Verpflichtungen gerade noch hätte vereinbaren können. Ich erkannte in ihrem Verhalten eine Forderung, die ich nicht erfüllen konnte und auch nicht erfüllen wollte. Ich versuchte, mein Leben vor dieser Forderung in Schutz zu nehmen.

Das hat unsere letzten Begegnungen bestimmt nicht erleichtert. Es hat dazu geführt, daß meine Besuche spärlicher wurden; daß ich mich zum Beispiel weigerte, wie in früheren Jahren an hohen Feiertagen zu ihr zu kommen, da sie selber nicht mehr reisefähig war; daß ich auch nicht mehr bei jeder neuen Krankenhaus-Einweisung ins Flugzeug stieg, um wenigstens ein paar Stunden am Bett meiner Mutter zu sein. Diese Besuche waren allemal eine Belastung, und ich war beruflich belastet genug. Ich war schließlich nicht nur für das Wohlergehen meiner Mutter verantwortlich, sondern damals auch für den Erfolg eines kleinen Unternehmens. Obendrein hatte ich, wenn ich bei meiner Mutter war, meist nicht mehr das Gefühl, daß wir einander noch erreichen konnten mit unseren wechselseitigen Mitteilungen. Nicht was wir uns zu sagen hatten, war wirklich wichtig, sondern was getan wurde – nein: was hätte getan werden sollen.

Diese labile Lebenslage geriet zusehends außer Kontrolle. Wahrscheinlich wußte oder spürte meine Mutter, daß ich ihren Horror vor einem Umzug ins Altenheim teilte; jedenfalls kannte sie meine Krankenhaus-Phobie. Allein schon die Erwähnung des Wortes «abschieben» lähmte mich; noch heute kann ich eine Zeitungsüberschrift wie «Gelt, du tust mich mal nicht fort?» nicht lesen ohne depressive Empfindungen. Andererseits half meine Mutter kaum noch dabei, die wachsenden Probleme einer Versorgung in ihrer eigenen Wohnung lösen zu helfen. Was sie tat, sah manchmal eher wie Sabotage aus. Sie machte Anstalten, sich zu verbarrikadieren. Mindestens verdächtigte sie alle Zugehfrauen, die Helferinnen der Sozialstation und auch die äußerst hilfsbereiten Hausgenossen, ihr nachzuspionieren oder sie zu bestehlen. Es wurde immer schwerer, Menschen zu finden und zu engagieren, die sich überhaupt noch kümmern wollten. Sie riskierten, vor verschlossener Tür zu stehen oder wieder weggeschickt zu werden. Wenn meine Mutter doch einmal Besuch hatte, von einer Nichte beispielsweise oder ihrer Schwester, dann ließ sie mir meistens ausrichten, ich müsse sofort kommen, es gehe zu Ende.

Zuerst haben mich diese Botschaften erschreckt; ihre ständige Wiederholung hat mich nur noch verdrossen. Es war fast nicht mehr möglich herauszubekommen, wie es meiner Mutter wirklich ging, außer in sporadischen Telefonaten mit dem Hausarzt. Als auch der ihr dringlich riet, sich einer Heimpflege nicht länger zu verweigern, entzog sie ihm das Vertrauen; mindestens hörte sie nicht mehr auf ihn und rief ihn auch dann nicht mehr, wenn sie ernstlich Hilfe brauchte.

Diese Zuspitzung provozierte Überlegungen, die ich

bislang völlig verdrängt hatte: Wurde ich nicht in Wahrheit von meiner Mutter erpreßt, sie zu mir zu nehmen, ohne Rücksicht auf die Realitäten? Mußte ich sie womöglich gegen ihren Willen ins Heim bringen? Was sollte ich tun, wenn sie dabei Widerstand leistete? Gab es überhaupt noch einen Ausweg aus diesem Dilemma, einen Ausweg, mit dem alle Beteiligten leben konnten?

Es gab ihn nicht. Ich mußte handeln – gegen den Willen meiner Mutter und auch gegen meinen. Also gingen meine Gefährtin und ich auf die deprimierende, aber wenigstens nicht vergebliche Suche nach einem Heimplatz. Vor etwa drei Jahren, als meine Mutter wieder einmal – meist wegen der Folgen falscher Ernährung – im Krankenhaus war und wir sie dort bei relativ guter Stimmung antrafen, hatten wir sie dazu bewegen können, vorsorglich den Antrag zur Aufnahme in ein Pflegeheim zu unterschreiben – «für alle Fälle» natürlich. Sie hatte ein wenig zögernd unterschrieben und letztlich wohl nur, um uns einen Gefallen zu tun. Mit Sicherheit hat sie die Existenz dieses Papiers und seine Bedeutung bald nach der Unterschrift wieder vergessen. Aber es existierte.

Wir fanden einen Platz in dem objektiv am besten geeigneten Pflegeheim am Ort. Die Suche nach einem Heimplatz in meiner näheren Umgebung hatten wir erwogen, aber wieder verworfen. Meine Mutter kannte den nördlichen Teil Deutschlands überhaupt nicht, kannte vor allem die Mentalität der Menschen dort nicht. Außerdem hätte sie wohl immer wieder versucht, dem Heim per Taxi zu entkommen und sich zu mir bringen zu lassen. Also faßten wir zusammen mit der verbliebenen Verwandtschaft den Plan, meine Mutter auf dem Umweg über das Krankenhaus, das sie immer häufiger aufsuchen mußte, in das örtliche Heim zu bringen. Wohl war mir nicht dabei. Ich hatte irgendwo gelesen, daß die Verlegung vom Krankenhaus ins Pflegeheim für die Patienten oft mit Risiken verbunden sei. Daß laut Statistik 52 Prozent dieser «Pflegefälle» in den ersten 25 Tagen nach der Verlegung sterben, wußte ich damals nicht.

Ich war nicht dabei, als meine Mutter ins Heim gebracht wurde. Die Verwandten fanden, es sei besser so, und ich war gern einverstanden. «Unabkömmlich» war ich ohnehin. Die ersten telefonischen Auskünfte über die mit Bangen erwartete Reaktion auf den unverhofften Umzug klangen optimistisch. Man hatte einige Möbel aus Mutters Wohnung in ihr Zimmer im Heim gebracht, und den so lange schmerzlich vermißten Balkon hatte sie nun endlich auch. Ich schöpfte Hoffnung. Und ließ sie wenig später wieder fahren.

Es gab bald keinen Anlaß mehr zum Optimismus, jedenfalls keine Anzeichen dafür, daß meine Mutter die neue Umgebung wirklich akzeptieren wollte. Ihr Verhalten pendelte zwischen den Extremen: manisches Mitteilungsbedürfnis und völlige Apathie. Meistens blieb sie im Bett, immer häufiger klagte sie über Schmerzen im Unterleib, wo sie den Tumor vermutete. Ein vernünftiges Gespräch am Telefon war nicht zustande zu bringen. Deutlich war nur die dringende Aufforderung, sofort zu erscheinen. Also sagten meine Gefährtin und ich ein paar Termine ab und machten uns auf den Weg.

Meine Erinnerung an die zwei, drei Tage des Besuchs bei meiner Mutter im Heim hat charakteristische Löcher; sie ist unscharf wie ein verrissener Kameraschwenk. Ich steckte in einer psychischen Zwangsjacke, immer am Rande der Panik. Ich wollte Zuversicht zeigen, wollte Nähe ermöglichen und war doch auf der Flucht vor einer Begegnung, der ich mich nicht mehr gewachsen fühlte. Die Wohnung meiner Mutter, die auf meinen ausdrücklichen Wunsch weiterhin angemietet blieb, hätte zu unserer Verfügung gestanden; aber ich wollte, daß wir ins Hotel zogen. Irgendeine Zuflucht mußte ich haben.

Die erste Begegnung mit meiner Mutter hätte mich beinah aufatmen lassen. Sie hatte Besuch gehabt vom Mann ihrer jüngeren Schwester, war auf den Beinen und bestand darauf, auch uns in die kleine Cafeteria zu führen, in der die Gäste der Heimbewohner Kaffee und Kuchen bekommen konnten. Aber dann kam sehr bald die schon so oft gestellte Frage: «Was wird denn nun aus mir, mein Junge?»

Nie hatte ich mich vor dieser Frage mehr gefürchtet als diesmal. Meine Mutter hatte sich also nicht abgefunden. Sie wollte von mir vor allem eines wissen: wann ich sie aus dem Heim, das sie immer abgelehnt hatte, wieder herausholen würde. Meine gewiß nicht sehr überzeugenden Versuche, die Vorteile der Heimpflege ins rechte Licht zu rücken und zur Gewöhnung zu raten, nahm sie kaum zur Kenntnis. Wenn meine Gefährtin nicht dabeigewesen wäre, hätte ich an dieser Stelle wohl wieder kapituliert und mich mit ein paar halbherzigen Spekulationen auf eine Milderung der Pflegebedürftigkeit aus dieser Konfrontation davonzustehlen versucht. So aber bemühten wir uns gemeinsam darum, meiner Mutter klarzumachen, daß es für sie eine Zukunft außerhalb dieses Pflegeheims nicht geben könne.

Wir haben wahrscheinlich sogar zwei solche Gespräche mit ihr geführt. Jedenfalls erinnere ich mich an Vorwürfe und Beschwerden über die Qualität der Pflege, die meine Mutter nicht von Anfang an erhoben hatte. Am Ende dieser Gespräche aber schien sie mir aufgegeben zu haben. Sie hat das nicht artikuliert, aber ihr Verhalten hat es deutlich gemacht: Wenn dies hier ihr Leben sein müsse, dann wolle sie mit diesem Leben abschließen. Sie zog sich gewissermaßen aus dem Verkehr. Eine Kommunikation jenseits der Äußerung vitaler physischer Bedürfnisse fand nicht mehr statt. Als wir am zweiten Tag ins Heim kamen, hatten die Pfleger meine Mutter zwar aus ihrem Zimmer in einen der gemeinschaftlich genutzten Bereiche gebracht, dort aber saß sie in völliger, endgültiger Isolierung. Später lag sie nur noch im Bett, gab zuweilen Schmerzenslaute von sich, war aber kaum noch ansprechbar. Unser Dialog war beendet.

Den Pflegeschwestern war das nicht neu. Sie redeten aber, wenn sie denn Zeit für ein Goodwill-Gespräch hatten, mit jener freundlich resignierten Distanz über den «Fall», die allemal eine Folge vergeblicher Liebesmüh ist. An ihnen hatte meine Mutter ihren Protest bereits erprobt. Nur zögernd gaben die Schwestern zu, daß sie auch einmal versucht hatte, mit ihren schwachen Kräften das Zimmer zu demolieren, indem sie alles «abräumte», was auf Tisch und Regalen in ihrer Reichweite war. Altenpfleger kennen solche Aggressionen und bemühen sich, professionell damit umzugehen. Auf mich aber wirkten sie wie ein Schock. Ich hatte meine Mutter nie tätlich werden sehen, hätte auch nie geglaubt, daß sie dazu fähig sei. Und nun versagte mein Verständnis.

Ich fand meine Mutter einfach nicht wieder. Sie antwortete nicht auf verbale Verständigungsversuche und reagierte auch auf die Pfleger nur noch mit Gesten und Gestammel. Manchmal griff sie nach dem kleinen Holzkreuz an der Wand neben ihrem Bett und versuchte, sich daran aufzurichten oder Halt zu gewinnen, wenn sie ihre Lage ein wenig verändern wollte. Meistens schien sie zu schlafen. Ich setzte mich ans Bett und harrte dort eine Weile aus in der vagen Hoffnung, daß meine physische Präsenz sich ihr irgendwie mitteilen, sie vielleicht sogar trösten werde. In Wahrheit aber war ich überzeugt davon, daß meine Anwesenheit sinnlos sei, da doch keine Kommunikation mehr möglich erschien.

Ich wußte ja, daß es eine Menge aufzuarbeiten gab in der Beziehung zu meiner Mutter, und ich hatte in früheren Jahren ein paarmal versucht, mich ihr verständlich zu machen. Mehr als wortreiche Selbstbeschreibungen habe ich wohl nicht zustande gebracht. Jedenfalls verabschiedete sie mich bei jedem Besuch wieder mit dem Satz: «Und es gäbe doch noch so viel zu sagen.» Was auch immer das war – es ist nie gesagt worden. Ich habe irgendwann aufgegeben, meiner Mutter die Verklärung der Vergangenheit zu verderben und statt dessen herauszufinden, wo wir einander verfehlt hatten mit unseren guten Absichten und unseren schlechten Kompromissen. Und nun saß ich an ihrem Sterbebett und konnte überhaupt nicht mehr mit ihr reden. Hätte mir damals jemand gesagt, daß es gerade in dieser Situation noch andere, vielleicht sogar bessere Möglichkeiten der Kommunikation gebe als die verbalen – ich hätte es nicht geglaubt.

Der Hausarzt, den wir gerufen hatten, fand den Zustand meiner Mutter bedenklich, riet aber dringend davon ab, sie mit neuen Therapien zu traktieren. Nur eine Operation hätte den Krebsverdacht bestätigen oder widerlegen, aber kaum noch Linderung bringen können. Und mehr als Linderung war nicht mehr zu erhoffen. Auf Prognosen mochte sich der Arzt, der meine Mutter seit Jahren betreute, nicht einlassen, geschweige denn auf Spekulationen darüber, wie lange sie noch zu leben habe. Aber er sah wohl, daß ich mit der Situation nicht fertig wurde. Jedenfalls nahm er mich mit vor die Tür und gab mir, ohne daß ich ihn fragen mußte, den Rat, wieder an meine Arbeit zu gehen und nicht sprachlos auf das Ende zu warten. Es wäre aber gut, sagte er so sachlich wie möglich, «wenn Sie sich schon mal von Ihrer Mutter verabschieden».

Ich habe das versucht, und es ist mir nicht gelungen. Mit Worten konnte ich die Mutter nicht mehr erreichen; jedenfalls dachte ich so. Und über eine Geste, die mir nicht bloß theatralisch erschienen wäre, gebot ich nicht. Ich fühlte mich hilflos und allein gelassen in der Unordnung meiner Gefühle. Schließlich ging ich ans Bett und legte meiner Mutter in einem unbeobachteten Augenblick die Hand auf die Stirn. Sie lag halb abgewandt und reagierte nicht auf die Berührung. Gewiß habe ich versucht, für sie zu beten. Wirklich gelungen ist mir auch das nicht.

Meine Mutter hat dann noch fast drei Wochen gelebt. Sie war an manchen Tagen auch wieder ansprechbar. Schon am Tag nach unserer Abreise wollte sie wissen, warum ich nicht mehr da sei; wir hätten doch noch gar nichts besprochen. Die Frage der Pfleger, warum sie denn nicht mit mir geredet habe, als ich an ihrem Bett saß, schien sie nicht zu verstehen. Ihr Zustand blieb undurchsichtig, ihr Befinden schwankend. Am Telefon konnte ich ihr nur noch das Versprechen vermitteln, so bald wie möglich wiederzukommen.

36

Ich bemühte mich, meine Arbeit zu tun, aber ohne Erfolg. In Konferenzen war ich unaufmerksam und machte Fehler, ich schlief schlecht und hatte massive Kreislaufprobleme. Mein Hausarzt riet mir, so oft wie möglich wochenends in unser Ferien-Domizil auf Sylt zu fahren und mir dort den Wind um die Nase wehen zu lassen. Es war ein kalter Februar, und die Insel war leer. Ich machte lange Spaziergänge, rief häufig bei den Verwandten und bei den Pflegern meiner Mutter an und versuchte immer wieder, um ein gutes Ende zu beten.

Besonders intensiv versuchte ich das in St. Severin, der schönen alten Kirche von Keitum. Ich hatte das Wochenende auf der Insel verbracht und noch drei Tage drangehängt, um das «Biike-Brennen» zu sehen – die lodernden Feuer, mit denen die Friesen seit alters den Winter vertreiben. Am Mittag des folgenden Tages ging ich in die Keitumer Kirche, in der ich mich, obwohl kein Kirchgänger, immer zu Hause gefühlt habe. Diesmal blieb ich lange dort, und das Beten gelang mir besser als sonst. Ich wußte nicht, daß meine Mutter am Vormittag gestorben war.

Frühmorgens war noch einmal der Hausarzt gerufen worden, hatte sie aber nicht mehr bei Bewußtsein gefunden. In ihrer Todesstunde waren nur die Pflegeschwestern in der Nähe. Als ihr Herz stehenblieb, war sie wohl allein. Erst dann wurde ein Priester gerufen; die katholische Kirche gestattet heute, daß die Sterbesakramente auch noch bis zur Ausstellung des Totenscheins gespendet werden. Am Nachmittag kam der Hausarzt wieder und stellte den Tod fest. Ich habe nie nachgeforscht, was er als Todesursache angegeben hat. Hier war ein Leben an seine Grenze geraten und hatte sie schließlich überschritten. Alles übrige war nur noch von medizinischem Interesse. Ich mußte es nicht wissen.

Was ich wissen mußte, das erfuhr ich von der Schwester meiner Mutter, die als erste vom Pflegeheim angerufen worden war. Wir verabredeten, was nun zu geschehen hatte. Über Gefühle redeten wir nicht. Ich hätte die meinen noch nicht einmal beschreiben können. Es gab für mich in dieser Situation nur ein Halteseil, das ich ergreifen konnte: das Bemühen, sachlich zu bleiben und zu tun, was getan werden mußte. Ein paar Stunden verbrachte ich damit, einen Text für die Todesanzeige zu entwerfen und in einer Karajan-Einspielung von Verdis *Requiem* nach der Stelle zu suchen, von der ich dachte, daß meine Mutter sie bei der Trauerfeier hätte hören wollen – ein sinnloses Unterfangen, wie sich herausstellte, denn solche Sonderwünsche waren im Service des beauftragten Beerdigungsunternehmers nicht vorgesehen, und die technischen Einrichtungen dafür waren gar nicht vorhanden.

Die telefonische Frage des Bestatters, ob der Sarg bereits vor der Überführung an den Ort des Familiengrabs geschlossen werden könne, bejahte ich, nicht ohne Erleichterung. Ich hatte keinen Grund anzunehmen, daß mir der Abschied von der toten Mutter besser gelingen werde als der Abschied von der noch lebenden. Auch die Trauerfeier vor der eigentlichen Beerdigung hätte ich nun am liebsten ausgelassen, aus Angst vor den Peinlichkeiten und den Heucheleien, die ich bei solchen Gelegenheiten oft genug erlebt habe. Aber das ging natürlich nicht. Also versuchte ich wenigstens zu verhindern, daß Reden gehalten und andere als die liturgischen Texte vorgetragen wurden. Da der zuständige Gemeindepriester meine Mutter überhaupt nicht gekannt hatte, ließ ich ihn bitten, auf eine Ansprache zu verzichten, und verweigerte das in solchen Fällen übliche Vorgespräch. Ich hätte wissen sollen, daß der Geistliche dies als Affront betrachten mußte. Jedenfalls hielt er doch eine Ansprache, die eher wie ein Traktat über die Lieblosigkeit klang und an meine Adresse ging. Dann begleitete er den Sarg zum Grab, sprach die Gebete und verschwand, ohne der kleinen Trauergemeinde die Hand gereicht zu haben.

Ich kann nicht behaupten, daß ich betroffen war; ich war total konzentriert auf die fälligen Verrichtungen. Der übliche Leichenschmaus mit den Verwandten war abzuhalten. Vor allem aber war der Haushalt meiner Mutter aufzulösen. Da ich wußte, welche biographische Bedeutung sie vielen objektiv wertlosen Gegenständen beigemessen hatte, graute mir seit langem vor den Pietätlosigkeiten, die sich keinesfalls umgehen ließen, wenn die Wohnung nicht ein Mausoleum bleiben, sondern wieder vermietet werden sollte. Wahrscheinlich sind solche Haushaltsauflösungen immer ein psychischer Gewaltakt. Diese jedenfalls war einer. Meine Gefährtin und ich, tatkräftig unterstützt von den beiden Nichten, brachten ihn in knapp zwei Tagen hinter uns. Wir nahmen uns nicht die Zeit, Gefühle zu haben. Ich glaube, Empfindungen der Trauer hätte ich in dieser Situation sogar deplaziert gefunden.

Ich bin jahrelang nicht ans Grab meiner Mutter gegangen. Es gab dafür viele sachliche Gründe, aber ich hatte auch nicht wirklich das Bedürfnis hinzugehen. Dabei gehe ich gern auf Friedhöfe; mag sein, daß die geheime Genugtuung, von der Elias Canetti gesprochen hat, das Überlegenheitsgefühl eines Überlebenden, dabei eine Rolle spielt. Aber zu den Gräbern habe ich keine Beziehung, es sei denn zu den Geschichten, die manche Grabsteine erzählen. Die Geschichte, die der Stein über dem Grab meiner Mutter mir zu erzählen hatte, kannte ich; doch ich hatte sie nicht bewältigt.

Mir ist in diesen Jahren durchaus bewußt gewesen, daß man mir Teilnahmslosigkeit nachsagen würde, und ich hätte dem auch nicht widersprochen; allenfalls hätte ich auf Hilflosigkeit plädiert. Was mich hilflos gemacht hatte, war die Erfahrung, den unaufhaltsamen Verfall eines vertrauten Menschen erleben zu müssen, diesen Menschen abgleiten zu sehen in Bereiche, in die ich ihm nicht folgen konnte. Es war aber auch die Erfahrung, daß ich in solcher Lage nichts anderes zu tun wußte als ein paar sachlich notwendige Dinge.

Ein Jahr nach dem Tod meiner Mutter habe ich genau diese Erfahrung beschrieben gefunden – von einem Autor, bei dem ich solche Hilflosigkeit nicht vermutet, und an einer Stelle, an der ich solche Beschreibung nicht gesucht hätte, nämlich in einem Leitartikel der *Süddeutschen Zeitung*. Dort zitiert der Kommentator Jürgen Busche den Dichter Matthias Claudius: «Vor einiger Zeit starb mir meine Mutter. Sie hielt vorher viel aus, still und gelassen wie sie immer war, und konnte nicht leben und nicht sterben. Einige Tage vor ihrem Ende reisten wir alle noch zu ihr und standen da um ihr Bett und sahen sie an, einer so klug wie der andere. Ich wollte mir mein Herz gerne trösten und wollte ihr noch so gerne was zuliebe tun; aber essen und trinken mochte sie nicht mehr, mochte auch sonst nichts mehr. Ich dachte an alle die großen und kleinen Erfindungen der Menschen..., aber es wollte mir alles nichts verschlagen – und sie lag out of reach! lag am Abhang und sollte hinunter! und ich konnte nicht einmal sehen, wo sie hinfiel. – Da befahl ich sie Gott und ging hinaus... und machte ein Sterbegebet, daß sie's ihr vorläsen. Es war meine Mutter und hatte mich immer so lieb gehabt, und ich konnte doch nicht anders!»

Das schreibt ein Mann, dem die Weltliteratur das *Abendlied* verdankt, «Der Mond ist aufgegangen», ein Dichter, dessen Name für ganze Generationen synonym ist mit Gemütstiefe. Das schreibt einer, zu dessen Lebzeiten die Großfamilien noch wirksam waren und die Rituale des Trauerns noch nicht reduziert. Und dieser Mann befiehlt seine sterbende Mutter dem Herrgott und geht hinaus «und konnte doch nicht anders»?

«Das Befremdliche dieser Schilderung», kommentiert Jürgen Busche, «ist das Befremdliche, das der Autor erlebt hat. Er bringt es uns nahe in der Beschreibung der Hilflosigkeit, schlimmer noch, einer unbehaglichen Teilnahmslosigkeit an einem Geschehen, von dem er weiß, daß es sein innerstes Fühlen berührt. Wo er unendlichen Schmerz empfinden müßte, registriert er bei sich nur Ausweichen und Flucht.» So ist es offenbar, aber warum passiert das einem Matthias Claudius? Weil, meint Busche, «er den Tod seiner Mutter nicht in das Geordnete einholen kann, was gemeinhin sein Erleben und Denken bestimmt» und von dem er sich auch jetzt nicht lösen kann. Deshalb also «sieht er sich einem Ansturm des Ausgedachten und Geordneten gegenüber, was alles gerade in dieser Situation ganz und gar sinnlos ist. Das Verdrängen des Todes, das ihm die Fülle seiner Kenntnisse anbietet, übernimmt er zuletzt selbst, indem er tatsächlich flieht, hinausgeht und das tut, was er kann: Er schreibt ein Sterbegedicht und weiß, daß auch das ganz unangemessen ist.»

Ich habe in dieser Interpretation mein eigenes Fehlverhalten wiedergefunden. Denn ich ahnte natürlich, daß mein Tun und Lassen in der damaligen Situation völlig unangemessen war, «und ich konnte doch nicht anders». Wäre ich ein Dichter, hätte ich vielleicht auch ein Sterbegebet gemacht, «daß sie's ihr vorläsen». Nun fing ich an zu begreifen, warum ich so eilig in die sogenannten Sachzwänge geflohen war, ins «Ausgedachte und Geordnete», und was mich dazu gebracht hatte, meine Mutter mit ihrem Sterben allein zu lassen: das Verdrängen des Todes.

Ich hatte mir Mitte der siebziger Jahre, damals ein Mann in den Vierzigern, einiges darauf zugute gehalten, die persönliche Begegnung mit dem Tod als einer Tatsache des Lebens, des eigenen Lebens, erkannt zu haben als Erreger der gerade in Mode gekommenen Midlife Crisis, der Krise in der Lebensmitte. Jetzt wurde mir klar, daß die Begegnung mit dem Tod als konkretem Ereignis, mit dem Sterben also, eine völlig andere Qualität und auch völlig andere Konsequenzen hat.

Der Mensch in mittleren Jahren kommt, wenn er den Tod als Realität erkannt hat, nicht länger an der Einsicht vorbei, daß seine Lebenszeit begrenzt und daß seine Lebenskraft nicht unerschöpflich ist. Er weiß eines Tages, oder ahnt es zumindest: Von hier an geht's bergab. Und das löst in den Lebensläufen der Vierziger eine Art Umkehr der Zeitrechnung aus. Lebenszeit läßt sich nicht mehr nur messen als Zeit von der Geburt bis zur Gegenwart, sondern sie muß nun auch gemessen werden als Zeit von der Gegenwart bis zum Tod. Der «Rest des Lebens» hat begonnen. Und da wollen Fragen beantwortet werden, die sich zuvor so nicht gestellt haben: Hast du dir dein Leben nicht ganz anders gedacht? Hast du erreicht, was du eigentlich gewollt hast? Bist du überhaupt im richtigen Beruf? Hast du den richtigen Partner? Nicht selten werden diese Fragen verneint und machen der Überzeugung Platz: Das kann doch nicht alles gewesen sein! Diese Überzeugung wiederum provoziert Veränderungen — einen Berufswechsel oder einen Partnerwechsel, manchmal beides.

Der Mensch am Ende seines Lebens kann das alles nicht mehr ändern. Er ist am Ziel, ob er auf dem Weg dorthin nun erreicht hat, was er erreichen wollte, oder nicht. Es findet auch keine Umkehr der Zeitrechnung statt. Die Zeit ist um. Lebenszeit existiert nur noch in der Rückschau; man kann sie aufarbeiten, aber nicht korrigieren. Der Tod ist kein ferner Vorwand mehr für lebenspralle Veränderungsgelüste, sondern er ist die einzige Realität, die noch zählt. Nicht wie der Mensch leben sollte, ist hier die Frage, sondern wie er sterben wird.

Das sind ganz schlichte Einsichten, und doch fehlten sie mir am Sterbebett meiner Mutter. Ich hätte sonst nicht vor ihrem Sterben die Flucht ergriffen, sondern ich hätte wenigstens versucht, mich damit auseinanderzusetzen. Was mir damals dämmerte, war die Erkenntnis, daß alles, was ich über die Todesbegegnung in der Mitte des Lebens begriffen zu haben glaubte, an dessen Ende nichts mehr wert war. Ich wußte nichts vom Sterben. Dafür konnte es nur den einen Grund geben, daß ich nichts davon wissen wollte. Und die Folge davon war, daß ich weglief, sobald ich damit konfrontiert wurde. Irgendwann ist mir dann aufgegangen, daß ich versuchen würde, auch vor meinem eigenen Sterben davonzulaufen, und daß mir dies nicht gelingen werde. Denn das kann keiner.

Das Verdrängen des Todes: Während die Medizin den Tod mit Erfolg auf immer höhere Lebensalter verweist, hat sich zugleich in der Gesellschaft eine Entwicklung vollzogen, die den Tod nicht minder erfolgreich aus dem Alltagsleben, aus der Familie und am Ende aus dem Bewußtsein verdrängt. Der Tod ist zum Tabu der entwickelten Industriegesellschaften geworden. Er ist heute so tabu, wie ehedem Sex tabu war. Und das führt dazu, daß die Menschen auf nichts im Leben weniger vorbereitet sind als auf das einzige, was wirklich sicher ist, eben auf den Tod.

Ich war nicht nur, wie weiland Matthias Claudius, dem Ansturm des persönlich Ausgedachten und individuell Geordneten erlegen, sondern ich hatte die allgemeine Verdrängung des Todes nachvollzogen, ich hatte mich einer gesellschaftlich etablierten Praxis bedient. Ich lag sozusagen im Trend.

Als ich das begriffen hatte, nahm ich mir vor, es zu ändern, solange mir dafür noch die Zeit blieb.

Leben heißt sterben lernen

Kann es sein, daß der Tod ausstirbt? Das kann natürlich nicht sein. Aber man kann auf solche Ideen kommen, wenn man betrachtet, wie die Menschen in unserem Teil der Welt heute mit ihm umgehen – nämlich am liebsten gar nicht. Mindestens tun wir gern so, als habe die Medizin das Ende des Lebens schon zu einem Minderheitenproblem gemacht und das Sterben zu einer Angelegenheit für Fachleute. Der Tod ist eine Sache der Ärzte, der Priester und der Beerdigungsunternehmer. Der Weg ins Grab ist sozusagen programmiert. Um nichts mehr muß man sich selber kümmern, es ist alles perfekt organisiert. Wir, die Lebenden, kümmern uns um die real existierenden Probleme, und damit haben wir wahrhaftig genug zu tun.

Wir alle sind Zeugen und gelegentlich Mitwirkende einer kollektiven Verdrängung, die es in diesem Umfang noch nicht gegeben hat. «Niemals zuvor in der Geschichte der Menschheit wurden Sterbende so hygienisch aus der Sicht der Lebenden hinter die Kulissen des gesellschaftlichen Lebens fortgeschafft», hat der Soziologe Norbert Elias geschrieben, lange vor seinem eigenen Tod; «niemals zuvor wurden menschliche Leichen so geruchlos und mit solcher technischen Perfektion aus dem Sterbezimmer ins Grab expediert.» Während die Geschlechterbeziehung in allen ihren Erscheinungsformen immer mehr in die Öffentlichkeit gerät, wird der Tod entöffentlicht, wird das Sterben evakuiert in die Anonymität.

Es war der englische Soziologe Geoffrey Gorer, der darauf aufmerksam gemacht hat, daß die Gesellschaft zugleich mit der Aufhebung des einst über die Sexualität verhängten Tabus die Allgegenwärtigkeit des Todes aus ihrem Bewußtsein verdrängt habe – in der gescheiterten Absicht, sich das Glück zu bewahren. Der schwedische Arzt und Schriftsteller Per Christian Jersild wagt sogar die These, «daß ein Teil des Moralisierens, das früher die Sexualität betraf, heute auf das Sterben übertragen wurde. Ebenso wie die Sexualität ist das Sterben eine Sache, die zwischen die vier Wände gehört, mit anderen Worten: etwas Obszönes... Ein Sterbender soll das, was er tut, allein tun und ohne Lärm zu machen.»

Der Tod paßt einfach nicht mehr ins Bild einer Gesellschaft, die sich an Fortschritt, Fitneß, fröhlichem Konsum und vor allem an Jugendlichkeit orientiert. Er stört, der Tod. Er ist etwas fürs Fernsehen oder für die Zeitung, für Krimis und allerlei Actionfilme, aber nicht etwas, das uns selber angeht. Der Tod ist immer der Tod der anderen. Er ist zu einem Fall für die Sozialfürsorge geworden, für die organisierte Nächstenliebe und eben für jenes Dienstleistungsgewerbe, das die Entsorgung übernimmt, geruchlos und geräuschlos und ohne daß die Hinterbliebenen eine Hand zu rühren bräuchten – denn die wären damit ohnehin meist überfordert.

Wir sind folglich auch Zeugen und gelegentlich Mitwirkende einer klammheimlichen Ausgrenzung der alternden, dem Tod sich nähernden und vor allem der sterbenden Menschen aus der Gemeinschaft der Lebenden. Die «Sterbesituation» – auch darauf hat Norbert Elias in seinem Essay *Über die Einsamkeit der Sterbenden* eindringlich aufmerksam gemacht – ist in unseren Tagen «weitgehend ungeformt, ein weißer Fleck auf der sozialen Landkarte». Wir haben verlernt, mit dem Sterben umzugehen. Wir wissen auch nicht, was wir einem Todkranken sagen sollen, uns fallen nur leere Formeln und vermeintlich barmherzige Lügen ein. Elias: «Gegenwärtig haben die den Sterbenden verbundenen Menschen wohl oft nicht mehr das Vermögen, ihnen Halt und Trost zu geben durch den Beweis ihrer Zuneigung und Zärtlichkeit. Sie finden es schwer, Sterbenden die Hand zu drücken oder sie zu streicheln, um ihnen das Gefühl der unverminderten Zugehörigkeit und Geborgenheit zu geben. Das überhöhte Zivilisationstabu gegen den Ausdruck starker, spontaner Empfindungen bindet ihnen oft Zunge und Hand.»

Allein die institutionalisierte, notgedrungen gefühlsarme Routine der Krankenhäuser gibt dieser «Sterbesituation» noch so etwas wie eine gesellschaftliche Gestalt. Und ebenda wird heute gestorben: in der relativen Anonymität der Pflegestation eines Altenheims, zuweilen auch im High-Tech-Szenario einer Intensivstation. Nur jeder fünfte Mensch in Deutschland stirbt in seinen eigenen vier Wänden. Obwohl weitaus die meisten Menschen am Ende des Lebens in vertrauter Umgebung bleiben möchten, sterben 90 Prozent der Städter und 60 Prozent der Landbevölkerung im Krankenhaus oder im Heim.

In der Familie nämlich hat der Tod auch keine feste Bleibe mehr – einfach weil davon kaum noch etwas übrig ist. Die Familie zerfällt, das ist keine Neuigkeit. Daß die Familie von Politikern jeglicher Couleur gleichwohl hoch gepriesen wird, ändert daran gar nichts. Minde-

stens mutiert sie zu einer Erwerbs- und Konsumgemein-
schaft auf Zeit, die nur noch ausnahmsweise die Kraft
findet, das Sterben zu integrieren in den familiären Zusammenhalt und ihm so wenigstens ein Stück seines
Schreckens zu nehmen. Das Sterbezimmer, in dem drei
oder vier Generationen samt Freunden und Bekannten
versammelt waren, um Abschied zu nehmen und die
Todesstunde des Moribunden zu erwarten, gehört der
Geschichte an. Heute bliebe es wohl meistens leer.

Es klagen ja sogar die Pfarrer zunehmend darüber,
daß sie in der Friedhofskapelle mit dem Sarg allein bleiben. Und in den Zeitungen wird von immer mehr Menschen berichtet, die eine anonyme Bestattung wünschen. Die sogenannten Singles zumal, die mehr oder
minder feiwillig außerhalb familiärer Zusammenhänge
gelebt haben, wenden sich ab von der tradierten Vorstellung, daß Kinder, Verwandte oder Freunde noch ihr
Grab besuchen werden. «Die Praxis anonymer Bestattung», schreibt der Philosoph Hermann Lübbe über die
veränderte Gegenwart der Toten, «gehorcht also der
Absicht vorauseilender Entlastung von Erinnerungs-
pflichten, deren Erfüllung aus den skizzierten Gründen
tatsächlich schwieriger wird.»

Der individuelle Tod wird verbannt aus dem Ge-
sichtskreis der Lebenden. Denn um diese – und nicht
um die Toten – geht es in Wahrheit. Elias macht das
deutlich genug: «Der Tod ist ein Problem der Lebenden. Tote Menschen haben keine Probleme.» Furcht
und Schrecken kann die Vorstellung des Todes nur bei
Lebenden erzeugen; die Toten sind jenseits von Furcht
oder Freude. Es sind die Lebenden, die immer neue Formen der Distanzierung von den Toten finden. Eine der
schlimmsten ist eben jene Unfähigkeit, den Sterbenden

die Hilfe zu geben und die Zuneigung, die sie noch nie so dringend gebraucht haben wie zur Zeit ihres Abschieds von dieser Welt.

Was die Lebenden zur Distanzierung von den Sterbenden treibt, ist die Erinnerung daran, daß sie selber sterben werden. Der Tod eines Menschen, der uns nahe ist, den wir also nicht übersehen können, gemahnt an den eigenen Tod. Er bringt den andauernden Versuch der Verdrängung mindestens zeitweilig zum Einsturz. Denn «nicht eigentlich der Tod, sondern das Wissen vom Tode ist es, das für Menschen Probleme schafft», sagt Norbert Elias. Unter allen Lebewesen, mit denen wir Geburt, Jugend, Alter, Krankheit und Tod gemeinsam haben, sind wir die einzigen, die wissen, daß sie sterben werden. Wir wissen es, aber vorstellen wollen wir uns das nicht. Nein, wir sind dazu außerstande. «Es ist nicht möglich, sich den eigenen Tod auch nur vorzustellen», hat Elias Canetti geschrieben, «es scheint zu unwirklich. Es ist das Unwirklichste. Warum hast du es immer Trotz genannt? Es ist ein Mangel an Erfahrung.»

Es ist sogar ein Widerspruch in sich, hat Zygmunt Bauman, Professor der Soziologie an der Universität Leeds, in einem ungewöhnlichen Essay über *Tod, Unsterblichkeit und andere Lebensstrategien* bekräftigt: «Kaum ein Gedanke ist anstößiger als der Gedanke an den Tod oder vielmehr die Unvermeidlichkeit des Sterbens.» Der Tod ist für Bauman «die entscheidende Niederlage der Vernunft, denn der Verstand kann den Tod nicht denken».

Aus der psychoanalytischen Schule, für die der Name Sigmund Freud steht, stammt die Behauptung, daß wir alle an den eigenen Tod im Grunde nicht glauben, daß er uns buchstäblich unvorstellbar sei. Allein schon der

49

Versuch uns vorzustellen, wie es wohl nach unserem Tod zugehen werde, beweise doch, daß wir mindestens noch als Beobachter dabeizusein wähnen. Der eigene Tod übersteigt ganz einfach unsere Vorstellungskraft. Auch deshalb verdrängen wir ihn. Freud selber hat das in einem lange verschollen gebliebenen Vortragstext zum Thema *Wir und der Tod* im Februar 1915 so formuliert: «Wir benehmen uns im ganzen so, als wollten wir den Tod aus dem Leben eliminieren; wir wollen ihn sozusagen totschweigen; wir denken an ihn wie – an den Tod!»

Wenn der Tod sich dann aber bemerkbar macht, und das tut er in Wahrheit ja immer wieder, dann «sind wir tief erschüttert», so Freud, «und wie durch etwas Ungewöhnliches aus unserer Sicherheit gerissen». Wir finden es schrecklich, wenn fremde Menschen durch spektakuläre Unfälle zu Tode kommen, und wenn es sich gar um Nahestehende handelt, dann gehen wir auch zur Beerdigung. Aber, fügt Freud hinzu, «niemand könnte aus unserem Benehmen schließen, daß wir den Tod als eine Notwendigkeit erkennen, daß wir die sichere Überzeugung haben, ein jeder von uns sei der Natur seinen Tod schuldig. Im Gegenteil, wir wissen jedesmal eine Erklärung, welche diese Notwendigkeit zur Zufälligkeit herabdrückt. Der eine, der da gestorben ist, hatte sich eine infektiöse Lungenentzündung geholt; die war ja doch nicht notwendig: der andere war schon lange sehr krank, er wußte es nur nicht; ein dritter war ja sehr alt und gebrechlich.»

Der Tod ist aber eine Notwendigkeit, und wir sind ihn der Natur schuldig. Michel de Montaigne läßt in einem seiner rechtens berühmt gewordenen *Essais* aus dem sechzehnten Jahrhundert die Natur folgendermaßen zu

50

uns Menschen sprechen: «Wie du in die Welt gekommen bist, so mußt du wieder aus ihr fort. Der Übergang vom Tode zum Leben, der dir kein Leiden und keine Schrecken gebracht hat, den brauchst du nur zu wiederholen, als Übergang vom Leben zum Tod. Dein Tod gliedert sich in die Weltordnung ein; es ist ein Stück Leben dieser Welt... Dies euer Leben, dessen ihr euch erfreut, ist in gleiche Teile geteilt, es gehört ebenso dem Tode wie dem Leben.»

Der Renaissance-Mensch Montaigne, der gern antike Quellen zitiert, ruft an dieser Stelle die *Astronomica* des römischen Dichters Marcus Manilius in den Zeugenstand: «Nascentes morimur: finisque ab origine pendet. Schon bei der Geburt beginnt der Tod: und das Ende ist mit dem Anfang unlösbar verbunden.» Alle Tage wandern wir zum Tode; am letzten Tag kommen wir am Ziel an. So, sagt Montaigne, «lauten die guten Lehren unserer Mutter Natur».

Der Tod gehört genauso zum Leben wie die Geburt. «Auf jeden Menschen», hat der Dichter Jean Paul gesagt, «wird im Augenblick der Geburt ein Pfeil abgeschossen: er fliegt und fliegt und erreicht ihn in der Todesminute.» Dies zu leugnen ist eigentlich unmöglich. Und da wir Menschen die einzigen Lebewesen sind, die wissen, daß sie sterben werden, gehört solche Gewißheit des eigenen Todes, so schmerzlich und so ängstigend sie sein mag, doch auch zur Menschlichkeit. Den Tod zu verdrängen mindert unsere Menschlichkeit. Montaigne meint sogar, nur «tierischer Stumpfsinn» könne einer solchen Verblendung erliegen.

Aber der Tod ist nicht nur eine Notwendigkeit, nicht nur ein Naturereignis im unendlichen Kreislauf des Stirb und Werde. Sondern er setzt eine Grenze, und indem er dies tut, stiftet er Sinn. Er vollendet das Leben. «Daher ist das die Bedeutung des Todes: Die letzte Stufe der Reife: Alles, was du bist, und alles, was du getan hast und gewesen bist, konvergiert in deinem Tod. Wenn du stirbst und wenn du das Glück hast, vorher davor gewarnt zu werden, dann bekommst du deine letzte Chance zur Reife, das heißt, wahrhaft jener zu werden, der du wirklich bist, in noch umfassenderer Weise Mensch zu sein.» Das hat, in einem ihrer frühen Bücher, Elisabeth Kübler-Ross geschrieben, jene amerikanische Ärztin Schweizer Herkunft, der man, bei aller Skepsis gegenüber ihrer späten Neigung zu übersinnlichen Phänomenen, nicht absprechen kann, die wohl wichtigste Protagonistin der modernen Sterbeforschung zu sein. Jedenfalls hat sie ungezählten Menschen im Sterben beigestanden. Und aus dieser Erfahrung weiß sie: «Der Tod ist nicht ein Feind, der überwunden werden muß, oder ein Gefängnis, aus dem man entfliehen muß. Er ist integraler Bestandteil unseres Lebens und verleiht der menschlichen Existenz Sinn.»

Der Tod als Sinnstifter – das ist zunächst eher dramaturgisch als philosophisch zu verstehen. Es gäbe kein Drama ohne den Tod, geschweige denn eine Tragödie – und das nicht nur auf dem Theater. Der Tod stiftet Sinn, indem er die Handlungen des Lebens der Beliebigkeit entreißt. Simone de Beauvoir, die das langsame Sterben ihrer Mutter im Krankenhaus mit schmerzhafter Genauigkeit beschrieben hat, formuliert dies so: «Der Tod verwandelt das Leben in Schicksal, und in gewisser Weise rettet er es, indem er ihm die Dimension des Absoluten verleiht.»

Diese aber war zu allen Zeiten eine Domäne der Philosophen, und der Tod war immer einer ihrer wichtigsten Gegenstände. Folgen wir Platon, so ist Philosophie überhaupt ein stetes Bedenken des Todes, ein Leben im Umgang mit dem Tod. Im *Phaidon*, dem Dialog über das Ende des Philosophen Sokrates, ist diese These das zentrale Thema. Der zum Tode verurteilte Sokrates, im Begriff den Schierlingsbecher zu nehmen, erklärt seinen zum letzten Mal um ihn versammelten Freunden, daß er sich darauf freue, aus dem Leben zu scheiden: «Wie das nun sein möge, o Simmias und Kebes, das will ich versuchen, euch deutlich zu machen. Nämlich diejenigen, die sich auf rechte Art mit der Philosophie befassen, mögen wohl, ohne daß es freilich die andern merken, nach gar nichts anderm streben, als nur zu sterben und tot zu sein.»

Das Leben – eine Übung für den Tod. Oder anders gesagt: Leben heißt sterben lernen. Das ist eine Botschaft, die uns Heutige in die Flucht schlägt, die Proteste wachruft, mindestens Depressionen. Aber weder war sie so gemeint, noch hat sie weiland so gewirkt. Sie galt, im Gegenteil, als ein Beitrag zur Lebensqualität, wenn nicht gar als deren Voraussetzung. «Man muß das ganze Leben lang lernen zu sterben», hat der Stoiker Seneca gelehrt, bevor er sich, zwar auf Befehl des Kaisers Nero, aber nicht minder gelassen als Sokrates, das Leben nahm; denn: «Der lebte gewiß schlecht, der nicht gut zu sterben weiß.» Auch auf die Menschen des Mittelalters hätte die Aufforderung, sterben zu lernen, nicht als Provokation gewirkt; noch in der Renaissance wäre man damit kaum auf Empörung gestoßen.

Sterbenkönnen aber setzt Sterbenlernen voraus, und dieser Lernprozeß ist eben nicht lebensfeindlich. Es gibt durchaus auch heute Menschen, die ihn als große Bereicherung erfahren haben, Elisabeth Kübler-Ross zum

Beispiel: «Ich bin davon überzeugt, daß diese Erfahrungen mit der Wirklichkeit des Todes mein Leben bereichert haben, mehr als alle anderen Erfahrungen, die ich gemacht habe.» Und wenn das Leben eine Übung für den Tod ist, dann ist der Umgang mit dem Tod ein Schlüssel zum Leben. Freud hat das, in dem schon zitierten Vortrag aus dem Jahr 1915, in einen eher saloppen, gleichwohl treffenden Vergleich gefaßt. «Dies unser Verhältnis zum Tode hat aber eine starke Wirkung auf unser Leben. Das Leben verarmt, es verliert an Interesse... Ich sage, das Leben verliert an Gehalt und Interesse, wenn der höchste Einsatz, eben das Leben selbst, in seinen Kämpfen ausgeschlossen ist. Es wird so leer und schal wie ein amerikanischer Flirt, bei dem es von vornehrein feststeht, daß nichts vorfallen darf...»

Auch Freuds Plädoyer für den Umgang mit dem Tod will also «dazu beitragen, uns das Leben wieder erträglicher zu machen, und das Leben zu ertragen, ist ja die erste Pflicht alles Lebenden». Im Interesse solcher Pflichterfüllung empfiehlt er sogar die Rückbesinnung auf «einen politischen Spruch der alten Lateiner», respektive auf eine Variante dieses Spruches, nämlich des klassischen «Si vis pacem, para bellum», wenn du den Frieden erhalten willst, so rüste zum Krieg. Wir sollten ihn, meint Freud, «für unsere gegenwärtigen Bedürfnisse abändern: Si vis vitam, para mortem. Wenn du das Leben aushalten willst, richte dich auf den Tod ein.»

Die Gewißheit des Todes als einen Aufruf zum Leben zu begreifen, das ist den Menschen früherer Jahrhunderte offenbar nicht annähernd so schwer gefallen wie uns. Die Integration des Todes in den Alltag vergangener Zivilisationsepochen war nicht ungewöhnlich, war geradezu eine Selbstverständlichkeit. Es ist denn auch anders gestorben worden in dieser Vergangenheit, eben selbstverständlicher, sogar hier im Abendland, wo die Seelenwanderung nicht unbedingt zum eisernen Bestand religiöser Überzeugungen gehört.

Für die Menschen des Mittelalters stand außer Zweifel, daß der Tod das Leben nicht nehme, sondern nur verändere; «vita mutatur, non tollitur», heißt es bis heute im Totengebet der Eucharistiefeier. Die Menschen damals lebten in bewußter Erwartung des Todes und also auch in der Hoffnung, bewußt Abschied nehmen zu können; plötzlich und unerwartet sterben zu müssen, wäre für sie geradezu eine Katastrophe gewesen. Der Tod, so wie sie ihn sich wünschten, machte durch Vorahnungen auf sich aufmerksam oder durch Bilder und Gesichte, durch die Erscheinung eines Verstorbenen im Traum zum Beispiel oder durch das Läuten einer Glocke, die scheinbar niemand angeschlagen hatte. Und wer solchermaßen aufgefordert war, sich auf das Ende des Lebens einzurichten, nutzte die verbleibende Zeit, seine Familie, seine Freunde oder auch seine Bediensteten um sich zu versammeln, Rückblick zu halten, Abschied zu nehmen, vielleicht auch Vergebung zu erbitten.

Das späte Mittelalter hat die «Ars moriendi» hervorgebracht – das Sterbenkönnen als eine Kunst, die man aus Erbauungsbüchern unter eben diesem Titel lernen sollte. Das war natürlich als geistliche Übung gemeint, und die Kunst bestand darin, so zu sterben, daß die Seele keinen Schaden nehme. Aber immerhin gab es eine feste Vorstellung davon, was unter einem guten Tod zu verstehen sei, und es gab die Bemühung, die rechte Art des Sterbens regelrecht zu lehren. Diese Bemühung reichte über das Mittelalter ein gutes Stück hinaus. Noch im 18. Jahrhundert existierten sogenannte Sterbebücher mit Titeln wie «Hochnötige Sterbekunst» oder «Die Kunst großmütig und selig zu sterben», die man Kranken und Gebrechlichen gab, damit sie sich auf das alles entscheidende Ereignis gebührend vorbereiten konnten.

Der vorbereitete Tod aber stellte den Sterbenden stets in den Mittelpunkt einer Zusammenkunft, er machte das Sterben zu einem öffentlichen Ereignis, das sich grundsätzlich vor den Augen und unter der Anteilnahme anderer Menschen abspielte. Auch das ist noch relativ lange, etwa bis zum Beginn des 19. Jahrhunderts, so geblieben, und es war vermutlich nicht immer angenehm; Norbert Elias weiß sogar von Fällen, in denen die versammelten Erben den Sterbenden verspotteten. Auch erhoben schließlich die zunehmend hygienebewußten Ärzte Einwände gegen die in den Sterbezimmern sich drängenden Versammlungen. Aber ein völlig unverhülltes, jedermann bewußtes Ereignis des Alltagslebens war das Sterben allemal.

In der europäischen Renaissance, ja selbst noch im 19. Jahrhundert, dem die Heilsgewißheit des ewigen Lebens weithin abhanden gekommen war, kannte man auch den «schönen», den romantisch oder dämonisch inszenierten Tod. Es gab vielgestaltige Sterbeszenarien, Todesrituale und erst recht Bestattungszeremonien. Der französische Kulturhistoriker Philippe Ariès hat sie in seiner monumentalen *Geschichte des Todes*, einem viel zitierten Werk der Todesforschung, genau beschrieben und auf ihre immense Bedeutung hingewiesen. Bereits in seinen früheren *Studien zur Geschichte des Todes im Abendland* macht Ariès darauf aufmerksam, daß es gar nicht allein der Glaube an ein

Weiterleben in anderer Gestalt war, sondern daß es eben solche Rituale, solche Inszenierungen waren, die den Menschen früherer Jahrhunderte das Sterben erträglich gemacht, die den Tod für sie «gezähmt» und seines schrecklichen Habitus entkleidet haben.

Nicht immer nämlich war das Symbol des Todes ein grinsender Totenkopf oder das grausige Gerippe mit der Sense. Es gab auch das Schiff, den Anker, das Rad, die Sanduhr, die Palme, die Traube, die Trauerweide. Wenn man den Tod in solchen Bildern sieht, mag es leichter fallen, sich mit ihm vertraut zu machen oder gar den «Freund Hein» in ihm zu erkennen. Aber diese trauliche Einkleidung des Todes ist fast völlig verlorengegangen. Es gibt kein Symbol für die sieche, medizinisch verlangsamte Annäherung an das Grab. Auch die ehedem offenbar hilfreichen Rituale schweigen, und es ist so gut wie nichts an ihre Stelle getreten. Tilmann Moser, Psychoanalytiker und Schriftsteller, erzählt folgende bezeichnende Geschichte: «Als meine (sehr evangelische) Mutter in einem (sehr) katholischen Dorfkrankenhaus starb, stimmte eine mindestens 70jährige Ordensschwester, als sie das Ende kommen spürte, in ruhiger Sicherheit Gebete und Lieder an. Sie gaben einen Rahmen, innerhalb dessen die erleichternden Tränen fließen konnten. Ich war dankbar für die tragende Form, der Inhalt war nicht so wichtig.»

Vielleicht vermag diese Geschichte wenigstens eine Ahnung davon zu vermitteln, daß die Rückkehr solcher Rituale in unsere gottverlassene Gegenwart geradezu lebenswichtig wäre. Die Bilderflut, die uns an allen Ekken und Enden entgegenschwappt, hat auch die Rituale weggeschwemmt. Da ist kein Raum mehr für Bilder und Symbole von Leben und Tod, in denen man eine «tragende Form» oder gar die Qualität des Trostes erkennen könnte. Die Todesbilder unserer Tage gibt der Bildschirm vor, von den verstümmelten Leichen der gerade aktuellen Bürgerkriege bis zu den Special-Effects-Massakern der Horrorfilme; sie sind zweidimensional und lassen sich beliebig wegzappen. Zum verbindlichen Todesbild des Computer-Zeitalters ist die abgeflachte Hirnstromkurve auf dem Monitor geworden, und es ist womöglich nur eine Frage der Zeit, bis man die Toten lieber «Flatliners» nennen wird. Mag sein, daß es Nischen gibt, in den Gefilden der Literatur zum Beispiel oder auch in der bildenden Kunst, wo man dem Tod noch ins Gesicht sieht, wo man nicht vor ihm flüchtet, sondern standhält; eine nennenswerte Auswirkung auf den Umgang der Gesellschaft mit dem Tod hat das offenbar nicht.

Die Geschichte des Todes, die Philippe Ariès so detailliert beschreibt, ist eine deprimierende Geschichte. Sie beginnt mit dem «gezähmten Tod» und endet mit der «Unschicklichkeit der Trauer». Den Umschwung im Verhältnis zum Tod und dessen Nähe im Leben entdeckt Ariès, wie übrigens auch Norbert Elias, im Verlauf der Zivilisation und der Individualisierung. Der Wandel hat sich jedenfalls nicht von heute auf morgen ereignet und auch nicht überall zur gleichen Zeit.

Dem letzten Abschnitt seiner *Geschichte des Todes* hat Ariès den Titel «Der ins Gegenteil verkehrte Tod» gegeben, meint damit freilich nicht die Überwindung des Todes, sondern dessen Ausbürgerung, den «Triumph der Medikalisierung». Das heißt, Sterben hat nichts mehr zu tun mit Rückschau und Abschied oder gar mit der «hochnötigen Sterbekunst», sondern wird zum einsamen Endkampf zwischen dem Instrumentarium der Medizin und den Viren, den Krebszellen, den blockierten Blutgefäßen. «Das Sterben», hat Horst-Eberhard Richter in seinem Buch über den *Umgang mit der Angst* konstatiert, «wird ein Problem der Entsorgung. Und diese beginnt mit der Verbringung des Sterbenskranken in das Krankenhaus als ‹Zwischenlager›. Dort soll er ‹Ruhe› haben – die in Wahrheit oft eher diejenigen suchen, die ihn dorthin schaffen.»

Uns Menschen des 20. Jahrhunderts sieht Ariès um den «eigenen Tod betrogen», wenn wir ohne Hoffnung auf Transzendenz, ohne bergendes Ritual, außerhalb der vertrauten Umgebung, allein an fremdem Ort sterben müssen – betrogen auch um die Bilder und Symbole, die den Tod transzendieren und ohne die wir Menschen dem Sterbenmüssen nicht begegnen können. In der Anonymität der Apparatemedizin, auch schon in der Einsamkeit einer Altenpflegestation und in den versteckten Sterbezimmern der Krankenhäuser, gewinnt der Tod den archaischen Schrecken zurück, den die Todesrituale weiland zu bannen geholfen haben. Die Verdrängung des Todes aus dem Leben der Gesellschaft, die Weigerung der modernen Menschen, mit ihrer Endlichkeit bewußt umzugehen, erreicht genau das Gegenteil dessen, was sie erreichen soll. Sie hat das Sterben nicht erleichtert. Sie hat es schwerer gemacht.

Der Tod nimmt Rache dafür, daß er sich nicht mehr zeigen darf. «Die Medizin und ihre Klientel müssen es ausbaden, daß sie seine Notwendigkeit nicht mehr gemeinsam annehmen können», meint Horst-Eberhard Richter, der Psychoanalytiker. «So verwandelt sich die Medizin Schritt für Schritt in eine gewaltige Kriegsmaschine, gejagt von den Riesenerwartungen der leidensunfähigen Okay-Gesellschaft.» Aber einen medizinischen «Endsieg» wird es nicht geben.

Und das soll nun das letzte Wort sein? Haben wir Heutigen da überhaupt eine Chance, aus dem Schreckgespenst des evakuierten Todes wieder einen «Freund Hein» zu machen, mit dem sich menschenwürdig und verzweiflungsfrei umgehen ließe? Wer wohl sollte dazu imstande sein, wenn weder auf die Geborgenheit der Großfamilie noch auf die Tröstungen der Transzendenz, noch auf den Triumph der Medizin Verlaß ist? Kann es unter diesen Umständen überhaupt einen neuerlichen Umschwung im Umgang der Gesellschaft mit dem Tode geben?

Philippe Ariès, der Geschichtsschreiber und Autodidakt, hält das offenbar für möglich. Gegen Ende seines großen Buches jedenfalls schreibt er, das Schreckbild des mit Schläuchen und Röhrchen gespickten, künstlich beatmeten Sterbenden beginne «den Schutzpanzer der Verbote zu durchdringen und eine lange gelähmte Sensibilität aufzurütteln». Es könnte der Fall eintreten, meint Ariès, daß die Öffentlichkeit in Aufruhr gerate und sich des Themas Sterben mit der gleichen Leidenschaftlichkeit annehme wie etwa des Themas Abtreibung. Gerade in «dieser Zone des kollektiven Gewissens» könnte ein Wandel der zeitgenössischen Einstellungen einen Ansatzpunkt finden.

Das hätte dann vor allem für Amerika zu gelten, wo besonders viel aufzuarbeiten ist, denn kein Volk der Welt hat den Sensenmann so entschieden hinauskomplimentiert aus dem allgemeinen Bewußtsein, keines hat ihn so ungeniert ersetzt durch die pinkfarbene Verlogenheit der «Funeral Homes» wie das amerikanische. Neuerdings nun hat Sherwin B. Nulands Buch *Wie wir sterben*, diese schonungslos präzise Beschreibung der Schwelle zwischen Leben und Tod, monatelang ganz oben auf Amerikas Bestsellerlisten gestanden. Und prominente Amerikaner wie Jackie Kennedy-Onassis oder auch Richard Nixon, die sich beide als Todkranke gegen lebensverlängernde Maßnahmen entschieden hatten, sind so etwas wie Medien-Vorbilder geworden. Der «American Way of Death» scheint Veränderungen durchzumachen.

Aber der Aufruhr, den Ariès andeutet, ist das sicherlich nicht. Eher steckt der Reiz dahinter, mit einem Tabu zu brechen – und Tabus sind rar und darum begehrt in unserer Medienwelt, besonders seit die Veröffentlichung der Sexualität als Tabu weitgehend ausgefallen ist. Was sich da verändert, sind Erscheinungsformen des Zeitgeistes, es ist nicht das Bewußtsein. Zum Beispiel ist 1994 die Zahl der Amerikaner dramatisch angestiegen, die Rat und Hilfe bei der Abfassung von Patientenverfügungen gegen lebensverlängernde Maßnahmen anfordern, aber nur einer von fünf hat ein solches Papier auch wirklich unterschrieben. Bei uns zulande gibt es seit etlichen Jahren eine kaum noch zu überblickende Fülle von mehr oder weniger seriösen, gewiß gutgemeinten Büchern zum Thema Tod und Sterben, die besonders den betroffenen Familien Rat geben und Trost spenden wollen. Die «Zone des kollektiven Gewissens» aber haben sie nicht erreicht, geschweige denn haben sie dort etwas verändert.

Sonst müßten allmählich doch auch die Antworten der sogenannten Prominenz auf die Frage «Wie wollen Sie sterben?» in dem Marcel Proust zugeschriebenen Fragebogen der *Frankfurter Allgemeinen Zeitung* gewisse Veränderungen erkennen lassen. Das tun sie aber nicht. Im Mittelalter wäre die häufigste Antwort wohl ein Gebet gewesen: Der Herr bewahre uns vor einem plötzlichen (also unvorbereiteten) Tod. Heute wird die Frage immer häufiger mit Variationen der Formel «kurz und schmerzlos» beantwortet. Auch «im Schlaf» möchten viele sterben, mithin unbewußt; die Antworten, in denen das Wort «bewußt» vorkommt, sind zumindest nicht zahlreich. Sogar «plötzlich und unerwartet» möchten manche sterben – genau den Tod also, den die Hinterbliebenen in ihren Todesanzeigen mit eben dieser Formel als besonders schmerzlich beschreiben. Das kann nur noch Woody Allen übertreffen: «Ich habe keine Angst zu sterben. Ich will nur nicht dasein, wenn es passiert.»

Das Gegenteil trifft zu: Es ist die Angst, die solche Antworten diktiert. Zwar gehört die Angst vor dem Sterbenmüssen gewiß nicht zu den Zeiterscheinungen. Sie gehört zum Menschenleben wie der Tod selber. Aber der medizinisierte, außer Sichtweite geschaffte Tod rächt sich eben auch dadurch, daß er diese Urangst verdoppelt durch die Angst vor dem Verlassenwerden, vor dem Entsetzen der Einsamkeit, vor dem Ausgeliefertsein an das Expertentum. Wahrscheinlich sind diese Ängste den meisten Menschen gar nicht bewußt; aber zuweilen machen sie sich doch bemerkbar, in Träumen zum Beispiel, in der bangen Erwartung einer ungewissen Diagnose oder im Erschrecken über die unverhoffte Mitteilung, daß ein Freund, ein Kollege, ein Verwandter an Krebs erkrankt sei.

Kein Mensch findet sich einfach ab mit dem Wissen, daß er sterben muß. Nicht einmal Gottes Sohn hat sich, da er Mensch geworden war, damit abgefunden. Wenn wir der christlichen Überlieferung glauben wol-

62

len, dann hat Jesus auf dem Ölberg angefangen «zu trauern und zu klagen» (Matthäus 26): «Meine Seele ist betrübt bis in den Tod.» Und nachdem er bei seinen schlafenden, des Tröstens offenbar nicht kundigen Jüngern die erhoffte Sterbebegleitung nicht hatte finden können, hat er den Herrn über Leben und Tod sogar um Verschonung gebeten: «Mein Vater, ist's möglich, so gehe dieser Kelch an mir vorüber.» Da dies aber nicht möglich war, hat er den Vater in der Stunde des Todes noch einmal – anklagend? – angerufen: «Warum hast du mich verlassen?»

Was Gläubigkeit vermag wider die Sterbensangst, das ist nur sehr persönlich zu beantworten. Bezogen auf die Gesellschaft hat der Glaube an die Auferstehung des Fleisches, oder an welche Form eines Weiterlebens nach dem Tode auch immer, die massive Verdrängung des Todes und der Trauer aus dem Leben jedenfalls nicht verhindern können – wirklich nur mangels ausreichender Verbreitung? Glauben heißt: nicht wissen. Aber daß wir sterben müssen, das wissen wir. Alles weitere unterliegt, weil nicht beweisbar, dem Zweifel. Und diesem Zweifel verdankt nicht nur die Angst ihre Chance, sondern auch die Lebensverlängerung um beinah jeden Preis. «Da liegt's», wie Hamlet genau gesehen hat:

> Nur daß die Furcht vor etwas nach dem Tod –
> Das unentdeckte Land, von des Bezirk
> Kein Wandrer wiederkehrt – den Willen irrt,
> Daß wir die Übel, die wir haben, lieber
> Ertragen, als zu unbekannten fliehn.

Aber es gibt ein Gottvertrauen, das diesem Zweifel trotzt, weil es nicht gebunden ist an die Erwartung eines Lebens nach dem Tode, wohl überhaupt nicht an Glaubensartikel. Kein Gebet hat dieses Gottvertrauen schöner in Worte fassen können als Rainer Maria Rilke in seinem Herbst-Gedicht:

> Wir alle fallen. Diese Hand da fällt.
> Und sieh dir andre an: es ist in allen.
> Und doch ist Einer, welcher dieses Fallen
> unendlich sanft in seinen Händen hält.

Manchmal sind es gerade die Todgeweihten, denen die Überwindung der Angst am besten gelingt – Menschen, die Aids haben oder einen nicht mehr zu therapierenden Krebs, und die akzeptiert haben, daß ihnen nur noch kurze Zeit zum Leben bleibt; die krebskranke Hannelore M. zum Beispiel, die Barbara Franck in ihren *Reportagen über die Angst* zitiert: «Mit der Angst vor dem Tod waren auch die anderen Ängste verschwunden: die Angst, nicht gemocht zu werden. Die Angst vor anderen Menschen. Die Angst vorm Leben überhaupt.»

Was da wirksam wird, ist doch wohl die nämliche Dialektik, die schon Sokrates und Seneca gemeint haben, wenn sie darauf beharrten, wer gut leben wolle, müsse sterben lernen, und wer gut sterben wolle, müsse leben lernen. Ein zeitgenössischer Schriftsteller, Wolfgang Hildesheimer, nennt das nicht Dialektik, sondern «ein genau kontrapunktisches Verhältnis», ein Verhältnis zum Tode, das alles wahre Erleben habe. «Nichts im Leben wäre schön oder wichtig gewesen, nichts wesentlich, wenn es den Tod nicht gäbe. Erst wenn man ihn vor Augen hat, wird das Leben lebenswert.»

Und es geschieht ja nicht erst am Ende des Lebens, daß man den Tod vor Augen hat. Er tritt uns auch schon mitten im Leben entgegen – in Gestalt vielfältiger Veränderungen, Verzichte, Verluste. Das ist es, was Luther gemeint hat, als er den berühmten Satz «Media vita in morte sumus – Mitten in dem Leben sind/Wir vom Tod umfangen» niederschrieb. Und auch Luther hat gleich hinzugefügt, man könne diesen Satz getrost umkehren: Mitten im Tod sind wir vom Leben umfangen. Denn auch das Sterben geschieht ja zur Lebenszeit.

Das Leben erweist sich als endlich nicht erst dann, wenn es vorbei ist. Wir Menschen sind ständig konfrontiert mit Erfahrungen des Scheiterns, mit unseren begrenzten Kräften, mit dem Zwang, Abschied zu nehmen. Jede menschliche Bemühung, Veränderungen bewußt wahrzunehmen und zu verarbeiten, ist auch eine Bemühung, sterben zu lernen.

Die Schweizer Psychotherapeutin Verena Kast gibt in ihrer wichtigen Arbeit über das Trauern den Rat, «abschiedlich» zu leben. So gut das klingt – eine leichte Übung ist es nicht, das weiß auch Verena Kast, eher eine notwendige Übung: «Es fällt uns schwer, immer wieder Trennungen anzunehmen. Wir wehren uns gegen die Veränderung, versuchen sie zu leugnen, wo sie schon längst eingetreten ist. Wehren wir uns gegen den Tod? Gegen das Hereinragen des Todes ins Leben? Dabei ist ja gerade das Stehenbleiben der Tod. Um den Tod nicht sehen zu müssen, negieren wir ihn und seinen Trabanten, die Veränderung – und dann sind wir unversehens tot.»

Wer hingegen den Mut hat, sich im Lauf seines Lebens immer wieder neuen Aufgaben zu stellen und von Vergangenem zu lösen, der bereitet sich damit auch auf diese letzte Aufgabe vor: das Leben loszulassen. Veränderung kennt keine Altersgrenze. Es hat viele Menschen weitergebracht, im Alter ihre Lebensaufgabe neu zu formulieren, sich beispielsweise der Vermittlung von Rat und Beistand zu verschreiben, oder auch der Kontemplation, ja der Meditation im eigenen Leben einen neuen, bislang nicht ausgefüllten Platz einzuräumen. Heinrich Albertz, Jahrgang 1915, Pastor und zeitweilig Regierender Bürgermeister von Berlin, hat aus eigener Erfahrung beschrieben, daß es für einen Menschen in der vierten Lebensphase durchaus positiv sein kann, sich beizeiten in einem Altenwohnheim anzusiedeln – also womöglich nicht erst dann, wenn der Lebenspartner gestorben, die eigene Aktivität verkümmert und die Pflegebedürftigkeit unabweisbar geworden ist. Wer das «Ende des Weges», wie Albertz das genannt hat, so bewußt beschreitet, der lebt abschiedlich; der lernt sterben.

Von einem Lernprozeß also ist die Rede, von einer Aufgabe für kommende Generationen. Denn noch leben wir im Zeitalter der Verdrängung. Und bis zu einer neuen Ars moriendi ist der Weg sehr weit. «Was Menschen tun können, um Menschen ein leichtes und friedliches Sterben zu ermöglichen, das bleibt noch herauszufinden», so Norbert Elias' Fazit: Die schrecklichen Phantasien, die den Tod umgeben, «zu entgiften, ihnen die einfache Realität des endlichen Lebens gegenüberzustellen, ist eine Aufgabe, die noch vor uns liegt». Wie diese Aufgabe zu lösen sei, das deutet Elias nur an: «Vielleicht sollte man doch offener und klarer über den Tod sprechen, sei es auch dadurch, daß man aufhört, ihn als Geheimnis hinzustellen. Der Tod verbirgt kein Geheimnis. Er öffnet keine Tür. Er ist das Ende eines Menschen.» Das ganze Leben ist die Chronik eines angekündigten Todes. Und der Tod, sagt Kierkegaard, ist «der kürzeste Inbegriff des Lebens».

Auch Michel de Montaigne, von dem wir wissen, daß er noch nicht mal ein Herbergszimmer angemietet hat, ohne sich zu fragen, ob er darin wohl sterben könne, auch Montaigne hat schon von einem Lernprozeß gesprochen, aber sein Plädoyer wider die Verdrängung des Todes ist viel aggressiver. Er meint, wir sollten «lieber lernen, wie wir ihm entgegentreten und mit ihm fertig werden können: zunächst, wenn wir ihn um den Hauptvorteil, den er uns gegenüber hat, bringen wollen, müssen wir gerade den umgekehrten Weg einschlagen, als es gewöhnlich geschieht; wir müssen versuchen, ihm seine furchtbare Fremdartigkeit zu nehmen, mit Geschick an ihn heranzukommen, uns an ihn zu gewöhnen, nichts anderes so oft wie den Tod im Kopf zu haben...»

Keine angenehme Aufgabe. Aber wenn die Lösung gelänge, auch das weiß Montaigne, hätten wir vielleicht einen neuen Freund gewonnen, «Freund Hein» eben, gewiß aber eine neue Freiheit: «Sich in Gedanken auf den Tod einrichten, heißt sich auf die Freiheit einrichten: wer zu sterben gelernt hat, den drückt *kein* Dienst mehr. Sterbenkönnen befreit uns von aller Knechtschaft, von allem Zwang.»

Matthias Claudius, in dessen Biographie der Tod wie ein Leitmotiv erscheint, hat seine späten Bücher jenem (von ihm so buchstabierten) «Freund Hain» dediziert, der ihm wohl unheimlich war, den er aber nicht zum Feind haben wollte: «Und doch will ich glauben, daß Sie 'n guter Mann sind, wenn man Sie genug kennt...»

Das alles steht auch schon im 90. Psalm, freilich mit anderen, mit schlichteren Worten: «Lehre uns bedenken, daß wir sterben müssen, auf daß wir klug werden.»

Das Amen dazu muß ein jeder selber sprechen.

Der Kampf gegen das Altern

Wem das Sterben angst macht, der verdrängt den Tod. Das ist zwar logisch, aber nicht wirksam, denn der Tod läßt es sich nicht gefallen. Die Verdrängung macht das Sterben nur noch schwerer. Wer mit dem Tod nicht leben kann, der muß ihn schon abschaffen. Das wird denn auch versucht.

Es wird sogar gefordert, von Bazon Brock zum Beispiel, Professor für Ästhetik (und höheren Blödsinn) in Wuppertal: «Der Tod muß abgeschafft werden, diese verdammte Schweinerei muß aufhören. Wer ein Wort des Trostes spricht, ist ein Verräter an der Solidarität aller Menschen gegen den Tod.» Und was für einen Tausendsassa wie Bazon Brock bloß ein Stück Selbstdarstellung sein mag, das ist für schlichtere Gemüter vielleicht eine Verheißung: Unsterblichkeit für alle.

In den Mythen sind allein die Götter unsterblich – und selbst die geraten in Schwierigkeiten, wenn Freias goldene Äpfel, deren Genuß ewige Jugend verleiht, mal nicht zur Verfügung stehen. In der Realität unserer Tage ist die Unsterblichkeit dem allgemeinen Machbarkeitswahn anheimgefallen. Wir brauchen keine goldenen Äpfel, nur die richtigen Pillen, und die muß die medizinische Wissenschaft eines Tages entwickelt haben. Alles nur eine Frage der Zeit. In Phoenix, Arizona, kann man sich für Beträge zwischen 50000 und 120000 Dollar von den Kryotechnikern der Tiefkühl-Stiftung «Alcor» nach dem Tod einfrieren lassen, die ganze Figur oder nur den Kopf – mit dem Auftrag, dann wieder aufgetaut zu werden, wenn die Mediziner es endlich erreicht haben werden, den Tod abzuschaffen, mindestens jedoch jene Krankheit heilbar zu machen, an der man gestorben ist.

Es geht aber auch billiger und ohne die Spekulation auf den Fortschritt der Wissenschaft. Man muß bloß wollen. In Scottsdale, gleichfalls im US-Bundesstaat Arizona, haben bereits vor geraumer Zeit zwei Männer und eine Frau beschlossen, für immer in ihrem Körper zu bleiben und diesen Entschluß möglichst vielen Mitmenschen zur Nachahmung zu empfehlen. Charles Paul Brown, Bernie Sittser und James Russell Strole brauchen zur Unsterblichkeit nicht mal Pillen, sie lokkern ganz einfach die «Bremse im Kopf» und löschen das «Todesprogramm», das den Menschen seit Jahrtausenden einhämmert, alles Leben ende mit dem Tode. Eine Art zelluläres Erwachen soll die Chemie des Körpers vollständig verändern und den Alterungsprozeß zum Stillstand bringen. Umdenken genügt. «People Forever» heißt die Parole.

Natürlich können solche Leute mit ein bißchen Propaganda und gesundem Geschäftssinn überall eine Gefolgschaft finden, auch hierzulande. Ihre frohe Botschaft ist eingehüllt in eine philanthropisch parfümierte Esoterik-Wolke, von der die Wirklichkeit verläßlich vernebelt wird. Jede Menge lebendiger Körperkontakt und das fleißig beschworene Bewußtsein zellulärer Verbundenheit mit der gesamten Menschheit lassen real existierende Probleme wie Überbevölkerung und brüchige Sozialsysteme irrelevant erscheinen – kein Thema jedenfalls für eine aus Unwissenheit und Todesnot endlich erwachte Menschheit. Die wird das alles schon hinkriegen.

Eines freilich wird man diesen Traumtänzern nicht verdenken dürfen: daß sie von den Medizinern die Abschaffung des Todes erwarten. Denn da sind sie in bester Gesellschaft. Sogar bedeutende Vertreter der Wissenschaft haben dazu immer wieder Gelegenheit geboten, auch reichlich Zitate. «Der Tod ist unnatürlich. Theoretisch ist der Mensch unsterblich», hat zum Beispiel Linus Pauling gesagt, Inhaber zweier Nobelpreise (einer für Chemie, der andere für Frieden), von Beruf Hausarzt. Oder Professor Joshua Lederberg, der 1958 einen Medizin-Nobelpreis für seine Erkenntnisse über das Verhalten des genetischen Materials bei Bakterien bekommen hat: «Biologisch gesehen sollte der Mensch nicht sterben. Theoretisch ist die Zeit vorhersehbar, in der der Tod nicht mehr unvermeidlich ist.» Oder Philip Gordon von der Yale University: «Etwa um das Jahr 2050 werden wir genügend Kenntnisse haben, um biologisch unsterblich zu sein.» Die Alternsforschung, sagt Professor Judith Campisi, Zellbiologin in Berkeley, sei heute dort, «wo die Physik vor 50 Jahren war, als Enrico Fermi versuchte, das Atom zu spalten»; sie fängt also erst richtig an. Die Alternsforscher «beginnen zu erkennen», so Caleb Finch, Professor für Neurobiologie und Geriatrie an der University of Southern California, «daß die Lebensspanne in großem Umfang, möglicherweise sogar unbegrenzt ausgedehnt werden kann».

Kann sie denn? Niemand weiß es wirklich. Wie und warum wir altern, das ist auch für die Wissenschaft noch immer ein ungelöstes Rätsel. Es ist, so der Biochemiker D. Hubert Warner von Amerikas National Institute on Aging, «das komplexeste aller biologischen Probleme überhaupt». Es gibt ein paar Theorien darüber und eine Menge experimentelle Annäherungen an das Problem, aber keine verbindliche Lösung. Ist Altern vermeidbarer Verschleiß oder unentrinnbares Schicksal? Zufall? Unfall? Programm? Oder einfach eine Nebenwirkung des Lebens?

Die Theorie von «Abnutzung und Untergang» ist der eine grundsätzliche Erklärungsversuch; danach ist Altern vor allem eine Folge des Verschleißes, dem alle Organe des Körpers bei der Erfüllung ihrer Aufgaben unterliegen. Der anderen vorherrschenden Theorie zufolge ist der Prozeß des Alterns durch genetische Faktoren bedingt; Altern folgt demnach einem Programm, einem «genetischen Lochstreifen» sozusagen, der die Lebenszeit der Zellen und damit des gesamten Organismus bestimmt. Aber nach allem, was die Forscher heute wissen, hat Altern nicht nur eine dieser beiden, sondern viele Ursachen, die obendrein individuell verschieden gewichtet sind. Einer der bedeutendsten Theoretiker und Experimentatoren der Alternsforschung, Dr. Leonard Hayflick, ist überzeugt, «daß die Wesensmerkmale der biologischen Instabilität, die gemeinhin als altersbedingte Veränderungen gelten, eine Vielfalt von Ursachen haben». Sicher ist allenfalls, daß der Prozeß des Alterns zwangsläufig vonstatten geht und daß die Lebenszeit der Individuen begrenzt ist.

Das hindert die Biochemiker und die Zellbiologen und die Molekulargenetiker und die Hormonforscher aber nicht an der fortgesetzten, von der internationalen Pharmaindustrie mit Milliardenbeträgen unterstützten Bemühung, der Natur ins Handwerk zu pfuschen. Und das müssen sie auch, wenn biologische Unsterblichkeit wirklich individuell machbar werden soll, denn die Natur ist nur am Überleben einer Art, nicht aber eines bestimmten Individuums interessiert. Sie «investiert» in einzelne Exemplare einer Spezies, beziehungsweise in deren genetisch kontrollierte Erhaltungs- und Reparatursysteme, nur so lange, bis diese Individuen sich fortgepflanzt und ihren Nachwuchs auf den Weg gebracht haben; das heißt, die Natur vernachlässigt unsere Langlebigkeit genauso wie ein Auto-Hersteller, der darauf bauen darf, daß die Kundschaft jedes Jahr ein neues Modell kauft. Wenn es so etwas wie ein genetisches Programm gibt, dann haben wir spätestens nach dem 40. Lebensjahr nicht mehr annähernd soviel Zuwendung von Mutter Natur zu erwarten wie etwa von der medizinischen Forschung.

Tatsächlich sind die Bemühungen der Forscher um einen Stopp, mindestens eine Verlangsamung des Alterns keineswegs erfolglos. Zum Beispiel die Taufliege *Drosophila melanogaster* oder der Fadenwurm *Caenorhabditis elegans* sind der physischen Unsterblichkeit bereits ein gutes Stück näher als wir Menschen, die für selektive Züchtungen oder vergleichbare Experimente rechtens nicht zur Verfügung stehen. Der Schimmelpilz *Podospora anserina* hat das Ziel womöglich schon erreicht: Obwohl seine reguläre Lebenszeit nur 25 Tage beträgt, lebten zwei solche Pilze im Jahr 1994 bereits seit sage und schreibe 18 Jahren, nachdem der Molekulargenetiker Professor Karl Esser von der Bochumer Ruhr-Universität ein lebensverlängerndes Gen in ihren Zellkernen entdeckt und mehrere Exemplare erfolgreich miteinander gekreuzt hatte. Es sei nicht auszuschließen, meint Professor Esser, der für seine Entdeckung einen Preis von der Internationalen Gerontologischen Gesellschaft bekommen hat, «daß der

Mensch solche lebensverlängernden Gene ebenfalls in sich trägt».

Die biologische Alternsforschung sucht erst seit relativ wenigen Jahren die Ursachen für das Altern in den molekularen Mechanismen der Zelle. Dafür hat sie dort schon eine ganze Menge gefunden, was zumindest den Streit der Gelehrten am Leben erhält – etwa die «freien Radikale»: das sind aggressive Stoffwechselprodukte, unerhört reaktionsfähige Abkömmlinge beispielsweise des eingeatmeten Sauerstoffs, die gern Makromolekülen zuleibe rücken, dabei Zellen zerstören und die Erbsubstanz verändern können. Vermutlich sind «freie Radikale» an der Entstehung von Alterskrebs beteiligt; auch Arteriosklerose kann auf sogenannten oxidativen Schäden, speziell der Fett- und Eiweißmoleküle, beruhen. Die Erkenntnisgrenzen der biologischen, besonders aber der molekulargenetischen Erforschung des Alterns – da mögen die optimistischen Wissenschaftler schon recht haben – sind noch längst nicht erreicht.

Bis heute jedenfalls sind die Ursachen menschlicher Hinfälligkeit eher geheimnisvoll geblieben, zumal da altersbedingte Veränderungen sich eben nicht gleichförmig entwickeln, weder bei den unterschiedlich anfälligen Individuen noch bei den einzelnen Zellen. Ob nun Verschleiß, Erschöpfung oder ein genetisches Programm dahinterstecken: Alle Individuen haben eine begrenzte Lebenszeit, die je nach Art verschieden ist und beim Menschen 110 bis höchstens 120 Jahre beträgt. Unsere maximale Lebensspanne hat sich, trotz der beachtlich gesteigerten durchschnittlichen Lebenserwartung im Gefolge des medizinischen Fortschritts, nicht erkennbar verändert; niemand erreicht heute ein höheres Alter als die Langlebigen bei den Griechen oder den Römern in der Antike. Vor allem aber: Auch die erstaunlichsten Errungenschaften der Lebensverlängerer werden in absehbarer Zeit wohl kaum jemandem dazu verhelfen, gesund und guter Dinge alt zu werden. Wozu dann aber der ganze Aufwand? Was streben die Forscher denn an – bloß Lebensverlängerung um jeden Preis oder auch mehr Lebensqualität im Alter? Wie setzen sie ihre Prioritäten? Wollen sie dem Leben mehr Jahre hinzufügen oder den Jahren mehr Leben?

Sherwin Nuland, der kritische Praktiker, der mit seinem Buch *Wie wir sterben* manchen Zweifel am Nutzen des medizinischen Fortschritts geweckt haben dürfte, weiß von der Versuchung vieler Ärzte, das Interesse an einer Krankheit zu verlieren, der sie nicht beikommen können, die ihnen ein Rätsel bleibt. Auch der unaufhaltsame Alternsprozeß ist solch ein Rätsel. Und so «versuchen viele Fachärzte, sich die Faszination an ihrem Gegenstand zu bewahren, indem sie das Alter als solches mit den Etiketten behandelbarer Krankheiten versehen». Woraus natürlich folgt, daß diese Krankheiten auch behandelt und somit die Lebensspannen der alten Menschen verlängert werden müssen. Wer einen natürlichen Prozeß, in diesem Fall die Altersleiden, mit dem Namen einer heilbaren Krankheit belegt, der Arteriosklerose zum Beispiel, hat bereits den ersten Schritt zu dem Versuch getan, Abhilfe zu schaffen und diesen Prozeß aufzuhalten.

Nuland bekundet Respekt vor einer solchen Sicht, mag sie aber nicht teilen: «Hochbetagte erliegen im Grunde nicht irgendwelchen Krankheiten, sondern dem altersbedingten Schwund von Körpersubstanz und Lebenskraft.» Auch glaubt er nicht, daß man den alten

Menschen durch die Behandlung besagter Alterskrankheiten wirklich helfen kann, im Gegenteil. «Wer Hochbetagte um jeden Preis am Leben halten will, bereitet ihnen und ihren Angehörigen nur Leiden; ganz zu schweigen von den Kosten, welche die Menschen bezahlen müssen, deren Zeit noch nicht gekommen ist.»

Aber, auch das weiß Nuland, es bleibt den Ärzten von Rechts wegen gar nichts anderes übrig, als so zu handeln: «Jedermann hat an einer benennbaren Krankheit zu sterben, so will es nicht nur das US-Gesundheitsministerium, sondern auch die Weltgesundheitsbehörde WHO... An Altersschwäche zu sterben ist überall auf der Welt ungesetzlich.» Mit anderen Worten: Ein kranker alter Mensch muß von Amts wegen zu Tode kuriert werden, jedenfalls im Prinzip. «Ich bin fest davon überzeugt», so Nuland, «daß viele Menschen den Alterstod sterben. Was ich als praktizierender Arzt auch auf den Totenschein geschrieben habe, um dem Amt für Bevölkerungsstatistik Genüge zu tun, ich tat es wider besseres Wissen.»

Mag sein, daß die Verblichenen alle die Krankheiten wirklich gehabt haben, die man ihnen auf den Totenschein geschrieben hat. Aber gestorben sind sie letztlich deshalb, weil ihr Widerstand gegen diese Krankheiten gebrochen, weil ihre Lebensenergie verbraucht war. Als es den medizinischen Fortschritt noch kaum gab, hat das jedermann eingeleuchtet. Nuland zitiert wiederholt und mit unverhohlener Zustimmung einen Brief, den Thomas Jefferson, dritter Präsident der Vereinigten Staaten von Amerika, am 5. Juli 1814 an seinen Amtsvorgänger John Adams, der damals 78 Jahre alt war, geschrieben hat: «Die Maschinen unserer Körper sind nun siebzig oder achtzig Jahre gelaufen. Verschlissen, wie sie sind, müssen wir damit rechnen, daß hier ein Zapfen, dort ein Rädchen, hier ein Ritzel, dort eine Feder den Dienst versagen. Und wenn sie auch nach einer Reparatur wieder eine Weile laufen, über kurz oder lang werden sie doch einmal für immer stillstehen.»

Niemand wird das Bemühen um Lebensverlängerung geringschätzen, solange es darauf gerichtet ist, möglichst vielen Menschen ein relativ beschwerdefreies und also aktives Leben im Alter zu bescheren. Das Streben nach physischer Unsterblichkeit aber ist so widersinnig wie die uralte Suche nach dem Jungbrunnen oder einem anderen Zaubermittel, das den unaufhaltsamen Prozeß des Alterns hinauszögern soll. Es ignoriert die Gewißheiten der Conditio humana. Es ist wider die Natur. Die vom Fortschritt der Medizin hinzugewonnene Phase des menschlichen Lebens kann ja auch eine Phase der Vergreisung und der tödlichen Krankheit sein – keine natürliche Entwicklung, sondern, wie der streitbare Theologe Hans Küng formuliert, «das Ergebnis einer beinah prometheisch anmutenden Anstrengung des Menschen, der selber diese Phase schuf, die nun freilich für manche zu einer unerträglichen Last geworden ist».

Und doch lassen die Forscher nicht ab von solchem Streben, auch wenn sie die maximale menschliche Lebenszeit dabei bislang nicht verlängert haben; und doch hören die Ärzte nicht auf, Altersschwäche wie Krankheiten zu behandeln, auch wenn sie den Moribunden das Sterben damit oft nicht leichter, eher schwerer machen. Es kann für diesen Widersinn nur einen Grund geben: Ärzte wie Forscher handeln unter dem Diktat eines mehr oder minder bewußten kollektiven Fehlverhaltens; sie gehorchen dem Mechanismus einer gesellschaftlichen Verhaltensregelung. Sie sind ausführende Organe der allgemeinen Todesverdrängung.

Der Philosoph Zygmunt Bauman nennt dieses Fehlverhalten eine «postmoderne Strategie» im Kampf gegen die Sterblichkeit und definiert sie als «Dekonstruktion der Dauer». Soll heißen: Man versucht der Sterblichkeit ihren Schrecken zu nehmen, indem man sie aus dem Verborgenen hervorholt und in den Bereich des Vertrauten und Gewöhnlichen hineinstößt, ins tägliche Leben also, wo sie «zu einer fortwährenden Generalprobe des Todes» wird. Was in erster Linie geprobt wird, sagt Bauman, ist «die Vergänglichkeit und Flüchtigkeit der Dinge, die Menschen erwerben, oder der Bande, die sie knüpfen». Und das wird nicht nur geprobt, das funktioniert bereits. Eine Gesellschaft, die zur «Dekonstruktion der Dauer» entschlossen ist, läßt ihre Aufmerksamkeit ständig abschweifen. «Die Fähigkeit, Verstand und Mühe längere Zeit auf eine Sache zu konzentrieren, ist eine nahezu ausgestorbene Kunst», konstatiert Bauman.

Der Amerikaner Nuland ist kein Philosoph, er ist Arzt, ein Chirurg, der lieber Allround-Praktiker im jüdischen Ambiente von Brooklyn geworden wäre, aus dem er stammt. Daher wohl auch sein illusionsloser Blick für die Endlichkeit der Conditio humana und seine Verachtung aller Versuche, sie zu leugnen: «Solche Versuche sind freilich eher lächerlich, und wer sich an ihnen beteiligt, erwirbt sich keine Verdienste. Alle Menschen sind ersetzbar, und früher oder später sollten auch alle Menschen ersetzt werden. Der Wunschtraum, dem Tod von der Schippe zu springen, ist weder im Interesse der

Menschheit, noch dient er dem kontinuierlichen Fortschritt der Erkenntnis. Mehr noch: Er schadet den Interessen der kommenden Generationen... Wer über seine natürliche Lebensspanne hinausleben will, belastet sein Verhältnis zu den Jüngeren.»

Es ist erstaunlich, wenn nicht erschreckend, daß diese Konsequenz der Lebensverlängerung in den meisten Darstellungen des medizinisch Machbaren überhaupt nicht vorkommt. Dabei gibt es Anzeichen dafür, daß in der kommenden Generation eine Art Mobilmachung stattfindet. Die Jungen schicken sich an, Lebensrechte einzuklagen, die sie durch die Übermacht der Alten bedroht sehen. Sie werden eine Schädigung ihrer Lebensinteressen durch die drohende Vergreisung der Gesellschaft, in der sie leben, nicht widerstandslos hinnehmen. Mindestens werden sie eine solche Schädigung ihrer Interessen nicht obendrein finanzieren wollen.

Zwar gilt der sogenannte Generationenvertrag noch, in dem postuliert wird, daß die arbeitsfähigen Jungen für die nicht mehr arbeitsfähigen Alten aufkommen; er gilt noch, weil staatliche Instanzen seine Erfüllung kraft Gesetzes erzwingen. Aber die kommende Generation hat ihre «innere Kündigung» dieses Vertrages längst ausgesprochen. Dem Generationenvertrag folgt ein Generationenkonflikt – nicht der erste, weiß Gott, aber vielleicht der verheerendste.

Gewiß sind nicht die Erforscher der Unsterblichkeit die Auslöser dieses Konflikts, jedenfalls noch nicht; die mögen sich sogar darauf verlassen, daß auch die Jungen – wenn sie erst mal anfangen, über den Tod nachzudenken – unsterblich werden, mindestens aber ihren vollen Anteil am medizinischen Fortschritt haben wollen. Der drohende Konflikt hat ganz reale, sehr präsente Ursachen: die demographische Entwicklung, die im Effekt einer Revolution gleichkommt, und die sich verändernde Funktion der Familie, die im Effekt einem Zerfall gleichkommt.

Keine moderne, individualistisch orientierte Gesellschaft hat noch eine «bestandserhaltende» Geburtenrate. Wenn sich das nicht ändert, werden diese Gesellschaften vergreisen und bis zum Verschwinden schrumpfen – es sei denn, sie wollten sich auf wachsende Zuwanderungen aus weniger individualistisch orientierten Gesellschaften einlassen. Noch ist dies bei uns der Fall. Und nur wenn die Einwanderung anhält, bleibt die Bevölkerung im industrialisierten Mitteleuropa, vor allem die arbeitende, Abgaben entrichtende Bevölkerung, noch ein paar Jahrzehnte konstant. Ohne Zuwanderer, so die Prognose des Statistikers Günter Buttler von der Universität Erlangen-Nürnberg, würde die Bevölkerung zum Beispiel der Bundesrepublik von derzeit knapp 80 Millionen auf 62 Millionen im Jahr 2030 schrumpfen.

Die Vergreisung hat schon begonnen. Laut dem Statistischen Bundesamt waren Ende 1993 in Deutschland 340000 Bürger über 90 Jahre alt; 1980 waren es noch 133000; im Jahr 2010 werden es 458000 sein. Jeder fünfte Bürger in den Ländern der Europäischen Union ist heute 60 Jahre alt oder älter. Dies gilt auch für das vereinigte Deutschland. Und in 30 Jahren wird etwa ein Drittel aller Deutschen im Ruhestand leben. Das ist zum einen die Folge des kontinuierlichen Anstiegs der durchschnittlichen Lebenserwartung von etwa 44 Jahren um die Jahrhundertwende auf 75 Jahre in den achtziger Jahren dieses Jahrhunderts; in den letzten zehn Jahren ist bei uns die Lebenserwartung um 2,6 Jahre gestiegen, Tendenz weiter steigend. Zum anderen hat sich die Altersstruktur der Bevölkerung verändert: Dem «Babyboom» der Nachkriegszeit, mit Höhepunkt im Jahr 1964, ist ein stetiger Geburtenrückgang gefolgt, auch «Pillenknick» geheißen, mit Tiefpunkt im Jahr 1973. Die Alterspyramide ist längst keine Pyramide mehr; zeitweilig ähnelte sie eher einer zerzausten Tanne, und nun wird sie immer mehr zum Pilz. Das Statistische Bundesamt rechnet für das Jahr 2000 mit einem Anteil der unter Zwanzigjährigen von rund 20 Prozent bei einem Anteil der über Sechzigjährigen von 24 Prozent. Im Jahr 2035 aber, wenn die «Babyboomer» ins Pensionärsalter kommen, werden nur noch 17 Prozent unter 20 Jahre alt sein, während die Menschen über 60 Jahre mit etwa 35 Prozent schon mehr als ein Drittel aller Deutschen stellen werden.

Es gibt noch ungünstigere Prognosen. Selbst ein vom Naturell her nicht zu Dramatisierungen neigender Mann wie der Sozialdemokrat Hans-Ulrich Klose läßt sich, als Herausgeber einer Studie über das *Altern der Gesellschaft*, zu der Feststellung hinreißen: «Die mittelfristigen und erst recht die langfristigen Effekte des demographischen Wandels werden dieses Land und die Menschen nachhaltiger und einschneidender verändern als viele andere Prozesse, einschneidender selbst als die deutsche Einheit.» Klose nennt das eine Revolution «auf leisen Sohlen». Eine Revolution ist es allemal.

Denn die Alten werden den Jungen nicht nur an Zahl überlegen sein; sie werden, im Unterschied zum überlieferten Klischee vom armen Rentner, auch besser bei Kasse sein. Marktforscher und Unternehmensberater errechnen heute schon für die Altersgruppe zwischen 60 und 65 Jahren ein fast um ein Drittel höheres frei verfügbares monatliches Pro-Kopf-Einkommen als für die jungen Aktiven zwischen 18 und 39 Jahren. Das bedeutet nicht, daß die armen Rentner ausgestorben seien; mehr als eine halbe Million Menschen im Rentenalter beziehen hierzulande Sozialhilfe. Aber das Einkommensgefälle unter den sogenannten Senioren ist groß, und es wird noch größer.

Mindestens im oberen Drittel der Rentner-Gesellschaft werden die «Golden Oldies» keine Seltenheit sein. Bei einem wachsenden Teil der alten Generation, das weiß auch Hans-Ulrich Klose, werden die Renten «nur den Status eines Teileinkommens» haben. Denn hinzu kommen die Erträge aus den Vermögen, die nicht wenige Menschen der nun pensionsreif werdenden Jahrgänge in einer langen Phase stabiler wirtschaftlicher Aufwärtsentwicklung gebildet haben. Mieten, Zinsen und fällige Lebensversicherungen werden solche Rentner zu einer sehr kaufkräftigen Kundschaft machen. Klose nennt diese Schicht sogar den «einzigen Wachstumsmarkt, den wir auf absehbare Zeit haben».

Obwohl die Menschen im sogenannten Rentenalter derzeit «nur» 15 Prozent der Bevölkerung ausmachen, verfügen sie über mehr als ein Viertel des vorhandenen Vermögens. Im Durchschnitt lag das Geldvermögen in Westdeutschland 1994 bei immerhin 110 000 Mark, in Pensionärshaushalten aber bei 150 000 Mark. Da wird auch eine Menge Geld vererbt, schätzungsweise 1,7 bis zwei Billionen Mark in diesem Jahrzehnt. Nur fließt dieser neue Reichtum überwiegend nicht sofort den Jungen, sondern wiederum den Älteren zu. Da die durchschnittliche Lebenserwartung so kräftig angestiegen ist, sind viele «Kinder» selbst schon um die fünfzig, wenn die Eltern sterben. Und sofern Ehepartner sich gegenseitig als Erben einsetzen, geht das Vermögen erst dann auf Söhne und Töchter über, wenn auch der zweite Elternteil, meistens die Mutter, gestorben ist.

Aber egal ob die Renten Zubrot für eine Minderheit vermögender Pensionäre sind oder einzige, oft zu knappe Existenzgrundlage für die meisten Menschen in der anrollenden Alten-Lawine – aufgebracht werden müssen sie, und zwar von den Jungen an der schmaler gewordenen Basis der Alterspyramide. Das aber bedeutet, daß eine schrumpfende Schar junger Leistungsträger für die rapide anschwellende Riege jener Ruheständler aufkommen muß, denen es heute schon besser geht, als es den Aktiven einmal gehen wird, wenn sie selber «in Rente» gehen werden. Wer heute arbeitet, wird immer größere Teile seines Verdienstes an die staatlichen Sozialkassen abführen und mit immer geringeren Gegenleistungen im Alter auskommen müssen. Das aber war nicht die Prämisse des Generationenvertrags, und so kann er auch nicht funktionieren. Wenn immer weniger Erwerbstätige bei weiter abnehmender Geburtenrate für immer mehr Rentner ständig steigende Beiträge zum Lebensunterhalt und zur Krankenversorgung anschaffen müssen, dann ist der Generationenvertrag gescheitert.

Noch ist es nicht so weit, aber es wird so weit kommen. In zehn bis zwölf Jahren wird das Problem unlösbar geworden sein, prophezeien die Wirtschaftswissenschaftler des sogenannten Kronberger Kreises: «...politisch, weil dann die Alten einen gewaltigen Stimmenblock stellen; wirtschaftlich, weil die aktive Generation die dann notwendigen Zusatzlasten nicht mehr tragen könnte; rechtlich, weil in die dann neu entstandenen Renten und Anwartschaften nur noch geringfügig eingegriffen werden könnte».

Ein Indiz für den fortgeschrittenen Grad der Zerrüttung im Generationen-Verhältnis ist die öffentliche Aufregung, die im Frühjahr 1995 entstanden ist, als in einem Buch mit dem ebenso ungenauen wie provokanten Titel *Die Alterslüge* der Vorschlag ventiliert wurde, das aktive und passive Wahlrecht «nach oben» zu limitieren. Die Aufregung hätte sich vermutlich vermeiden lassen, wenn die Urheberin Heidi Schüller, vormalige Olympionikin und nun Ärztin mit allerlei journalistischen Ambitionen, weniger Spaß an der Zuspitzung und an der kontroversen Selbstdarstellung hätte. Aber die Prämissen, von denen sie ausgeht und die sie ausführlich vorträgt, sind nicht zu bestreiten. Wenn 32 Millionen Wählern, die Rente beziehen oder kurz davor stehen, ganze 2,2 Millionen jugendliche Wähler von 18 bis 21 Jahren gegenüberstehen, dann könnten die Jungen in der Tat auf die Idee kommen, daß sie politisch wenig zu melden haben – aber zur Kasse gebeten werden. In zwei Dritteln der Lebenszeit von der Gesellschaft alimentiert zu werden, nämlich während der Ausbildung und am Lebensabend, die beide immer länger werden, und nur im aktiven Drittel des Erwerbslebens Beiträge für die Gesellschaft zu leisten, das ist in der Tat eine «soziale Träumerei».

Auch unter Rentenreformern ist weitgehend unstrittig, «daß mit der zu erwartenden Größenordnung der Altersgruppen die Renten in Zukunft nicht zu finanzieren sind». Das hat Professor Dr. Hartmut Diessenbacher, ein namhafter Experte vom Institut für interdisziplinäre Altersforschung der Universität Bremen, der den Gebetsmühlen-Spruch der Politiker, die Renten seien sicher, nicht nachbeten muß, schon 1989 in der *Frankfurter Allgemeinen* geschrieben. Während heute 36 Rentner von den Beitragszahlungen hundert Erwerbstätiger leben, werden es im kommenden Jahrhundert, mindestens zeitweilig, mehr als doppelt so viele sein. Diessenbacher zitiert eine Berechnung, derzufolge im Jahr 2030 ein Erwerbstätiger einen nicht mehr erwerbstätigen Alten zu versorgen hat. «Die Sozialabgaben würden dieser Prognose zufolge im Jahr 2030 etwa 70 Prozent des monatlichen Bruttoeinkommens ausmachen.» Welcher Politiker würde das seinen Wählern noch verkaufen können?

Es bleibt ja nicht bei der Rente für den Lebensunterhalt. Auch die Gesundheit wird im Alter nicht billiger. Im Gegenteil: Die «gewonnenen Jahre», um die der Mensch heutzutage älter werden kann, sind in der medizinischen Versorgung die teuersten. Es gehört nicht viel Phantasie dazu, sich vorzustellen, was die sogenannte Multimorbidität der alten Menschen, was ihre chronischen Gebrechen und Verschleißkrankheiten kosten würden, wenn man sie mit modernen diagnostischen Testverfahren wie etwa nuklearmedizinischen Messungen, mit computergestützten Frästechniken oder Glaskeramik im zahnmedizinischen Bereich behandeln würde. «Nähmen alle Rentner Leistungen nach dem neuesten Stand der medizinisch-technischen Entwicklung in Anspruch», meint Diessenbacher, «würde jedes Gesundheitssystem finanziell kollabieren.» Auch der stetig wachsende finanzielle Aufwand, den Abwehr und Überwindung der lebensbedrohenden Krankheiten erfordern, gefährdet den Generationenvertrag. «Implizit und explizit sind die von der Medizin angebotenen Überlebensbedingungen eine Zurückweisung der Solidarität», sagt Zygmunt Bauman.

Das aber ist keineswegs nur ein Problem der politisch Verantwortlichen. Über kurz oder lang werden sich immer mehr Ärzte zum Beispiel mit der Frage konfrontiert sehen, ob sie einem Hochbetagten überhaupt eine teure Lebertransplantation empfehlen sollen, wenn für das gleiche Geld etliche jüngere Menschen sehr viel aussichtsreicher behandelt werden können. Die Meinung, daß wir es uns nicht leisten sollten, «to prolong so many hopeless lives», wie das in einem Aufsatz des Magazins *Medical Economics* einmal formuliert war, ist auch bei uns verbreitet. Der Vorsitzende des Bundesverbandes der Allgemeinen Ortskrankenkassen hat bereits vor mehreren Jahren einmal angemerkt, unter dem Aspekt der Kosten sei die gestiegene Lebenserwartung ein «Grenzwertnutzen». Dies bedeute, so Hartmut Diessenbachers Kommentar, daß die demographische Entwicklung im Bereich des Gesundheitssystems zu Unterlassungen führe, «die man ‹technologischen Gerontozid› nennen könnte. Damit sollen Handlungen gemeint sein, die den Einsatz teurer, aber lebensverlängernder Medizintechnologie an alten Menschen aus Kostengründen nicht zum Zuge kommen lassen.»

Es ist nicht anzunehmen, daß die jungen Erwerbstätigen, die den Einsatz dieser teuren Technologie mit immer höheren Abgaben finanzieren müssen, einer solchen Entwicklung in den Arm fallen werden – es sei denn, sie nähmen prinzipielle moralische Einwände gegen die «ökonomische Selektion» bestimmter Alters- und Krankheitsgruppen wirklich wichtiger als ihre eigenen ökonomischen Interessen. Aber warum sollten sie das tun? Der emotionale Zusammenhalt innerhalb des Generationenbündnisses jedenfalls wird sie nicht dazu motivieren, denn der ist so gut wie verschwunden. Hort des Zusammenhalts der Generationen – gerade des emotionalen – war die Familie. Sie ist es nicht mehr und noch nicht wieder. Und das ist der andere, die demographische Entwicklung noch übertreffende Grund dafür, daß der Generationenvertrag in die Brüche geht.

Es ist in diesem Zusammenhang nicht entscheidend, ob nach der Großfamilie nun auch die Kernfamilie ihre Rolle in der Gesellschaft ausgespielt hat oder ob sie nur eine Art Gestaltwandel durchmacht: in eine Vielzahl familiärer und außerfamiliärer Formen und Verflechtungen des Zusammenlebens. Der Streit darum dürfte wohl dauern. Einmal wird die Familie auf den Müllhaufen der Geschichte verabschiedet, dann wieder wird sie ganz hoch plaziert auf der Wunschliste gerade der jüngeren Generation. Die Politiker tun ohnehin so, als gebe es keine andere verantwortliche Form von Zusammenleben als eben die Familie; aber manchmal klingt das wie Pfeifen im dunklen Wald. Der Theologe und Gießener Soziologie-Professor Reimer Gronemeyer, Verfasser eines ziemlich polemischen Abgesangs auf die Familie unter dem Titel *Die Entfernung vom Wolfsrudel*, hält dagegen: «Erst als im 20. Jahrhundert die Familie in eine Krise geriet, hat man ihr einen Alleinvertretungsanspruch angedichtet. Je hysterischer er vorgebracht wird, desto deutlicher signalisiert er ihren Untergang.» Wie dem auch sei: Hier genügt die nicht zu widerlegende Feststellung, daß der Anteil von klassischen Kernfamilien mit Kindern in Deutschland insgesamt dramatisch schrumpft. Schon heute lebt die Hälfte der Deutschen ganz ohne Kind. Hinzu kommen 2,6 Millionen Alleinerziehende.

Dieser Zerfall der Familie ist eine soziale Katastrophe, deren Opfer die Kinder und die Alten sind. Die Ehe auf Lebenszeit wird zur Ausnahme, an ihre Stelle tritt eine limitierte Sexualpartnerschaft und womöglich ein Versorgungspakt auf Zeit. Der familiäre Zusammenhalt wird verdrängt von allerlei «Beziehungen», in denen Kinder und Alte nur schwer oder überhaupt nicht unterzubringen sind. Gemeinsame Interessen der Partner sind nicht mehr dauerhaft zu definieren, und die traditionellen Aufgaben der Familie werden kaum noch erfüllt. Die Erhaltung und die Erziehung der relativ wenigen Kinder, die Versorgung und Pflege der Kranken und der Alten müssen also von der Gesellschaft übernommen werden. Abgeschobene Alte, vernachlässigte Kinder und gestreßte Erwachsene, die an ihren «Beziehungskisten» herumhämmern – in diesem Umfeld kann kein Generationenbündnis am Leben bleiben.

Alarmierend ist die Gewalt, die alten und pflegebedürftigen Menschen von den eigenen Verwandten angetan wird. Sie ist gewiß nicht die Regel familiärer Altenbetreuung, aber ein Symptom. Es gibt da viele Formen der Mißhandlung, von der blanken physischen Gewalt über Vernachlässigung, Demütigung, Drohung bis zur Verweigerung jeglicher Kommunikation. In den Gazetten kann man gelegentlich besonders schaurige Fälle geschildert finden – wenn sie denn entdeckt werden. Es gehört zum Wesen dieser Verbrechen, daß sie im verborgenen geschehen, verschwiegen aus Scham über die erlittene Mißhandlung, verdrängt und verleugnet aber auch von jenen Menschen, deren Hilflosigkeit und Überforderung unverhofft in Gewalt umgeschlagen ist.

Das Ausmaß solcher Gewaltanwendung ist deutlich

höher, als sachkundige Ärzte und Sozialarbeiter bisher geschätzt haben. Im März 1995 sind vom Bonner Familienministerium die Ergebnisse einer anonymen Befragung mitgeteilt worden, die das Kriminologische Forschungsinstitut Niedersachsen 1991 bundesweit bei 5711 alten Menschen unternommen hat. Demnach sind im Jahr der Befragung 142000 pflegebedürftige Menschen zwischen 60 und 75 Jahren Opfer schwerwiegender körperlicher Gewaltanwendung durch Familien- oder Haushaltsmitglieder geworden, von Faustschlägen bis zum Waffengebrauch. Faßt man den Gewaltbegriff weiter, nimmt man also zum Beispiel das Einschließen oder das Ruhigstellen mit Medikamenten hinzu, dann sind 1991 in den alten Bundesländern bis zu 336000 und in den neuen Ländern bis zu 100000 Alte mindestens einmal Opfer innerfamiliärer Gewalt geworden. Was die Dunkelziffer angeht, so bleibt man weiterhin auf Mutmaßungen angewiesen. Nach den Erkenntnissen der zitierten Umfrage ereignen sich 90 Prozent der Mißhandlungen in diesem Dunkelfeld.

Das alles bedeutet Krieg. Dieser Meinung ist jedenfalls Reimer Gronemeyer, und er begründet sie so: «Der Generationskonflikt wurde in der abendländischen Geschichte in der Familie ausgetragen. Künftig werden die Kämpfe zwischen den Generationen nicht in der Wohnstube, sondern in offener Feldschlacht ausgefochten – zwischen der Jugendlobby und der Altenlobby. Der Kampf um die Verteilung wird schärfer, weil die alten Bindungen, die den Konflikt gemildert haben, zerrissen sind. Aus welchem Grund sollten die Jungen Respekt haben vor den Alten? Aus welchem Grund sollten die Alten die Jungen behüten?»

Angefangen hat dieser Konflikt vor ein paar hunderttausend Jahren, als sich die Söhne der «Urhorde» zusammentaten und beschlossen, den grau gewordenen, aber immer noch mächtigen Vater zu meucheln. Und wenn wir Sigmund Freud folgen wollen, dann ist der Mord am Vater sogar der Anfang aller Kultur. Soviel ist sicher: Der Konflikt der Generationen ist ein Urthema. In Gronemeyers Worten: «Der Neid der Greise auf die Zukunft ist so alt wie die Menschheit. Und der Versuch, die Jungen am Leben zu hindern, ihre Beteiligung an der Macht so lange hinauszuzögern wie möglich, zieht sich durch die Geschichte.» Die Reaktion der Jungen darauf ist auch immer die gleiche: Sie versuchen, die Alten zu beseitigen. Es ist keineswegs ausgeschlossen, daß sie diesen Versuch wiederholen werden.

Die Beseitigung der Alten ist ja nicht ohne Vorbild in der Menschheitsgeschichte; nur ist sie im christlichen Abendland aus der Übung gekommen. Im alten Japan trug man die Alten, wenn sie ihre Lebensspanne überschritten und ihre Rolle in der Gesellschaft ausgespielt hatten, zum Sterben auf die Totenberge. Bei den Tschuktschen im Norden Sibiriens war die Erdrosselung der überzähligen Alten mit einem Strick aus Walroßleder ritualisiert im «Kamitok», einem rauschenden Fest. Solcher Atavismen muß sich heute niemand mehr schuldig machen. Es gibt modernere Methoden, zum Beispiel das «granny-dumping», worunter man in Amerika die Aussetzung hilfloser alter Menschen versteht – die Oma wird sozusagen auf den Müllberg geschafft. Das muß nicht unbedingt bedeuten, daß kranke, meist orientierungslose alte Menschen einfach vor einem Supermarkt abgesetzt werden (obwohl auch das vorkommt). Es genügt ja, sie im Krankenhaus abzuliefern und, während sie dort medizinisch versorgt und gepflegt werden, ihre Wohnung weiterzuvermieten oder ihren Heimplatz freizugeben. Oder man übergibt sie der Notaufnahme des Krankenhauses mit dem Versprechen, gleich wiederzukommen – und hinterläßt eine falsche Adresse.

Es gibt aber auch schon den «technologischen Gerontozid», und dazu genügen Unterlassungen. In Großbritannien gehören solche Unterlassungen bereits zur staatlichen Gesundheitspolitik, und zwar im Nieren-Dialyse-Programm der National Health Services. Personen über 60 Jahre, die ein Nierenversagen erleiden, haben es schwer, eine Dialysebehandlung zu bekommen – es sei denn, sie finanzierten sie selber. Der Dortmunder Professor für Wirtschafts- und Sozialstatistik Walter Krämer nennt das ein «Todesurteil», mindestens aber eine «eindeutige Rationierung» von Lebenszeit zugunsten der Jüngeren. Er selber hat in einem 1989 erschienenen Buch über die *Krankheit des Gesundheitswesens* die Möglichkeit erwogen, «keine Herzoperationen und ähnliche teure, aber nur minimal lebensverlängernde Eingriffe mehr an Bundesbürgern über 75» vorzunehmen. Und Hartmut Diessenbacher zitiert (ebenfalls 1989), als Symptom staatssozialistischer Praxis, einen Bericht aus Rumänien, wonach «für jemanden über 70 in den seltensten Fällen ein Krankenwagen oder ein Arzt» aufzutreiben sei. «In jedem Krankenhaus und öffentlichen Gesundheitszentrum werden Ärzte streng kontrolliert, ob sie bei der Anordnung von Behandlungsmethoden das Alter des Patienten berücksichtigen.» Die Kontrolleure können sich dabei auf folgendes brutale Diktum Friedrich Nietzsches berufen: «In einem gewissen Zustand ist es unanständig, noch länger zu leben. Das Fortvegetieren in feiger Abhängigkeit von Ärzten und Praktiken, nachdem der Sinn vom Leben, das *Recht* zum Leben verlorengegangen ist, sollte bei der Gesellschaft eine tiefe Verachtung nach sich ziehen.» Es steht zu befürchten, daß Nietzsches unfrommer Wunsch in Erfüllung gegangen ist.

Ganz allmählich und auf technologischen oder institutionellen Umwegen nähert sich die zivilisierte Gesellschaft der archaischen Lösung wieder an, alte Menschen umzubringen oder in den vereinbarten Freitod zu schicken. «Der zeitgemäße Totenberg ist das Altersheim», behauptet Reimer Gronemeyer und erinnert daran, daß immer mehr alte Menschen den Ausweg aus der oft unerträglichen Realität der Pflegeheime in der Selbsttötung suchen. Auch dabei mögen Unterlassungen eine spezifische Rolle spielen: «Der Zuckerkranke verzichtet auf die Insulinspritze, der Herzkranke nimmt die Nitrotablette nicht, oder es unterbleibt der Griff zum Telefon, mit dem der Arzt oder Ambulanz gerufen werden können. Solche verdeckten Selbsttötungen sind statistisch nicht erfaßt.»

Gesicherte Erkenntnisse über Zahl und Umstände der Alten-Suizide sind überhaupt rar. Die Experten, wie zum Beispiel der Göttinger Selbstmord-Forscher Professor Hermann Pohlmeier, stimmen aber darin überein, daß immer mehr alte Menschen freiwillig aus dem Leben scheiden. Wenn im Durchschnitt etwa 20 Suizide auf 100 000 Einwohner kommen, so sind es in der Altersgruppe der über Siebzigjährigen fast dreimal soviel und bei den Menschen über 80 Jahren sogar fünfmal soviel; die Zahlen in der ehemaligen DDR sind nach einer Untersuchung aus dem Jahr der Wende 1989 deutlich höher als in den alten Bundesländern. Chronische Störungen der Partnerschaft oder soziale Isolierung gelten als die am häufigsten erkennbaren Ursachen. Die beträchtliche Dunkelziffer verbirgt sich in Formulierungen wie «plötzlicher Tod aus unbekannter Ursache».

Man muß nicht unbedingt so weit gehen wie Gronemeyer, der für das Jahr 2030 ein Horror-Szenario mit «Alten-Homelands» und einer von Experten kontrollierten Organisation des Sterbens mit der Bezeichnung «Orthothanasie» entwirft. Nicht zu bestreiten aber ist seine These, daß die Jungen nach dem Ausfall der Familie neue «Aufbewahrungsmethoden» für die Alten finden müssen. «Die Jungen werden mit den Alten verfahren wie wir heute mit der Dritten Welt. Sie werden sie als hilfsbedürftig betrachten, sie werden sie subventionieren, wenn auch auf einem niedrigen Niveau, und sie werden sie entmündigen.»

Schonung haben die Alten von den Jungen jedenfalls nicht zu erwarten. Es geht in dem drohenden Krieg der Generationen ja nicht um Sexualmoral oder politische Utopien, es geht um die Ressourcen; um den Platz im Leben und schlicht um Geld. Dieser Generationen-Krieg ist im Grunde ein Altersklassenkampf. Zwei neue Klassen entstehen: die eine, die Klasse der Älteren, konsumiert geruhsam, genießt soziale Sicherheit und überwintert in schmucken Ferienhäusern am Mittelmeer; die andere, die Klasse der erwerbstätigen jungen Leute, schlägt sich mit immer schwieriger werdenden Lebens- und Arbeitsbedingungen herum, muß immer größere Teile ihres Einkommens an die Umverteilung abgeben und beobachtet bei den Älteren einen Lebensstil, den sie selber kaum noch wird erreichen können.

In Amerika, wo solche Entwicklungen häufig früher zu beobachten sind als bei uns, zeichnet sich eine Art Protestbewegung der Twens ab, die als «Generation X» auch schon Demonstrationen vor dem Gebäude des Rentnerverbands der USA organisiert hat. Diese «Twentysomethings» werden sehr wahrscheinlich ein niedrigeres Durchschnittseinkommen haben als ihre Eltern; ihre Schulbildung jedenfalls ist erheblich schlechter gewesen. Also machen sie Front gegen die Golden Oldies. Im Rentner-Dorado Florida haben Angehörige der jungen Generation die gutsituierten Alten in einer Umfrage als «selbstsüchtigen Stimmblock» und als «unfair bevorzugt» von der Sozialpolitik bezeichnet. Auch in Kalifornien nehmen die Gegensätze zwischen Jung und Alt spürbar zu.

Der *Wiener*, ein in Deutschland unterdessen vom Markt verschwundenes Zeitgeist-Magazin für junge Leute, hat 1989 den Bericht über eine repräsentative Umfrage unter 18 bis 35 Jahre alten Männern und Frauen in der alten Bundesrepublik mit folgender Tirade eröffnet: «Wir wollen die Suppe nicht auslöffeln, die uns die Alten eingebrockt haben! Und wir wollen erst recht nicht dafür schuften, daß sie es sich jetzt auf unsere Kosten auch noch gut gehen lassen! Sie waren es doch, die dieses Land zubetoniert haben. Sie haben es mit Atombomben und Chemiewaffen vollgestopft. Sie haben den Wald kaputt gemacht. Sie haben die Flüsse vergiftet. Sie haben unsere Atemluft verpestet. Sie haben unsere Lebensmittel verseucht. Sie haben die Atomkraftwerke gebaut und uns den strahlenden Müll hinterlassen. Kurzum: Sie haben unsere Welt ruiniert und uns die Zukunft genommen.»

Das trifft durchaus den Ton der Umfrage-Ergebnisse. Ein Drittel der Befragten beschwert sich bereits über zu hohe Sozialabgaben; zugleich glauben 61 Prozent nicht daran, später einmal von der eigenen Rente angemessen leben zu können. Das Anspruchsdenken der Alten finden 14 Prozent der Befragten zu hoch; aber je jünger die Befragten werden, desto größer wird der Anteil derer, die auch den Brotkorb der Rentner gern höher hängen würden (nämlich 20 Prozent zwischen 18 und 25 Jahren). Und die Frage: «Unterstützen Sie die Idee, alten Menschen zu erlauben, selbst den Zeitpunkt ihres Todes wählen zu können?» beantworten 65 Prozent uneingeschränkt mit Ja. Soll den siechen Alten nur sinnloses Leiden erspart werden? Oder kommen da die «zeitgemäßen Totenberge» in Sicht?

Unvorstellbar ist die Wiederkehr des Gerontozids jedenfalls nicht. Sie könnte in der Logik der Entwicklung liegen. Wer den Tod abschaffen will, sei dies nun die Forschung, die Gesellschaft oder ein Individuum, der muß auch die Alten abschaffen. Denn er setzt den natürlichen Kreislauf von Werden und Vergehen außer Kraft. Er nimmt den jungen Menschen die Lebenschancen und allen Menschen die Würde ihrer Endlichkeit. Es sei das Wissen von Anfang und Ende, so läßt Thomas Mann seinen Felix Krull den Paläontologen Professor Kuckuck zitieren, was den Homo sapiens auszeichne vor aller anderen Natur: «Fern davon nämlich, daß Vergänglichkeit entwerte, sei gerade sie es, die allem Dasein Wert, Würde und Liebenswürdigkeit verleihe.»

Sollte es das natürliche Ende des Lebens eines Tages nicht mehr geben, dann müßte man für ein künstliches Ende sorgen. Aber wie?

Noch verstieße eine Rückkehr zum Gerontozid gegen gültige Normen der zivilisierten Gesellschaft und gegen ihre Gesetze. Aber diese Normen sind zumindest diskutabel, und Gesetze kann man umgehen. Das Töten wird bestraft, das Totschweigen nicht. Verschweigen gehört zum Verdrängen. Und das Verschweigen des Alters gehört schon längst zum gesellschaftlichen Alltag.

Geradezu symptomatisch ist solches Verschweigen in einem Wirtschaftszweig aufgetreten, der das Erscheinungsbild einer Gesellschaft reflektiert wie ein Spiegel und obendrein besonders anfällig ist für den Anhauch des sogenannten Zeitgeists: in der Werbung. Alte Menschen sind dort eher unerwünscht, gerade in der deutschen Werbung. Wer nicht Gebißreiniger oder Stärkungselixiere anzubieten hat, wendet sich am liebsten gar nicht an Käufer, die älter sind als 50 Jahre. «Mit dem Alter zu argumentieren, geht gegen die werbliche Logik», erklärt Eberhard Erbslöh, Leiter der Forschungsabteilung bei der Werbeagentur Lintas in Hamburg. Also wird gegen das Alter argumentiert. Das werbefinanzierte Privatfernsehen macht dies vor, indem es sich ältere Zuschauer durch ein «jugendlich» gestyltes Programmangebot vom Leibe hält. «Das ideale Publikum», hat der RTL-Programmdirektor Marc Conrad verkündet, «sind Jungverheiratete, die zwei Kinder haben, gerade ein Haus bauen und sich einen Zweitwagen kaufen wollen.» Kein Mensch buche Werbespots, hat Conrads Chef Helmut Thoma hinzugefügt, um alte Leute zu verführen. «Viele Unternehmen scheinen zu glauben», wundert sich Brigitte Kölzer, Handelsexpertin an der Kölner Universität, «daß Menschen um die sechzig aufhören zu essen, zu trinken, sich zu kleiden und sich Wünsche zu erfüllen.»

Was Wunder, daß die im Durchschnitt dreißigjährigen Produktmanager und Werbeleute von Panik heimgesucht werden, wenn sie ihr Produkt auch nur mit Vierzigjährigen assoziieren sollen. In deutschen Marketingabteilungen, so lautet der Befund von Werner

Herrwerth, Geschäftsführer der Spezialagentur Senior Partner in München und selber längst im Rentenalter, herrschen «ausgesprochene Berührungsängste» den Alten gegenüber, verbunden mit der Unfähigkeit, sich in die Denkvorgänge älterer Menschen einzufühlen. Die Unternehmen wollen, zu Herrwerths Verwunderung, nichts davon wissen, daß Menschen Mitte 50 zumindest statistisch noch gut 20 Jahre zu leben haben. «Die Manager sind alle dem Jugendwahn verfallen, darüber verschlafen sie die Realität.»

In der Realität verfügt die sogenannte 50-plus-Generation, laut einer Allensbacher Werbeanalyse von 1992, schon jetzt über knapp die Hälfte des Ausgabenpotentials der gesamten Bevölkerung ab 20 Jahren, das sind etwa 24 Milliarden Mark. Und das Geld bleibt nicht etwa im Strumpf. «Das Prinzip des größtmöglichen Konsums», spottet Reimer Gronemeyer, «ist das letzte Bindeglied zwischen den Generationen.»

In Amerika, auch in England ist das schon eine Weile anders. Dort nennt man die 50-plus-Generation ebenso respektvoll wie zutreffend die «Master Consumers». Danielle Barr, Direktorin von «Third Age Marketing» in London, sieht in den über 50 Jahre alten Verbrauchern sogar «den Mainstream von morgen». Man klassifiziert die alten Konsumenten als «Woopies» (Well-off older people), «Grampies» (Growing retired active moneyed people in an excellent state) oder «Selpies» (Second life people), zeigt also nicht nur Sinn für Humor, sondern auch für wirtschaftliche Differenzierungen.

Allmählich aber denken auch Deutschlands Werber um, wenn sie an die Alten denken. Da die Hälfte des Volksvermögens in den Händen der 60-plus-Generation ist, bleibt ihnen gar nichts anderes übrig. Wenn bereits jedes sechste Automobil in Deutschland von einem Kunden über 60 Jahren gekauft wird, dann können dies auch die auf Abzocken dressierten Endzwanziger nicht mehr übersehen, die es ja nicht nur bei einigen Banken, sondern auch in der Werbung gibt. Das bislang gültige Zielgruppenschema funktioniert nicht mehr, seit auch Sechziger zum Hanteltrainung ins Fitneß-Studio rennen oder Siebziger das Ersparte im Golfclub auf den Kopf hauen oder bei einer Kreuzfahrt. «Die Phalanx gegen Senior-Marketing bröckelt», sagt auch Werner Herrwerth, der Deutschlands erste Senior-Model-Agentur aufgemacht hat und der Werbung nun Models zwischen 40 und 90 Jahren anbietet. Aber die Etiketten, die man der alten Kundschaft anklebt, huldigen noch dem Jugendwahn. Hier heißen sie «junge Alte». Und wem das gar zu widersinnig ist, der kann ja «neue Alte» sagen. Oder er kann sich auf das allgemein akzeptierte Schwindeletikett «Senioren» zurückziehen.

Die Botschaft von den «jungen Alten» ist angekommen – jedenfalls bei den Alten. Nun wollen sie auch gar nicht mehr alt sein, mindestens wollen sie nicht mehr so tituliert werden. Sie gehen auf Distanz zu dem immer noch gültigen, allenfalls verbal verleugneten Defizit-Modell: Altern als unaufhaltsamer, mehr oder weniger rapider Verfall von Gesundheit und sozialer Kompetenz. Damit wollen sie nicht mehr konfrontiert werden. Und so verhelfen sie den Werbeleuten beiläufig zu deren *self-fulfilling prophecy*: «Wer die konsumstarken Älteren als Käufer gewinnen will, muß ihnen ein bis um 15 Jahre jüngeres Spiegelbild vorhalten» – das kann Helmut von Fircks, Geschäftsführer einer Werbeagentur in München, mit entsprechenden Tests belegen.

«Was das Etikett Senioren trägt, schafft bei der älteren Generation ein Ghetto-Gefühl, das abgelehnt wird.» Der Schriftsteller Walter Dirks hat, als er schon bald neunzig war, einmal gesagt: «Ein Senior bin ich nicht. Allzu Simple unter den Altenbetreuern haben mir den Ausdruck verleidet. Er ist ohnehin eine Erfindung der Werbung.»

Das alles ist symptomatisch. Strukturell wird die Gesellschaft zwar älter, vom Selbstverständnis her aber jünger, und das nimmt die Alten keineswegs aus. Nur noch sechs Prozent der Menschen über sechzig suchen (laut Allensbach) in diesem Lebensabschnitt in erster Linie Ruhe; 51 Prozent wollen «möglichst viel unternehmen und aktiv sein».

Schließlich geht es nicht allein um Konsumsteigerung. Sondern es geht um den drohenden Krieg der Generationen. Es geht um die Frage, ob die Alten und die Jungen überhaupt noch miteinander auskommen können unter dem Diktat des Jugendwahns und der Verdrängung des Todes.

Der Kampf gegen das Alter ist ein Kampf gegen das Leben. Eine Gesellschaft, in der die Menschen nicht alt sein dürften, wäre keine menschliche Gesellschaft mehr. Und eine Gesellschaft, in der die Menschen nicht sterben dürften, wäre bald gar keine Gesellschaft mehr. Es ist nicht schwer, sich auszumalen, wie die schöne neue Welt aussehen würde, in der niemand mehr sterben muß – es sei denn, er brächte sich um, weil der Tod die einzige Erlösung von der Langeweile wäre, die sich in dem tristen, überfüllten Panoptikum uralter Mutanten und glattgesichtiger Dorian Grays zwangsläufig ausbreiten würde. Die hergebrachten Institutionen menschlicher Ordnung würden das weltweite soziale

Erdbeben nicht überstehen, das die biologische Unsterblichkeit der Gattung Mensch zur Folge haben
müßte.

Die Abschaffung des Todes wäre das Ende aller
Menschlichkeit.

Lob des Alters

Wer dem menschlichen Leben den Tod wegnehmen will, der denunziert das Alter. Das kann gar nicht anders sein, und so ist diese Denunziation längst schon gängige gesellschaftliche Praxis. Sie nistet auch in der Umgangssprache. Wer etwas nicht geschafft hat, der «sieht aber alt aus» und entschuldigt sich vielleicht damit, schließlich «keine Zwanzig mehr» zu sein. Alter wird zum Synonym des Scheiterns. Das ist es, was die Soziologen ein Defizit-Modell nennen.

Dieses Modell deutet Alter als Erstarrung und Abstieg, während Jugend für Fortschritt, Wachstum, Wettbewerb und Leistung steht. In einer Studie des Anthropologischen Instituts der Universität Kiel hat Professor Hans W. Jürgens ermittelt, daß 90 Prozent der Jungen «klischeehafte Vorstellungen» von den Alten haben; sie assoziieren Alter mit Krankheit, Armut, Gebrechlichkeit, Fürsorglichkeit und Mitleid. Allenfalls schrullig und liebenswert dürfen die Alten demnach sein. Wenn die Befragten gebeten wurden, das fehlende Wort in dem Begriffspaar «alt und...» zu ergänzen, antwortete die überwiegende Mehrheit nicht nur der jungen, sondern auch der älteren Menschen verläßlich mit «krank».

Das Klischee ist falsch. Es gibt gute Gründe, die späte Lebensphase differenziert zu sehen, nicht nur als Abbau. Krankheiten treten im höheren Alter nicht zwingend auf, sie werden allenfalls wahrscheinlicher; auch die Multimorbidität vieler alter Menschen ist kein unabwendbares Schicksal. Folgt man der Statistik, dann sind alte Menschen in Deutschland heute sogar gesünder, besser ausgebildet, wohlhabender und mobiler denn je. Dennoch dominiert das Defizit-Modell. Dem physischen Tod eines Menschen geht oft das soziale Sterben voran. Mit zunehmendem Alter verliert er in den Augen der Leistungsgesellschaft durch die Pensionierung und den Verlust der familiären und der sexuellen Rolle an sozialem Wert. Dieses Modell dominiert nicht zuletzt die Massenmedien, besonders das Fernsehen. In dessen Personendarstellung kommen alte Menschen, besonders alte Frauen, ziemlich selten vor; und wenn, dann meistens klischeehaft und nur ausnahmsweise mal in einem positiven, Schaffenskraft und Lebensfreude vermittelnden Umfeld – wie Maria Schell, Inge Meysel, Heidi Kabel, die Else Kling aus der «Lindenstraße» oder die alten Herren aus «Der große Bellheim».

Sie stören, die Alten. Je offenkundiger sie in die Überzahl geraten, desto dramatischer wächst der Wunsch der jungen Leistungsträger, sich von ihnen zu distanzieren, denn sie erinnern zu deutlich an die Vergänglichkeit dessen, wonach die Jungen noch streben. Die Sozialpsychologin Christel Schachtner hat das in ihrem Buch *Störfall Alter*, einem Plädoyer für das «Recht auf Eigen-Sinn» der Alten, treffend analysiert: «Die Alten bringen Seiten von Menschsein ans Tageslicht, die Verunsicherung, wenn nicht Widerspruch auslösen.» Das Alter ist eine lebendige, subversive Gegenwelt zu dieser einseitig an Planbarkeit und Rationalität orientierten Gesellschaft. Es geht etwas Beunruhigendes von den Alten aus: ihre Falten im Gesicht, ihre langsamer

102

werdenden Bewegungen, ihre Nähe zum Tod, aber auch ihre Sexualität, ihre «Unvorhersagbarkeit» und ihre Verletzlichkeit lassen sie zur Herausforderung werden, zum Sand im Getriebe einer Leistungsgesellschaft.

Wie sonst wäre zum Beispiel die paradoxe Tatsache zu erklären, daß die fortschreitende Verlängerung der Lebenszeit von einer nachhaltigen Verkürzung des Erwerbslebens konterkariert wird? In der Betriebswirtschaft nennt sich das «altersselektive Personalpolitik», eine Praxis, die in Deutschland übrigens weiter verbreitet ist als beispielsweise in Großbritannien oder in der Schweiz: Entlassungen treffen zuerst und vor allem das ältere Personal, während in den Stellenausschreibungen durchweg jüngere Kräfte gesucht werden. Arbeitnehmern, die über 55 Jahre alt sind, werden in der Bundesrepublik, auch in den neuen Bundesländern, kaum noch Chancen auf einen neuen Arbeitsplatz eingeräumt; die Erwerbsquoten der Menschen über 60 Jahren liegen in Deutschland schon deutlich unter 20 Prozent. Die Unternehmen denken offenbar nicht daran, sich für die demographisch bedingte und in Zukunft dringend gebotene Rückkehr der älteren Menschen ins Erwerbsleben zu rüsten.

Diese altersselektive Personalpolitik stützt sich natürlich auf die Annahme der nachlassenden Leistungsfähigkeit im Alter, und die mag in der Frühzeit der Fabrikarbeit ihre Berechtigung gehabt haben. Aber Fließband und Handarbeit sind weitgehend von technologischen Prozessen abgelöst worden, und auch die Altersforschung verfügt über eine Menge neuer Erkenntnisse. Demnach paßt die spezifische Leistungsfähigkeit älterer Menschen ganz gut zu den veränderten

Herausforderungen, mit denen viele Unternehmen sich heute konfrontiert sehen. Dieser Ansicht ist jedenfalls der Schweizer Soziologe Peter Gross, Ordinarius an der Hochschule St. Gallen. Das Innenleben der Betriebe habe sich erheblich verändert, so Gross, und das hohe Tempo, das in Produktion, Innovation und Distribution vorgelegt werden muß, verlange nach innerbetrieblichen Gegengewichten. «Die Weitergabe der Betriebskultur, die Erhaltung der Kontinuität und die Sicherung der Autonomie sind, wie auch das Coaching und die Pflege der sozialen Organisation, für die Gesamtleistung der Unternehmung in hohem Maße notwendig. Sie können wahrscheinlich effektiver vom älteren Mitarbeiter wahrgenommen werden.»

Dessen geistige Leistungsfähigkeit nämlich nimmt, nach den Erkenntnissen der modernen Gerontologie, keineswegs dramatisch ab, verändert sich vielmehr in einer Weise, die den genannten betrieblichen Erfordernissen sogar entgegenkommen könnte. Das gilt zum Beispiel für die Gedächtnisleistung. Während das «fluide» Gedächtnis, mit dessen Hilfe neue Informationen aufgenommen und Bekanntem hinzugefügt werden, bei Menschen über 60 Jahren schwächer wird, bleibt das «kristalline» Gedächtnis, in dem etwa der Sprachschatz und die über viele Jahre erworbenen Kenntnisse gespeichert sind, oft bis ins hohe Alter intakt. Will sagen: Das fluide, wechselhafte Denken macht einer kristallinen, auf das Wesentliche konzentrierten Wahrnehmung Platz. Und daraus folgt die Fähigkeit zur Kooperation, daraus folgen außerdem Beständigkeit und Ausgeglichenheit; sie zählen zu den besonderen Kennzeichen der älteren Menschen im Arbeitsleben.

Es ist unbestreitbar, daß die Alten spezifische, individuell erworbene Qualitäten einzubringen haben ins Leben der Gesellschaft, und es läge eine große Chance darin, sich einzulassen auf ihren «Eigen-Sinn» und davon zu profitieren. «Ich stelle mir vor», offeriert zum Beispiel Elisabeth Steinmann, Autorin eines Buches über «Lust und Last der späten Jahre», dem sie den provozierenden Titel *Ich bin so gerne alt* gegeben hat, «wir Grauköpfe entwickelten ohne jede Feindseligkeit eine Gegenkultur zum Konkurrenzdruck, Egoismus und der Karrierebesessenheit. Im Alter weiß man, daß der Kaiser nur höchst selten neue Kleider anhat. Noch wichtiger: Wir trauen uns nun auch, das zu sagen.»

Der alte Mensch stört eben gerade durch seine Lebendigkeit, weiß Christel Schachtner. Und so kommt es zur Konfrontation zweier gegensätzlicher Realitäten. Die «Provokation» des Alters wird mit Ausgrenzung und Entwertung beantwortet. Und diese Ausgrenzung bannt nun zwar die «Störung», beseitigt zugleich aber die Chance, sich auf den Eigen-Sinn der Alten einzulassen. Das Defizit-Modell wird zur Basis der Beurteilung. Doch in solcher Beurteilung, so Schachtner, «geht die Wirklichkeit des Alters nicht auf; diese ist nicht per se defizitär, sie ist nur anders».

«Anders» zu sein ist freilich riskant, besonders in einer Leistungsgesellschaft, die ein defizitäres Modell des Alters zu ihrer Selbstvergewisserung braucht. Wer daran zu rütteln versucht, provoziert Gegenwehr. Er setzt sich der Gefahr der Beseitigung aus, mindestens der Denunziation. Es wird ihm ganz einfach verboten, alt zu sein. Das bislang akzeptierte Rollenmodell für alte Menschen wird aus dem Verkehr gezogen. An seine Stelle tritt eine Art Jugendwahn für Alte. «Jetzt werden die Alten auf den Trimmpfad geschickt», wettert Reimer Gronemeyer, «um die Muskeln zu stählen für die Orgasmusjagd. Es geht um ‹erfolgreiches Altern›, und dazu gehört, daß das Sexualleben funktioniert. Die Alten sitzen nicht am Ofen, sondern sie schwingen Hanteln und jetten nach Mallorca.»

In den Bildergeschichten der Massenmedien macht sich das gut, und dort bekommen die «jungen Alten» ja auch viel Beifall. Nicht nur das Alter wird abgeschafft – die Scheu vor Peinlichkeiten geht gleich mit über Bord. Die auf jung gestylten Grauköpfe, die da der Lüge nachlaufen, daß Altwerden mit keinerlei Verlusten verbunden sei, sind aber nicht bloß peinlich. Gronemeyer sagt, ihr letztlich nicht zu gewinnender Kampf um Fitneß und Mobilität sei sogar «die Enteignung des Alters».

Es gibt in Wahrheit keine «jungen Alten», auch keine «neuen Alten». Es gibt rüstige Alte und hinfällige, aktive Alte und resignierte. Es gibt unausgelastete Frührentner und lebensmüde Greise. Das Defizit-Modell ist ja auch deshalb so falsch, weil gar keine Altersnormen existieren, sondern nur individuelle Altersformen. Altern als «biologisches Schicksal» hat eine beträchtliche Bandbreite, und die Alten sind alles andere als eine homogene Gruppe. Je länger Menschen leben, desto stärker unterscheiden sie sich; eine Clique von Achtzehnjährigen hat im Zweifel mehr Ähnlichkeit miteinander als ein Verein von Sechzigern.

Das kontradiktorische Etikett «junge Alte» ist ein Teil der Denunziation des Alters, auch wenn es nicht so gemeint sein sollte. Es ist wie ein Stöckchen, das die Jungen den Alten hinhalten, auf daß diese drüberspringen und sich dabei womöglich lächerlich machen. Jedenfalls ist es genauso verlogen wie das «Senioren»-Etikett, das schön glatt und weltläufig an Sponsoren und Mentoren und natürlich an Junioren anklingt. Die Gerontologen verwenden diese Etiketten auch nur zögernd – obwohl es eine berühmte Gerontologin war, die Nestorin der amerikanischen Altersforschung Bernice Neugarten, die gestanden hat, einmal vorgeschlagen zu haben, «von jungen Alten und alten Alten zu reden, um die vitalen und gesunden Alten von den kranken zu unterscheiden». Ihr Kollege Leopold Rosenmayr, der Wiener Soziologe, hat da einen besseren, auch von der WHO akzeptierten Vorschlag: ältere Menschen (60 bis 75 Jahre), Alte (75 bis 90 Jahre), Hochbetagte (über 90 Jahre) und Langlebige (hundert und mehr Jahre).

Ein einheitliches Altersbild hat es zu keiner Zeit und in keiner Kultur gegeben. Abraham war fast hundert, als Gott den Bund mit dem Volk Israel schloß, und Sarah war 90, als sie den Isaak gebar; dabei steht in den Psalmen, das Leben währe, «wenn es hoch kommt», 80 Jahre. In Sparta war kein Bürger unter 60 Jahren zu den Beratungen der herrschenden Gerusia zugelassen, und das bei einer durchschnittlichen Lebenserwartung von knapp 30 Jahren. In dem von Seuchen, Kriegen und Hungersnöten heimgesuchten Mittelalter galt ein Mensch schon als ziemlich alt, wenn er das 30. Lebensjahr erreicht hatte. In der Renaissance sah man die von Künstlern und Gelehrten gepriesene Jugendzeit als den Höhepunkt des Lebens. Zur Zeit der Aufklärung wiederum herrschte eine neue Hochschätzung des Alters, von der selbst ältere Frauen nicht ausgenommen blieben. Und heute ist nun also der Jugendwahn angesagt, der das Alter abschaffen will – auch nicht das letzte Wort der Weltgeschichte.

Bernice Neugarten meint, wir seien auf dem besten

Weg in eine Gesellschaft, in der das Alter überhaupt nicht mehr relevant ist – schon deshalb, weil die Übergänge von dem einen Lebensabschnitt in den anderen fließender geworden sind. «Es gibt keine festen Regeln mehr dafür, wann ein Mensch zu heiraten hat, in einen Beruf eintritt, zur Schule geht oder Kinder bekommt. Ein 70jähriger Student oder ein Mann, der mit fünfzig zum ersten Mal Vater wird oder eine neue Familie gründet, versetzen uns nicht mehr in Erstaunen.» Die Verherrlichung der Jugend werde in zehn oder zwanzig Jahren «unvermeidlich» zu Ende gehen, meint Neugarten. Und Leopold Rosenmayr glaubt sogar an eine neue Aufwertung des Alters; mindestens erwartet er «eine auf grundsätzlicher Egalität der Lebensalter aufbauende neue Bewahrungsfähigkeit und Beratungskapazität der Alten».

Was wir auf jeden Fall brauchen, wenn die demographischen Veränderungen nicht anno 2030 in eine Katastrophe, in den Zusammenbruch unserer sozialen Ordnung münden sollen, ist eine neue Bewertung des Alters – eine Bewertung, die das Defizit-Modell außer Kraft setzt; die «alt und ...» nicht nur mit krank, sondern auch mit erfahren, würdig, weise ergänzt. Die Enteignung des Alters, seine Denunziation unter dem Diktat der Jugendlichkeit läßt sich nur überwinden durch die Anerkennung dessen, was «anders» ist in der Wirklichkeit des Alters – anders, aber nicht defizitär.

Anders ist das Maß, mit dem im Alter das Sinnen und Trachten des Menschen gemessen wird; es entspricht nicht mehr den geltenden Normen; es orientiert sich nicht mehr so stark an den Funktionen und deren erfolgreicher Erfüllung. Anders ist die Wahrnehmung der Welt: vollständiger als in jungen Jahren, nicht mehr so fixiert auf zweckbestimmte Details, auch nicht mehr so oft in Gefahr, zur Bewältigung irgendeiner Aufgabe instrumentalisiert zu werden. Anders ist das Verhältnis zur eigenen Person: stärker von Grenzen als von Zielen bestimmt und von der endlich erlangten Fähigkeit, Wollen und Können miteinander zu versöhnen.

«Im Alter rücken die Dinge an den Platz, an den sie gehören. Die Welt wird nicht etwa heil, aber sie fügt sich zusammen.» So begründet die Siebzigerin Elisabeth Steinmann, daß sie gern alt ist. Endlich kann sie es sich leisten, kann es sogar genießen, außerhalb geltender Normen zu leben. «Ich empfinde es als Vorzug, daß die Normen des Glücks nicht mehr meine sein müssen, ich lebe mein eigenes Stück... Vor lauter sozialer Verflechtung fand ich mich früher selbst nicht mehr. Jetzt kann ich wieder ich sein und nicht meine soundsovielte Rolle.» Zu den «Geschenken des Alters» zählt sie: «Gelassenheit, Zeitsouveränität, Freiheit und Ruhe».

Mehr Freiheit im Alter: Es ist gewiß kein Zufall, daß gerade Frauen im siebten oder achten Lebensjahrzehnt auf diesen Vorzug aufmerksam machen. Sie sind dem Käfig des tradierten Rollenverhaltens, dem gesellschaftlichen Zwang der Norm endlich entkommen. «Freiheit wovon?» fragt Anne Rose Katz, Autorin der *Süddeutschen Zeitung*, die 1995 im Alter von 71 Jahren älteste deutsche Talkshow-Moderatorin geworden ist und auch ihren jugendlichen Liebhaber durchaus nicht verschwiegen hat. Sie antwortet: Freiheit «zum Beispiel vom Gruppenzwang, von der Konvention». Und Freiheit wofür? «Um sich selbst zuzuschauen – wie lange durfte die funktionierende Frau dies nicht, die durchs Leben hetzte und auf die Reaktionen der anderen fixiert war. Schön, wenn man mit siebzig endlich machen kann, was man mit siebzehn immer machen wollte. Dafür braucht man nicht das jugendliche Bild von sich zu perpetuieren, die Haare zu färben, die Backen zu liften.» So sieht das auch Hanna-Renate Laurien, die Politikerin, in der zweiten Hälfte ihres siebten Lebensjahrzehnts: «Ich habe neue Freiheiten. Ich gehe, ohne daß Klatsch entsteht, mit jüngeren männlichen Freunden aus... Und: Ich kann höchst unterschiedlichen Moden folgen. Wenn es denn ‹zu mir paßt›, ist es in Ordnung.»

Keiner hat diese neue Freiheit, das Hineinwachsen einer alten Frau in ein alternatives Wertesystem, eindrücklicher beschrieben als Bertolt Brecht in *Die unwürdige Greisin*. Es ist die Geschichte seiner Großmutter. Mit 72 Jahren erlebt sie den Tod ihres Mannes, des Besitzers einer Lithographieranstalt in einer deutschen Kleinstadt, und fängt ein anderes Leben an. Sie geht regelmäßig ins Kino, was alte Menschen zur Zeit der Jahrhundertwende normalerweise nicht getan haben; sie geht also in «elende, schlecht gelüftete Lokale, oft in alten Kegelbahnen eingerichtet, mit schreienden Plakaten vor dem Eingang, auf denen Morde und Tragödien der Leidenschaft aufgezeigt waren». Vor allem aber geht sie häufig in die Werkstatt eines erheblich jüngeren Flickschusters, wo Rotwein getrunken und mit Personen zweifelhaften Ansehens Karten gespielt wird. Dorthin trägt sie auch ihr Geld, sofern sie es nicht in Gasthäusern ausgibt; und statt ihre Nachkommenschaft zu unterstützen, kümmert sie sich um ein debiles Mädchen. Brechts Fazit: «Genau betrachtet lebte sie hintereinander zwei Leben. Das eine, erste, als Tochter, als Frau und als Mutter, und das zweite einfach als Frau B., eine alleinstehende Person ohne Verpflichtungen und mit bescheidenen, aber ausreichenden Mitteln. Das

110

erste Leben dauerte etwa sechs Jahrzehnte, das zweite nicht mehr als zwei Jahre.»

Aber diese neue Freiheit des Alters tritt gewiß nicht bloß in der Überwindung von Konventionen oder beim Abschied vom Rollenspiel in Erscheinung; sie ist auch nicht nur die endlich gewonnene Freiheit von diesen schrecklichen Kämpfen der Selbstfindung, die man in der Jugend und manchmal auch noch in der Lebensmitte durchmacht. Sie hat entscheidend damit zu tun, daß alte Menschen viel besser als die Jungen wissen, was ihnen wirklich wichtig ist. «Als ich siebzig war, konnte ich meines Herzens Regungen folgen», hat Konfuzius gesagt; vorher konnte er das offenbar nicht. Ein Mensch ist erst dann frei zu tun, woran ihm am meisten gelegen ist, wenn er weiß, was er kann, und, vor allem, was er nicht kann. Die Freiheit des Alters ist auch eine Frucht der Fähigkeit, sich zu bescheiden. Sich zu bescheiden mit dem, was wirklich wichtig ist.

Das ist kein Verlust, es ist ein Gewinn. An die Stelle der Selbstfindungskämpfe tritt, mit den Worten von Anne Rose Katz, die sich, wie gesagt, zu einem 40 Jahre jüngeren Liebhaber bekennt, «der langsame Prozeß des fortschreitenden Selbstgenusses, der reflektierenden Selbsterkenntnis. Das Netz ist dichter geworden, es fällt nicht mehr so viel durch die Maschen. Der alte Mensch kann ernten.» Er blickt zurück und findet die Vergangenheit durchaus fruchtbar. Erik Erikson, ein Protagonist der Lebensphasen-Forschung, legt in seinem letzten Buch zu diesem Thema, *Der vollständige Lebenszyklus*, großen Wert auf die Feststellung, «daß im Alter alle Qualitäten der Vergangenheit neue Werte annehmen, die wir sehr wohl als Werte an sich untersuchen können». Und der Philosoph Hans-Georg Gadamer hat in seinem 94. Lebensjahr der *Zeit* ein Interview gegeben, in dem er sagt: «Im Alter wacht die Kindheit auf. Und so wie das Älterwerden das Hinschmelzen der Zukunft ist, muß die Fruchtbarkeit der Vergangenheit an ihre Stelle treten. Das ist ein Gleichgewicht des Lebens.»

In diesem Gleichgewicht gedeihen die «Gaben, die das Alter uns schenkt» – so jedenfalls hat der Dichter Hermann Hesse es zehn Jahre vor seinem Tod empfunden. Und die teuerste dieser Gaben war ihm «der Schatz an Bildern, die man nach einem langen Leben im Gedächtnis trägt und denen man sich mit dem Schwinden der Aktivität mit ganz anderer Teilnahme zuwendet als jemals zuvor... Das Schauen, das Betrachten, die Kontemplation wird immer mehr zu einer Gewohnheit und Übung, und unmerklich durchdringt die Stimmung und Haltung des Betrachtenden unser ganzes Verhalten.»

Weniger poetisch formuliert: Man sieht die Welt mit anderen Augen und mit einer Aufmerksamkeit, um nicht zu sagen Hingabe, von der man noch nichts gewußt hat in den Jahren der Ego-Entwicklung, in denen ja auch die Fähigkeit zur Partnerschaft auf «Beziehungen» reduziert war. Das Alter bietet die Chance zu einem anderen, intensiveren Verständnis von Partnerschaft, auch zu neuen Formen der Kommunikation. Hans-Georg Gadamer sagt, das «Festwerden der Gewohnheiten», mit denen das Alter den Menschen bedrohe, lasse sich bestens dadurch kompensieren, daß «man zuhören lernt. Der Philosophietitel dazu heißt Hermeneutik. Die Möglichkeit, daß der andere was zu sagen hat.»

Hermann Hesse beschreibt den Ort solcher Kontemplation als «Garten der Greise», in dem Blumen blühen, an deren Pflege man früher kaum gedacht hat – die Blume der Geduld zum Beispiel. «Wir werden gelassener, nachsichtiger, und je geringer unser Verlangen nach Eingriff und Tat wird, desto größer wird unsere Fähigkeit, dem Leben der Natur und dem Leben der Mitmenschen zuzuschauen und zuzuhören, es ohne Kritik und mit immer neuem Erstaunen über seine Mannigfaltigkeit an uns vorüberziehen zu lassen, manchmal mit Teilnahme und stillem Bedauern, manchmal mit Lachen, mit heller Freude, mit Humor.»

Wer die Welt und die Menschen so sehen kann, der gewinnt auch eine neue Sicht des eigenen Lebens und erstaunt über dessen Mannigfaltigkeit. Außerdem hat er mehr davon. Der von Anne Rose Katz kreierte Begriff «Selbstgenuß» gehört in diesen Zusammenhang. «Wer nicht das Unglück hat, chronisch krank zu sein, kennt auch als Alternder das berauschende Gefühl des Daseins, der animalischen Freude an funktionierendem Leben.» Diese letzte Behauptung stammt von dem 1992 gestorbenen Autor Heinrich Satter, der in den siebziger Jahren ein Buch mit dem fragwürdigen Titel *Das Leben beginnt mit sechzig* herausgebracht, darin aber sehr authentisch beschrieben hat, was für ihn im Alter zur «Basis gesteigerter Glücksfähigkeit» geworden ist.

Er habe sich, schreibt er, nie auf «die Kunst zu leben» verstanden. «Bis jener Morgen kam, an dem alles anders war. Ich stieg aus dem Bett und konstatierte mit Befriedigung, daß mir nichts weh tat. Als ich die Vorhänge aufzog, freute ich mich darüber, daß die Sonne schien, und als ich frühstückte, fühlte ich Befriedigung darüber, daß mir alles schmeckte und daß ich Kaffee und Brötchen, Butter, Wurst und Käse auch anstandslos vertrug.» Eigentlich war alles wie immer, es hatte sich nichts geändert. Und doch: «Ich fühlte, zum erstenmal in meinem Leben, die Gunst der kleinen Dinge.» Das ging so weit, daß Satter sich über die neuen Schnürsenkel an seinen Lieblingsschuhen freute. «Sie waren so unberührt, so glatt, die Schuhe saßen nun so angenehm fest...»

Was sich da bemerkbar macht, ist ein immenser Zugewinn an sinnlicher Wahrnehmung. Dem Mann, der dies schreibt, fallen nun Dinge auf, kleine Dinge, die er früher völlig übersehen hat, und er entdeckt bei sich selbst Empfindungen, die er so bislang nicht gekannt hat. Ein Sonderling? Ich glaube: nein. Jedenfalls ist es mir so ähnlich gegangen. Ein Berufsleben lang bin ich mit meinen Funktionen und mit meiner Präsenz in den Medien (zeitweilig auch in den elektronischen Medien) identifiziert worden, habe mich wohl auch selber weitgehend damit identifiziert. Nun bin ich dieser Funktionen ledig – ein ganz gut situierter Pensionär in passabler physischer Verfassung und mit allerlei angenehmen Beschäftigungen. Auch ich habe Frühstücks-Erlebnisse gehabt wie Satter und dabei, anfangs durchaus mit Erstaunen, erfahren, wie nicht nur meine Wahrnehmung, sondern auch mein Lebensgefühl sich gründlich verändert hat.

Zum Beispiel bin ich, der ich mit einem Naturburschen sonst keinerlei Ähnlichkeit habe, in eine emotionale Beziehung zu der Kastanie vorm Haus geraten; das heißt, ich begleite den Gestaltwandel des Baumes im Ablauf der Jahreszeiten mit intensiver Anteilnahme, und immer im Frühjahr, wenn die Blütenkerzen aufgesteckt sind, fotografiere ich diesen Baum. Vergleichbares ist mir mit den Elstern passiert, die in der Pappel hinterm Haus wohnen, oder mit dem Eichhörnchen, das dort in den Tannen herumturnt. Es fällt mir schwer zu erklären, was diese Tiere mich auf einmal angehen; aber daß sie mich etwas angehen, ist mir sehr bewußt, und es freut mich. Ich finde es nun auch völlig in Ordnung, daß Rentner auf Parkbänken sitzen und Enten füttern, und gelegentlich beteilige ich mich daran. Früher habe ich Enten nicht beachtet, geschweige denn wäre mir in den Sinn gekommen, daß sie hungrig sein könnten.

Überhaupt nehme ich nun so manches wahr, wofür ich ehedem keinen Blick gehabt habe, weil ich im Tempodrom der Vita activa einfach daran vorbeigerauscht bin. Die geringere Geschwindigkeit der eigenen Bewegung läßt Lebensformen wieder erkennbar werden, die ich schlicht vergessen hatte. Ich nehme jetzt auch häufiger mal den Bus oder die S-Bahn, was ich immer als viel zu langwierig abgelehnt habe, und mache dabei Bekanntschaft mit einem Teil der Bevölkerung, der mir bislang allenfalls in Statistiken begegnet ist. Zu meiner eigenen Überraschung empfinde ich diese Bekanntschaft nicht als lästig, sondern sie belebt mich irgendwie – nicht nur weil oft auch junge Mädchen im Bus sind, die mich an die Augenflirts während der Straßenbahn-Fahrten meiner Schulzeit zurückdenken lassen. Fast alle diese neuen Wahrnehmungen haben mich, trotz wachsender Neigung zur Melancholie, keineswegs traurig gemacht, sondern sie wecken meine Aufmerksamkeit, zuweilen auch mein Mitgefühl.

Es gibt also, das weiß ich jetzt, ein Leben neben dem Leben. Es gibt abhängiges Leben, behindertes Leben, geduldetes Leben, das man während des Rattenrennens nach dem größten anzunehmenden Erfolg so wenig zur Kenntnis genommen hat wie zum Beispiel den frierenden Hund, der von seinen Leuten nicht ins Haus gelassen wird, der nun aber nicht mehr ausgesperrt werden kann aus dem Bewußtsein des Betrachters. Und es gibt geschenktes Leben, das sich alle Tage manifestiert in der Natur und in den Sinnen, mit denen man sie wahrnehmen kann. Aber das kann man eben erst dann wieder, wenn man aufgehört hat, solche guten Gaben Gottes als mehr oder minder selbstverständliche Voraussetzungen des Funktionierens eben hinzunehmen. Manches bekommt man im Alter einfach geschenkt – zum Beispiel die Mitteilung, amerikanische Mediziner hätten herausgefunden, daß man sich, wenn man älter ist als 70 Jahre, um den Cholesterinspiegel keinerlei Sorgen mehr zu machen brauche.

Die Entdeckung, daß die sogenannten kleinen Freuden des Lebens in Wahrheit große Freuden sind, ist leichter zu machen, wenn der Zugang zum Alltag und zu den Mitmenschen, die ihn bevölkern, nicht mehr verstellt ist durch Arbeitswut und Konkurrenzneid, durch Terminkalender und Leistungszwang. Denn alle diese Zwänge nehmen dem Menschen die Freiheit, wie Konfuzius mit siebzig den Regungen seines Herzens zu folgen. Und sie lassen ihn vergessen, dankbar zu sein für jene vermeintlichen Selbstverständlichkeiten.

Henry Miller, der unermüdliche Sänger nicht nur der sexuellen Liebe, hat in «Skizzen für meine Freunde», denen er den Titel *Reise in ein altes Land* gegeben hat, diese Dankbarkeit angemahnt: «Wenn du mit 80 Jahren weder Krüppel noch Invalide bist, dich noch bester Gesundheit erfreust, einen weiten Spaziergang und ein gutes Essen (mit allem Drum und Dran) noch zu schätzen weißt, wenn du noch schlafen kannst, ohne vorher eine Pille zu schlucken, wenn Vögel und Blumen, Berge und Meer dich noch begeistern können, bist du ein Glückspilz und solltest dem lieben Gott morgens und abends auf den Knien danken, daß er dich behütet und bewahrt hat.» Nachlassende Kräfte spielen demgegenüber eine eher geringe Rolle; das hat schon Cicero so gesehen: «Auch vermisse ich nicht die Kräfte des Jünglings, ebensowenig wie ich in meiner Jugend die Kräfte eines Stiers oder eines Elefanten vermißte.»

Wenn es so etwas geben könnte wie eine Humanisierung der Gesellschaft, dann hätten die Alten weltweit eine große Aufgabe. Wer 70 oder 80 Jahre lang Mensch gewesen ist, weiß mehr vom Menschsein als die jüngeren Leute und hat darum auch mehr Mitleid mit den Menschen. Gewiß: Mitleid ist eine diskreditierte Eigenschaft, zumal bei den Jungen; die Starken sagen ja immer, sie wollten kein Mitleid. Sie brauchen es aber, wenn sie der Allgegenwart mörderischer Gewalt anders als gleichgültig oder resigniert begegnen wollen. Oder wie denn sonst wollen sie der Tatsache begegnen, daß wir uns nach dem Ende des braunen wie des roten Faschismus plötzlich in einem Zeitalter blinder Gewalt und Barbarei wiederfinden? «Wir sind die Nachkommen einer unendlich langen Generationsreihe von Mördern», hat schon Freud gewußt: «Die Mordlust steckt uns im Blute.» Und deshalb gibt es keine Humanität ohne Mitleid.

Der gewaltige Gewinn an Zuwendung, den die Alten erfahren haben, bleibt auf alle Fälle fruchtbar als das Geheimnis der Großeltern-Generation und ihrer ungeminderten Bedeutung für die Enkel. Die Alten können erkennen und oft auch artikulieren, wovon die Jungen träumen. Sie können ihre Zeit und ihre Erfahrung ins Feld führen für Ziele, die vielen Jungen besonders am

Herzen liegen. Die Eltern fallen da weitgehend aus. Zu ihnen gehen die Kinder mit ihren Träumen und ihren Ängsten immer seltener, denn es ist den Jungen ja nicht verborgen geblieben, daß der ökonomisch motivierte Opportunismus der Eltern-Generation die Ressourcen ausbeutet, von denen sie morgen leben wollen; daß ihre Lebensgrundlage aufgezehrt wird.

«Der Alte muß der Alte bleiben», hat Walter Jens, der Tübinger Rhetorik-Professor, im Umgang mit seinen Studenten erfahren. Die nämlich erwarten von einem Mentor vor allem «das würdige Dagegensetzen» und nicht etwa eine Annäherung an die Eltern-Generation oder gar an die Attitüden der Jugendlichkeit. Würdig aber ist, laut Jens, «der Gegensatz zu: Hast du was, bist du was», also die Abkehr von Opportunismus und Anpassung. Bertolt Brechts Großmutter müßte wohl nicht mehr als unwürdige Greisin herumlaufen.

Aber nicht nur die sprichwörtliche Würde des Alters bedarf einer neuen Bewertung; ebenso gilt das für die Weisheit des Alters. Schon das Attribut «weise» ist ja nicht eindeutig positiv besetzt, und im Zusammenhang mit dem Alter wird der Begriffsinhalt ziemlich wolkig. Erik Erikson, der in seinem Lebensphasen-Modell die Antithese «Integrität versus Verzweiflung» als das Thema der letzten Lebenskrise bezeichnet hat, nennt Weisheit «jene spezifische Stärke», die «aus dieser letzten Antithese heranreift», und definiert sie als eine «erfüllte und gelöste Anteilnahme am Leben im Angesicht des Todes». Weisheit ist aber auch kristallisierte Erfahrung, ist «Expertenwissen über das Leben», wie der Gerontologe Paul Baltes sagt, der am Berliner Max Planck Institut für Bildungsforschung besonders jene «kristalline» Intelligenz zur Lösung wissensabhängiger Aufgaben studiert, die im Alter meist Bestand hat. Altersweise Menschen sind «Experten im Bereich der fundamentalen Pragmatik des Lebens».

Was damit gemeint ist, hat mit Besserwisserei übrigens nichts zu tun. Es meint, im Gegenteil, die Fähigkeit, sich auf Fragen eher als auf Antworten einzustellen. Es bereichert den partnerschaftlichen Umgang und schafft neue Formen der Kommunikation. Weise ist, sagt Walter Jens, «der Mangel an Entschiedenheit», der Auge und Ohr öffnet für die andere Seite einer Sache oder einer Meinung; und er zitiert Fontane, den Stechlin, mit dessen altersweisem Motto: «Unanfechtbare Wahrheiten gibt es überhaupt nicht, und wenn es welche gibt, so sind sie langweilig.» Es ist weise, erkannte Grenzen nicht zu überschreiten; es ist weise, sich zu bescheiden. Die «Alterskompetenz», meint Elisabeth Steinmann, «ist das Einpendeln zwischen Ideal und Wirklichkeit.»

Das ist mitnichten ein Synonym für Resignation, erst recht kein Verzicht auf schöpferische Leistung. Zur Erfahrung, die das Alter für sich reklamieren darf, gehört eher ein Zuwachs an geistigem Vermögen, oft auch ein Zuwachs an handwerklicher Meisterschaft. Erikson sagt: «Das Kreativitätspotential alter Menschen ist wahrscheinlich bis heute weit unterschätzt worden.» Es birgt die Chance einer späten Steigerung, und die kulminiert im Alterswerk vieler großer Künstler.

«Es ist ganz erstaunlich, es ist im höchsten Maße überraschend, wieviel Alte und Uralte es unter den großen Berühmtheiten gibt.» Diese Feststellung hat Gottfried Benn, der selber immerhin siebzig geworden ist, 1954 in einem Radio-Vortrag über das «Altern als Problem für Künstler» getroffen und mit folgender Liste der

Namen und der Lebensalter belegt, die in der Tat eindrucksvoll ist. Um bei den Malern und Bildhauern zu beginnen: Tizian 99, Michelangelo 89, Frans Hals 86, Goya 82, Hans Thoma 85, Liebermann 88, Munch 81, Degas 83, Bonnard 80, Maillol 83, Donatello 80, Tintoretto 76, Rodin 77, Käthe Kollwitz 78, Monet 86, Menzel 90, Matisse 84, Nolde 88, Gulbransson 85. Dann die Dichter und die Schriftsteller: Goethe 83, Shaw 94, Hamsun 93, Maeterlinck 87, Tolstoi 82, Voltaire 84, Heinrich Mann 80, Swift, Ibsen, Björnson, Rolland 78, Victor Hugo 83, Tennyson 83, Ricarda Huch 83, Gerhart Hauptmann 84, Lagerlöf 82, Gide 82, Heyse 84, Spitteler, Fontane, Freytag 79, Claudel 86, Thomas Mann 80, Hermann Hesse 85. Große Musiker gebe es ja weniger, hat Benn damals gemeint, dann aber diese genannt: Verdi 88, Richard Strauss 85, Heinrich Schütz 87, Monteverdi 76, Palestrina 71, Händel, Gluck 74, Bruckner 72, Pfitzner 80, Buxtehude, Wagner 70, Rezniček 85, Auber 84, Cherubini 82, Sibelius 91.

Kreativität ist offenkundig alterslos, kann sich im Alter aber vertiefen. Solche Vertiefung ist nicht unbedingt identisch mit Neuschöpfung, sie kann auch bedeuten, bereits Erworbenes noch einmal neu und vor allem anders zu machen. Manche alte Künstler dringen tiefer in ihre ganz persönliche Weltsicht ein, greifen frühere Themen wieder auf, erkunden sie abermals und stellen in Frage, wie sie bislang damit umgegangen sind – als begännen sie jetzt erst zu verstehen, was sie tun können und was sie ungetan lassen müssen. Im *Tod des Tizian* läßt der damals gerade 20 Jahre alte Hugo von Hofmannsthal den 99 Jahre alten, todgeweihten, aber immer noch malenden Tizian plötzlich seine früheren Bilder herbeiholen: «Er sagt, er muß sie sehen, / die alten, die erbärmlichen, die bleichen,/mit seinen neuen, die er malt, vergleichen,/sehr schwere Dinge seien ihm jetzt klar,/es komme ihm ein unerhört Verstehen,/daß er bis jetzt ein matter Stümper war.»

Von Hokusai, dem großen japanischen Maler und Meister des Farbholzschnitts (1760–1849), ist das folgende Bekenntnis überliefert: «Gegen 50 Jahre hatte ich eine unendliche Menge von Zeichnungen veröffentlicht, aber alles, was ich vor dem 73. Jahre geschaffen habe, ist nicht der Rede wert. Gegen das Alter von 73 Jahren ungefähr habe ich etwas von der wahren Natur der Tiere, der Kräuter, der Fische und Insekten begriffen. Folglich werde ich mit 80 Jahren nochmals Fortschritte gemacht haben, mit 90 Jahren werde ich das Geheimnis der Dinge durchschauen, und wenn ich 110 Jahre zähle, wird alles von mir, sei es auch nur ein Strich oder ein Punkt, lebendig sein.» Hokusai ist 88 Jahre alt geworden.

Kreativität im Alter, das bestätigt Walter Jens in einer lebensklugen Arbeit über das künstlerische Alterswerk, «bedeutet für den Künstler: technische Vollkommenheit, die, anders als in früheren Lebensstufen, bewußt, kalkuliert und mit einem Höchstmaß an virtuoser Selbstkritik eingesetzt wird». Das aber setzt voraus, daß «Zweifel, nicht kecke Gewißheit, Fragen, nicht rasche Antworten» das Alterswerk bestimmen, auch «das Akzeptieren des Todes, nicht das Aufbegehren gegen die Endlichkeit». Das Entscheidende ist wohl der Wille zur «letzten Konsequenz», und so findet Walter Jens es auch nicht verwunderlich, «daß sich gerade im Alterswerk immer wieder der Wille zur Veränderung, Erweiterung, Vertiefung eigener Vorwürfe manifestiert».

Ob das gelingt, und was das Gelungene dann darstellt, ist eine andere Frage. Es mag Milde, Heiterkeit, Nachsicht ausstrahlen; es mag über alles Vorgeleistete hinauswachsen und die formalen Grenzen der Gattung weit überschreiten; es mag aber auch, wie Gottfried Benn anmerkt, den adäquaten Ausdruck finden «in großer Schonungslosigkeit, wobei man an Shaws Wort denkt: Alte Männer sind gefährlich, ihnen ist die Zukunft gänzlich gleich». Oder es mag unvollendet bleiben: wie zum Beispiel die Pietà Rondanini des 89jährigen Michelangelo, mit der dieser offenbar versuchen wollte, sowohl den hergebrachten Gestus des Trauerns wie auch seine eigenen, bislang bewährten Mittel des Ausdrucks über den Haufen zu werfen – und den Versuch nicht zu Ende brachte.

Längst nicht immer gelingt dieser letzte Versuch, der alle Grenzen überschreitende Aufbruch in die Vollendung, in die Summa summarum; oft genug bleibt bloß die Absicht erkennbar. Die *Bekenntnisse des Hochstaplers Felix Krull* lassen eine solche Absicht erkennen: mit der souveränen Heiterkeit des Alters zu Ende zu führen, was im *Doktor Faustus* bereits seinen vollendet tragischen Ausdruck gefunden hatte. Aber Thomas Mann hat gewußt, daß ihm die Verwirklichung dieser Absicht mißlungen war. «Was ich jetzt führe», schreibt er 1953 ins Tagebuch, «ist ein Nachleben, das vergebens nach produktiver Stütze ringt. Den Krull als einen Faustus aufzufassen, den es zu beenden gilt, ist schwer möglich... Wagner schrieb mit annähernd 70 Jahren sein Schlußwerk, den *Parsifal*, und starb nicht lange danach. Ich habe ungefähr im selben Alter mein Werk letzter Konsequenz, den Faustus, Endwerk in jedem Sinn, geschrieben, lebe aber weiter.»

Es gibt eine Egomanie alter Künstler, die in der erstrebten Aufgipfelung des Spätwerks nicht über sich selbst hinaus zu wachsen vermag. Walter Jens nennt in seiner Alterswerk-Analyse auch den Grund für solches Unvermögen: Kreativität im Alter, so sagt er, bedürfe, um sich wirklich entfalten zu können, «entweder der plötzlich entdeckten Übereinstimmung mit den zeitbestimmenden Kräften und der Bereitschaft, der Jugend bei der Entbindung dieser Kräfte zur Seite zu stehen, ...oder der souveränen, um das Diktat von Tag und Stunde unbekümmerten Gegenläufigkeit». Fontane, der sich mit 70 Jahren zur Kunst der Moderne, zur Avantgarde seiner Zeit, bekannt hat, ist ein Beispiel für die erste Verhaltensweise; Goethes gelassene, aber Gültigkeit postulierende Subjektivität, seine von Heiterkeit und Vertrauen bestimmte Deutung der Welt, ist ein Beispiel für die andere.

Musiker haben es da besser als Literaten; anders gesagt: Es gelingt ihnen häufiger, in ihren späten Werken besser zu sein als in den frühen. Die späte Steigerung ist in der Musik jedenfalls keine Ausnahme. Ungewöhnlich viele Werke, die aus den letzten Lebensjahren der Komponisten stammen, gelten als ihre besten, oft auch als ihre «avantgardistischsten». Weder physische Behinderungen noch psychische Probleme haben sie daran zu hindern vermocht. Kann es sein, daß Beethovens Gehörverlust zu der vorausweisenden Kühnheit der späten Streichquartette, zu der verwegenen Modernität ihrer Klangsprache sogar noch beigetragen hat? Kann es sein, daß Verdis Frustrationen wegen der geradezu kultischen Wagner-Bewunderung, die ihm weiland in Venedig entgegenschlug, während zugleich die Arien seiner eigenen, ach so populären Nummernopern auf jeder Gasse geschmettert wurden, daran schuld waren, daß die Spätwerke *Falstaff* und *Othello* meisterhaft durchkomponierte Musikdramen geworden sind? Oder woran sonst kann es liegen, daß so viele letzte Werke großer Musiker eine erkennbar andere Botschaft haben als die früheren?

Arnold Schönberg hat 1912 in einer Rede über die unvollendete Zehnte Sinfonie von Gustav Mahler daran erinnert, daß kaum ein Komponist mehr als neun Sinfonien geschaffen habe, und die These gewagt, die Neunte sei «eine Grenze. Wer darüber hinaus will, muß fort. Es sieht aus, als ob uns in der Zehnten etwas gesagt werden könnte, was wir noch nicht wissen sollen, wofür wir noch nicht reif sind. Die eine Neunte geschrieben haben, stehen dem Jenseits nahe.» Und das hört man gewiß nicht nur in dem Fis-Dur-Adagio jener Zehnten, über der Mahler gestorben ist. Paul Hindemith hat im Spätwerk Johann Sebastian Bachs einen «Schatten der Melancholie» entdeckt, und er hat diese Melancholie in einer schönen Rede auf dem Hamburger Bachfest 1950 interpretiert als den Preis der «menschenmöglichen Vollkommenheit», die Bach erreicht habe. «Für dieses Höchsterreichte muß er einen teuren Preis zahlen: die Melancholie, die Trauer, alle früheren Unvollkommenheiten verloren zu haben und mit ihnen die Möglichkeit weiteren Voranschreitens.»

In solchen letzten Werken ist auch etwas, das wir noch nicht wissen können, das zumindest den Zeitgenossen dieser Werke buchstäblich unerhört erschienen ist. Bach zum Beispiel nimmt in seinem letzten Werk, der *Kunst der Fuge*, ein Stück der spätromantischen Chromatik, wenn nicht der Moderne vorweg und bahnt den Weg bis zu Alban Berg; Beethoven weist in den letzten Streichquartetten auf Béla Bartók voraus. Viele große Musiker, auch die in jungen Jahren gestorbenen wie Mozart oder Schubert, haben in ihren letzten Werken etwas auszudrücken vermocht, das zu ihrer Zeit noch nicht auf der Welt war, das sie allenfalls ahnen konnten.

Joachim-Ernst Berendt, der vor zwei, drei Jahrzehnten wichtige Bücher über Jazz geschrieben hat, analysiert nun dieses «Wunder des Spätwerks» in einer Zusammenstellung letzter Werke und in einem dazugehörigen Buch mit dem bezeichnenden Titel *Hinübergehen*. Komponisten, überhaupt Musiker, so meint er, scheinen direkter als Durchschnittsmenschen auf ihr «Hinübergehen» zuzuleben. «Letzte Werke transportieren eine Botschaft, deren erlebbares und erfahrbares Äquivalent die Komponisten doch wohl erst nach ihrem Tode kennenlernen werden... Es ist eine Botschaft der Schönheit und Verklärtheit, eines Friedens und eines Glücks, die nicht von dieser Welt sind. Sie ist unvereinbar mit unseren Vorstellungen von den Schrecken des Todes und mit unserer Todesfurcht.» Zahllose Menschen, glaubt Berendt, empfinden «Musik als Brücke zwischen unserer und einer anderen Welt. Ist es so, daß Musiker über diese Brücke gehen?»

Es war Richard Wagner, der von Beethovens Cis-Moll-Quartett Opus 131 aus dem Jahr 1826 einmal gesagt hat, es sei eine «Offenbarung aus einer anderen Welt». Wagner selber hat im *Parsifal*, seinem «Weltabschiedswerk», Klangfarben gefunden, die weiter noch als selbst die damals revolutionäre *Tristan*-Harmonik den Weg in die Moderne gewiesen haben. Mit solcher «Zukunftsmusik» beschreibt er im ersten Akt den Weg des vom Ritter Gurnemanz geleiteten Parsifal zum Gral – den Weg von dieser Welt in eine andere.

Ein paar Wochen vor seinem Tod in Venedig 1883 machen Wagner und seine Frau eine Ausfahrt auf dem Canal Grande, und «in dieser wohligen Empfindung des Gleitens in der Gondel», notiert Cosima in ihrem Tagebuch, sagt er: «Man müßte alles hinter sich abschließen können, von nichts mehr hören; um es im Leben auszuhalten, müßte man darin tot sein.»

Lernziel Loslassen

Einer der simpelsten Gründe für die moderne Manie, den Tod abschaffen zu wollen, ist die Angst, die wir alle vor dem Sterben haben. Die haben sogar solche Menschen, die von sich sagen, daß sie den Tod selber nicht mehr fürchten – vielleicht weil sie in Todesnähe schon einmal «das Licht» aus einer anderen Welt gesehen haben, oder weil sie an ein – besseres – Leben nach dem Tod glauben. Das Sterben macht allen angst. Also soll der Tod verschwinden, damit die Angst aufhört.

Nur Epikur, der griechische Philosoph und stille Genießer, hat diese Angst prinzipiell geleugnet. «Ich werde nicht da sein, wenn der Tod gekommen sein wird», soll er gesagt haben. «Ich werde ihn nicht erleben, wenn er kommt, und gewiß erlebe ich ihn nicht jetzt, bevor er gekommen ist – warum sollte ich also beunruhigt sein?» Der Schluß ist offensichtlich korrekt, aber er wirke doch «wie ein Taschenspielerstück», bemerkt Zygmunt Bauman. «Mit unserer wirklichen Unruhe scheint er nichts zu tun zu haben.» Die Angst ist geblieben.

Ist das denn verwunderlich? Ist Todesangst nicht die Angst schlechthin, die Angst vor dem Ausschluß aus der Gemeinschaft der Mitmenschen, die Mutter aller Ängste, auch jener Angst vor der Unbeantwortbarkeit der Frage nach dem Sinn des Lebens? Und wenn kein Kraut dagegen gewachsen ist, wenn noch nicht einmal Gottes

Sohn in Todesnähe davor gefeit war – wie sollen wir Sterblichen damit umgehen?

Das Wie ist gar nicht die entscheidende Frage. Es kommt darauf an, daß wir überhaupt damit umgehen. Denn es ist mit der Todesangst wie mit dem Tod selber: Man darf sie nicht verdrängen, man muß sie akzeptieren. Vom Verdrängen geht die Todesangst nicht weg, und therapieren kann man sie auch nicht.

Längst nicht alle Therapeuten lassen das gelten. «Wer sich ohne besonderen erkennbaren Anlaß über den eigenen Tod augenfällig ängstigt, wird zum klinischen Fall», schreibt der Psychoanalytiker Horst-Eberhard Richter. So mancher von Todesangst heimgesuchte Mensch sieht das wohl selber so und sucht ärztliche Hilfe. Vom Psychotherapeuten dürfte der Ratsuchende dann zu hören bekommen, meint Richter, «daß seine Angst gar nicht wirklich seinem irgendwann bevorstehenden Ende gelte, sondern aus irgendeiner erschreckenden Erinnerung stamme, die jetzt wieder aufgebrochen sei. Die aktuelle Todesangst beruhe also auf einer unbewußten Verwechslung.» Und der geht man dann nach, wenn's sein muß bis in die Kindheit, bis ein angstbesetzter Konflikt aufgefunden und «aufgearbeitet» ist. Das mag im Einzelfall ganz hilfreich sein. Die Folge ist nur, darauf macht Richter rechtens aufmerksam, daß der Tod so «zu einem vorgeschobenen Problem» wird; «es geht um das Dahinter, und das ist allemal harmloser, nämlich therapeutisch prinzipiell handhabbar». Solche und andere Abwehrstrategien sind darauf gerichtet, den Tod als Angstgrund verschwinden zu lassen. In Horst-Eberhard Richters Worten: «Die ‹Ausbürgerung› des Todes geschieht aus verdeckter Angst.»

Die Angst vor dem Tod ist so alt wie die Menschheit, und es wird diese Angst geben, solange es Menschen gibt. Sie wurzelt tief im Unbewußten. Sigmund Freud hat das ohne Umschweife formuliert: «Im Unbewußten sind wir alle von unserer Unsterblichkeit überzeugt.» Unbewußt wehren wir uns gegen die Vorstellung, daß unser Erdendasein irgendwann vorbei sein könnte – es sei denn, ein feindseliger Akt, eine böse Einwirkung von außen setze ihm ein Ende. «In unserem Unterbewußtsein können wir nur getötet werden», hat Elisabeth Kübler-Ross hinzugefügt; «es ist uns unvorstellbar, daß wir an einer natürlichen Ursache, daß wir einfach am Alter sterben könnten. Tod verbindet sich in unserem Unterbewußtsein mit einer furchtbaren Untat, die nach Vergeltung und Strafe schreit.»

Dazugekommen ist die immer weiter ins Bewußtsein der Menschen unserer Tage vordringende Erkenntnis, daß die Errungenschaften der modernen Medizin das Sterben nicht leichter gemacht haben – daß Sterben sogar grausamer geworden ist als früher, mindestens mechanisierter, unpersönlicher, einsamer. Die Medizinisierung des Sterbens hat der Todesangst neue Nahrung gegeben. Philippe Ariès geht in seiner *Geschichte des Todes* sogar so weit zu unterstellen, die Todesangst sei durch die Medizinisierung überhaupt erst zu einem real existierenden Problem geworden.

«In der Nähe der Schleusentore, durch die die Unordnung der Natur in den vernünftigen Bezirk der Menschen einzudringen droht, verlieren die Ärzte ihre Kaltblütigkeit», so Ariès. Er lokalisiert «die Angst vor dem Tod, die wahre Angst» vor allem «bei diesen Männern der Wissenschaft und Aufklärung» und dann erst bei den eigentlich Betroffenen. «Denn bis dahin, wage ich zu sagen, haben die Menschen, wie wir sie in der Geschichte ausmachen, niemals wirklich Angst vor dem Tod gehabt. Sicherlich fürchteten sie ihn, empfanden sie etwas Angst vor ihm und sagten es auch ruhig. Aber gerade diese Angst überschritt niemals die Schwelle des Unsagbaren, des Unausdrückbaren. Sie wurde in befriedende Worte übersetzt und in vertrauten Riten kanalisiert.»

Diese Riten sind uns abhanden gekommen, sie können uns nicht mehr dabei helfen, die «Unordnung der Natur» zu ertragen. Sie haben die Medizinisierung des Todes im 19. und erst recht im 20. Jahrhundert nicht überlebt. Und es gibt keinen Ersatz dafür in jenem «vernünftigen Bezirk der Menschen», in dem die Männer der Wissenschaft und der Aufklärung mehr oder weniger kaltblütig für Ordnung zu sorgen versuchen. «Überhaupt die Ärzte», bemerkt der Krebspatient Peter Noll in den *Diktaten über Sterben & Tod*, in denen er auch seine Therapie-Verweigerung kommentiert: «Nicht anders als die Juristen sichern sie sich durch ihr Verhalten. Sie schützen sich selber, nicht den Patienten, genau wie die Juristen sich selber schützen und nicht den Angeklagten, wenn sie die Verfahrensregeln genau einhalten.» Das ist hart, aber nicht ungerecht. Die Wiederkehr der Riten, so wichtig sie wäre, fällt nicht in die Zuständigkeit der Mediziner.

Christoph Wilhelm Hufeland, «der Arzneikunst ordentlicher Lehrer in Jena», Protagonist der *Kunst, das menschliche Leben zu verlängern*, hat 1796 folgende verhaltenstherapeutische Empfehlung für den Umgang mit der Todesangst gegeben: «Man mache sich mit dem Gedanken an den Tod recht bekannt. Nur der ist in meinen Augen glücklich, der diesem unentfliehbaren

130

Feinde so oft recht nahe und beherzt in die Augen gesehen hat, daß er ihm durch lange Gewohnheit endlich gleichgültig wird.»

Es gibt, von der Wortwahl einmal abgesehen, auch 200 Jahre später keinen besseren Rat. Was der Verlust der Rituale uns hinterlassen hat, das sind Lernziele: Der Umgang mit dem Tod als einem Teil des Lebens muß wieder geübt werden, also auch der Umgang mit der Angst davor. Das ist es wohl, was die Philosophen meinen, wenn sie uns aufgeben, sterben zu lernen. Sokrates hat nicht gesagt, wie man das denn machen soll. Ebensowenig hat Seneca dem berühmten Satz «Man muß das ganze Leben lang lernen zu sterben» eine Gebrauchsanweisung beigefügt. Es ist auch nicht anzunehmen, daß der todkranke François Mitterrand mit Ratschlägen für richtiges Sterben versehen worden ist, als er den damals 93 Jahre alten Philosophen Jean Guitton, einen der 40 «Unsterblichen» der Académie Française, gebeten hat: «Guitton, erzählen Sie mir vom Tod. Was ist der Tod, und was folgt danach?» Das wissen auch die Philosophen nicht. Guitton jedenfalls sagt, er wisse über das Jenseits «nicht mehr und nicht weniger als jeder andere auch – ich war schließlich noch nicht tot», aber er sei neugierig darauf, und er leugne auch nicht, das Jüngste Gericht zu fürchten. «Ich weiß nicht, ob es ihm (Mitterrand) gefallen hat, was ich gesagt habe.»

Sterben lernen – das ist die Einübung des Loslassens. Der bewußte Umgang mit dem Tod setzt den bewußten Abschied von den Dingen der Welt voraus, und auch den muß man üben. Für den Renaissance-Menschen Montaigne, einen Gesinnungsgenossen des Arztes Hufeland, beginnt die Einübung ins Sterben damit, daß alles nach und nach losgelassen wird, was uns an diese Welt bindet, bis wir es nur noch mit uns selber zu tun haben. «Von allem kann ich leicht Abschied nehmen außer von mir», sagt Montaigne, und darauf will er sich am Ende konzentrieren können. Solche Sicht des Sterbens geht von der Gewißheit aus, daß der Tod um so sanfter ist, je selbstverständlicher er empfunden wird und je weniger sich die Menschen an die Dinge der Welt hängen.

Das ist den Menschen ehedem gewiß leichter gefallen als heute. Bei dem französischen Historiker Georges Duby kann man zum Beispiel die Sterbegeschichte des Ritters Guillaume aus der Zeit der Kreuzzüge nachlesen. Als dieser den Tod nahen fühlt, trennt er sich ganz bewußt von «allem Irdischen», das seine Seele hindern könnte, in den Himmel aufzusteigen. Es ist dies ein Prozeß in mehreren Stufen, die alle öffentlich vollzogen werden; Duby nennt das eine «fortschreitende Entblößung». Guillaume tritt zum Orden der Tempelbrüder über (und verliert dadurch seinen Ritter-Status), übergibt seine Ländereien dem ältesten Sohn, trennt sich von seiner Frau, verteilt sein bewegliches Gut, verschenkt seine Gewänder, beichtet, empfängt die Absolution und stirbt in großer Gelassenheit. Duby nennt dies «das althergebrachte Ritual des Todes, der kein Sichentziehen, kein verstohlener Abgang war, sondern eine langsame, geregelte, geordnete Annäherung, Vorspiel, feierlicher Übertritt von einem Zustand in einen anderen, höheren». Es ist «der Tod, den wir verloren haben und der uns vielleicht sogar fehlt».

Keine Frage, daß wir solch ein ritualisiertes Sterben «verloren haben». Aber müssen wir uns damit abfinden? Müssen wir die Wiederkehr der Rituale wirklich für unvorstellbar halten? Anders gefragt: Müssen wir denn versagen vor der Einübung des Loslassens, vor dem Sterbenlernen? Und warum eigentlich?

Mag sein, daß Lebenssucht und Todesangst zu einem Luxusthema des spätbürgerlichen Westens geworden sind, wie der Dichter Erich Fried gemeint hat, als er selber schon todkrank war. Aber das ändert nichts daran, daß es ein Leben ohne Angst gar nicht geben kann, daß Ängste zu jeder Zeit und in jeder Lebensphase auftreten, Verlustängste zum Beispiel, und daß sie oft genug nicht nur berechtigt, sondern sogar notwendig sind, weil sie vor lebensbedrohenden Gefahren warnen. Es ändert auch nichts daran, daß überhaupt kein Leben möglich ist ohne Trennungen, ohne Abschiede. Wir verabschieden uns immer wieder von den Vergangenheiten des eigenen Lebensweges um zukünftiger Entwicklungen willen. Wir könnten gar nicht weiterleben, ohne loszulassen.

Unsere Lebenszeit beginnt mit einer Trennung, und sie endet mit einer Trennung. Und die vielen großen und kleinen Trennungen, die sich zwischen Anfang und Ende ereignen, sind auch eine Wiederholung jener ersten Trennung vom Mutterleib und eine Vorwegnahme der letzten. «Unser Leben», schreibt der Biograph und Journalist Hans Jürgen Schultz, «ist eine Summe von Trennungen: gewollten oder ungewollten, verschuldeten oder erzwungenen, heilsamen oder tragischen. Es ist ein immerwährendes Abschiednehmen: von Menschen, von Orten, von Zeiten, von sich selbst – wir haben hier keine bleibende Statt. Diese Erfahrung nimmt unweigerlich zu, wenn man älter wird. Statt sie zu umgehen, wäre es den Versuch wert, mit ihr umzugehen.»

Jeder Abschied ist ein kleiner Tod – so heißt es jeden-

falls in einem populären Lied: «Every time we say good-
bye I die a little.» Vielleicht hat Sammy Davis Jr., zu dessen Repertoire dieser Song gehörte, ja etwas daraus gelernt für sein eigenes Sterben. Und wenn die Trennung
von einem geliebten Menschen – nichts anderes ist hier
gemeint – wirklich bedeutet, «ein bißchen» zu sterben,
dann in der Tat muß auch der letzte große Abschied erlernbar sein.

Verena Kast, die Schweizer Psychologin, der wir den
Terminus «abschiedlich leben» verdanken, hat die
«entscheidenden Abschiede von den Vergangenheiten
der Lebensstrecke» einmal aufgezählt: «Pubertät als
Abschied von der frühen Kindheit. Adoleszenz als Abschied von der Jugend ins Erwachsenwerden. Die mitt-
lere Lebenskrise als Abschied vom Sohn- oder Tochter-
sein, verbunden mit Abschied von Anima und Animus
als archetypischer Sehnsucht. Das frühe Alter im Abschied von gewohnten Wegen der Aktivität und Selbstdarstellung in Beruf und Familie. Das späte Alter als Abschied vom Leben, von aller Vergangenheit in eine
nicht zu bestimmende Zukunft.»

Verweilen wir im frühen Alter – bei dem Abschied
also, von dem man vermutlich am meisten lernen kann
für den Umgang mit der letzten Trennung, schon weil er
ihr biographisch am nächsten ist: beim «Abschied von
gewohnten Wegen der Aktivität und Selbstdarstellung
in Beruf und Familie». So schonungsvoll wird das normalerweise nicht beschrieben und erst recht nicht erlebt. Sondern man «überschreitet die Altersgrenze»
oder «tritt in den Ruhestand» oder «geht in Rente» –
lauter fragwürdige Bezeichnungen, hinter denen sich
eine veritable Lebenskrise verbirgt: das Ende der Vita
activa.

Auch wer seit Jahren auf die Zeit der Ruhe zugelebt, wer sich auf die Zäsur eingestellt hat, wird entdecken, daß er den Abschied vom Arbeitsleben ganz anders erlebt, als er sich das vorgestellt hat. Es ist nicht nur die Erfahrung, daß Muße, der keine Arbeit korrespondiert, genauso schlimm sein kann wie Arbeit ohne die Chance zur Muße. Es ist auch nicht nur die Erfahrung, daß der im Berufsleben erworbene Fundus an Erfahrung unaufhaltsam schwindet; daß Ratschläge, die man durchaus noch geben könnte, nicht mehr angefordert werden; daß Jüngere jetzt den Einfluß ausüben und die Privilegien genießen, die man selbst mühsam genug erworben hat. Worum es geht, ist eine völlig neue Zielansprache. Es geht darum, die dritte, letzte Lebensphase aktiv zu beginnen und sich darin einzurichten. Es geht darum, die eigene Rolle neu zu definieren, den eigenen Standort neu zu bestimmen. Das ist nach Jahrzehnten der aktiven Teilnahme am Arbeitsleben gar nicht so einfach. Der Kurs wird nicht mehr von der beruflichen Laufbahn vorgegeben, man muß ihn selber wissen. Nicht wenige Pensionäre werden in dieser Situation erkennen, daß sie zwar jeden Schritt ihrer Karriere sorgfältig geplant haben, nur nicht deren Ende.

Das gilt natürlich besonders für solche Menschen, in deren Leben die Berufswelt eine besonders wichtige Rolle gespielt hat. Aber sind das wirklich nur die «Führungskräfte», die Manager, denen womöglich auch noch das Privatleben weitgehend entglitten ist? Der Abschied vom Erwerbsleben hat ja auch mit dem Altern zu tun, und das gilt für alle. Es hat mit der Anpassung an veränderte Prioritäten zu tun, an eine andere Einteilung der Kräfte, an eine neue Wertskala. Effektivität zum Beispiel, dieser Drang, in möglichst kurzer Zeit möglichst viel zu erledigen, kann sich im Rentnerdasein als schlechte Gewohnheit erweisen.

Man muß sich «entwöhnen» – und das ist gar nicht so einfach. Mir selber zum Beispiel (ich bin ja nun ein Rentner) ist es nicht auf Anhieb gelungen. Ich habe, im Gegenteil, zunächst eine ziemlich schwierige, zuweilen depressive Phase der Anpassung durchgemacht, von der ich zunächst völlig überrascht worden bin; denn eigentlich war doch alles ganz nach Wunsch verlaufen.

Ich habe meinen Job als Chefredakteur zwei Jahre vor Erreichen der Altersgrenze abgegeben, ohne dazu gedrängt worden zu sein, vielmehr begleitet von lobenden Worten und auch sonst unter überwiegend erfreulichen Umständen. Ich habe die «Zeit danach» ehrlich erleichtert und mit vielen Vorhaben angefangen. Aber bei dem Versuch, meine Schrittgeschwindigkeit dem veränderten Tempo des Alltags anzupassen, bin ich plötzlich ins Stolpern geraten. Und da habe ich mich eine Weile aus dem Verkehr gezogen. Ich versuchte, meine Situation zu analysieren, indem ich sie aufschrieb.

Also gut, ich habe mich getäuscht – damals schon, als ich die Management-Position übernahm. Ich habe eine ganze Menge Konsequenzen bedacht, aber nicht das Ende. Man übernimmt eine solche Position ja auch deshalb, weil man dann nicht nur irgendein guter Mann ist, sondern der Mann, der das Sagen hat. Man denkt an den Erfolg, den man haben muß, und an die Privilegien, die ihn begleiten. Man denkt sicher auch an die Möglichkeit des Scheiterns und empfindet sie als ein erhöhtes Risiko, das man eingehen muß, wenn man das Sagen haben will. Aber wer sieht in dieser Phase schon die Frage voraus, die sich am Ende unweigerlich stellt: Was nun?

Niemand ist auf die abrupte Veränderung des Le-

bensrhythmus wirklich vorbereitet, noch nicht einmal auf die Veränderung des Tagesablaufs. Keiner weiß wirklich, was er jetzt noch tun kann, auch dann nicht, wenn er Pläne gemacht hat. Er hat sie im Zweifel aus der Sicht seiner alten Position gemacht.

Was sich ihm erst mal aufdrängt, ist das Nicht-mehr, also alles das, was als Antwort auf die Frage nach dem «Was nun?» nicht mehr in Betracht kommt. Defizite treten auf und wollen verarbeitet werden. Schwieriger noch ist die Erkenntnis, daß die allermeisten Leute in der eigenen Branche sich offenbar angewöhnt haben, den Menschen mit seiner Funktion zu identifizieren. Das heißt, er ist für sie wichtig gewesen als der Mann, der Entscheidungen trifft, der ja oder nein zu Angeboten sagt, nach dessen Wünschen und Bewertungen man sich also richten muß, wenn man Erfolg haben will. Hat der Mann diese Funktion nicht mehr, dann wird er für viele Leute uninteressant. Und das verbergen sie auch nicht.

Zu den sofort spürbaren Defiziten gehört der Verlust des Apparates, über den man bisher geboten hat und der einen mit der Zeit ziemlich untauglich gemacht hat für eine ganze Menge alltäglicher Verrichtungen. Besonders spürbar ist auch der Informationsverlust, den man sich so kraß, wie er dann eingetreten ist, nicht hat vorstellen können. Man weiß von heute auf morgen nicht mehr, was in dem Laden los ist, den man mal zu verantworten hatte. Was man aber vor allem vermißt, das sind die Wegweisungen des Terminkalenders, der einen durch den Tag, ja durch einen gehörigen Teil des Lebens geführt hat. Solange man aktiv ist, empfindet man das als Diktatur, mindestens als eine Form von Fremdbestimmung. Nach dem Verlust der Funktion aber erscheinen solche Vorgaben eher wie Halteseile, deren Fehlen große Unsicherheit auslöst. Die Anbindung des Tagesablaufs, ja des Lebenslaufs, an Pflichten, deren Wichtigkeit niemand bezweifeln kann, hat große Vorteile. Und die Tatsache, daß man Freizeit oder gar Zeit für Erholung unter einem Berg pflichtgemäßer Verrichtungen regelrecht freischaufeln muß, wertet die freie Zeit eher auf und bestimmt bis zu einem gewissen Grad den besonders pfleglichen Umgang mit ihr.

Wenn es wahr ist – und ich weiß jetzt: es ist wahr –, daß man gerade in führenden Funktionen sozusagen gelebt wird, dann ist auch wahr, daß man es regelrecht verlernen kann, sich den Tag, und in der Addition vieler Tage: das Leben, selber einzuteilen. Ich mache an mir die Entdeckung, daß ich verlernt habe, etwas allein für mich zu tun. Ich hätte jetzt die lang vermißte Muße, mich hinzusetzen und ein Buch zu lesen, und das auch schon am Vormittag. Aber ich kann es einfach nicht. Ich werde ständig aufgeschreckt und abgelenkt von der offenbar tief eingebrannten Vorstellung, daß ich doch eigentlich etwas tun müßte, etwas «anderes», etwas für den Job. Da muß offenbar wieder eingeübt werden, was mir in langen Jahren der Berufsausübung abhanden gekommen ist.

Meine Situation ist paradox. Objektiv geht es mir gut, subjektiv nicht. Meine Emotionen sind schwankend und verraten Unsicherheit. Ich finde die neue, meiner Situation angemessene Schrittgeschwindigkeit nicht. Ich komme mir vor wie ein Reisender, der auf einem dieser langen Laufbänder, die es in den Flughäfen gibt, mit je einer schweren Tasche rechts und links eilig ausgeschritten ist und dem am Ende des Laufbands auch noch die Taschen abgenommen werden. Ich muß trippeln, um nicht zu fallen.

Diese Darstellung eines «Pensionierungsschocks» mag untypisch sein, auch weil der Vorgang selber jeglicher Dramatik entbehrt. Denn ich bin ja freiwillig, sogar gern gegangen und nicht durch einen mehr oder minder erzwungenen Rücktritt im Gefolge eines Fehlverhaltens vom Arbeitsleben getrennt worden – wie zum Beispiel der ehemalige Vorsitzende der Gewerkschaft IG Metall, Franz Steinkühler, oder der ehemalige schleswig-holsteinische Ministerpräsident und Kanzlerkandidat der SPD, Björn Engholm.

Dieser will die «Krise», die er damals erlebt hat, zwar niedriger hängen: «Da ist diesmal eben ein Politiker von ganz oben nach ganz unten durchgerutscht.» Aber der Verlust des Apparats, «das Wegfallen der Sekretärin ist eine Katastrophe. Bei mir stapeln sich Briefe, ich bin im Verzug mit Antworten. Alles muß man plötzlich selbst tun.» Und das hat er wohl nicht mehr gekonnt, jedenfalls nicht lange ausgehalten. Steinkühler hingegen macht keinen Hehl daraus, daß es ihn viel härter erwischt hat: «Der Rücktritt war noch einfach, der war kopfgesteuert. Doch dann kam das tiefe schwarze Loch. Man steht neben sich und beobachtet sich selbst. Man kann nachts nicht mehr schlafen und zermartert sich das Gehirn, wie das alles gekommen ist, fragt sich: Was wäre, wenn? Man kann diese unsinnige Frage eine Zeitlang nicht abschalten. Ich nahm in kürzester Zeit mehrere Kilo ab. Morgens steht man um sechs auf und frühstückt genauso hastig wie früher, obwohl man mit einem Mal ewig Zeit hat. Die Tage sind nicht mehr strukturiert. Der Montag ist wie der Dienstag...»

Loslassen ist keine leichte Übung, Scheiden tut weh. Auch die kleinen Tode des Abschiednehmens möchten die Betroffenen am liebsten verdrängen. Nicht viele haben die Chance, ein schmerzliches Lebewohl mit großer Geste Ereignis werden zu lassen – wie der ehemalige US-Präsident Ronald Reagan zum Beispiel, der dem amerikanischen Volk in einem Abschiedsbrief seine Alzheimer-Erkrankung mitgeteilt hat, um so dieser tödlichen Krankheit mehr öffentliche Beachtung und sich selber einen erinnerungswürdigen Abgang zu verschaffen: «Ich trete nun die Reise an, die mich in den Sonnenuntergang meines Lebens führt. Ich weiß, daß für Amerika immer wieder ein neuer heller Tag anbrechen wird.» Aber nicht für Ronald Reagan. Sein Biograph, den er schon seit Mitte 1994 nicht mehr erkannt hat, sagt, daß «ein Schneesturm seinen Geist tüncht».

Christoph von Dohnányi, erfolgreicher deutscher Dirigent des amerikanischen Cleveland Orchestra, hat einem Interviewer gesagt, er wolle am Ende seines Cleveland-Vertrags, dann über 70 Jahre alt, nur noch «ganz wenig» machen, falls er gesund bleibe. «Aber es ist ein Syndrom der Todesbereitschaft, wenn man aufhört zu arbeiten.» Aufhören ist für Dohnányi eine Frage des Übergangs, der richtigen Dosierung. «Aufhören müssen ist, glaube ich, schlimm, und deswegen muß man aufhören zu einer Zeit, wo man noch nicht muß.»

Nur solchen Menschen fällt loslassen leicht, die sich gar nicht erst festhalten, jedenfalls nicht so fest, daß eine Trennung sie verletzen könnte. Sogar das mag für manche erlernbar sein. Der Jesuitenpater, Psychotherapeut und Managertrainer Rupert Lay jedenfalls formuliert das Lernziel so: «Ich will lehren, Abschied zu nehmen. Das bedeutet auch, daß man sich auf einen anderen Menschen nicht so einläßt, daß man von ihm besessen wird.» Solange nämlich Besitz und Besessenwerden eine Rolle spielen, suche der Mensch eine «Heimat», und das wiederum bedeute, «daß man sich auch haben lassen will – wo auch immer, bei Dingen oder Menschen, man diese Geborgenheit dann findet».

Einer, den Rupert Lay darin bestärkt hat, sich nicht haben lassen zu wollen, ist Hans Detlev Becker, ehemaliger Chefredakteur und dann langjähriger Verlagsdirektor des Nachrichtenmagazins *Der Spiegel*. An seinem letzten Arbeitstag dort, dem 6. Dezember 1982, verließ er das *Spiegel*-Haus ohne Abschied durch die Tiefgarage und kehrte, mit der einzigen Ausnahme einer Gesellschafterversammlung, nicht mehr dorthin zurück. Er hat seither auch keinen *Spiegel* mehr in die Hand genommen und zitiert zur Begründung einen Spruch von Ringelnatz: «Abgeschnittene Kinderlöckchen werden nimmer grau.» Will sagen: «Alles soll in meiner Erinnerung bleiben, wie es war, und nicht durch neue Eindrücke ausgebombt werden.»

In diesen Darstellungen des Abschieds von der Arbeitswelt wird der Lebenspartner überhaupt nicht erwähnt. Das ist seltsam, denn oft genug entscheidet der Zustand einer Ehe oder einer Partnerschaft über Gelingen oder Mißlingen des Übergangs in die dritte Lebensphase. Die neue Zielansprache muß den Lebenspartner einschließen. In dem sich drastisch verändernden Alltag muß abermals danach gefragt werden, ob die vitalen Bedürfnisse beider Partner einer Lebensgemeinschaft noch gleichgewichtig befriedigt werden, oder ob nun vielleicht einer zu Lasten des anderen lebt.

Das kann schon damit beginnen, daß der provisorische Finanzplan der Realität nicht standhält, weil fixe Kosten und fällige Beiträge oder Unterhaltszahlungen höher ausfallen als berechnet. Außerdem kommt der Pensionär nicht selten mit einer frischen Verletzung seines Selbstwertgefühls nach Hause und erwartet von seiner Frau ein besonders hohes Maß an verständnisvoller Zuwendung. Die Frau aber, dann meist um die fünfzig, hat vielleicht längst angefangen, sich – wie zuvor ihre Kinder – nach außen zu orientieren, und dabei eine neue Form von Selbständigkeit entdeckt. Da kann es eine veritable Behinderung bedeuten, wenn der Pensionär die meiste Zeit zu Hause sitzt und Zuwendung erwartet. Die wechselseitigen Erwartungen der Partner bleiben freilich auch dann unerfüllt, wenn eine berufstätige Frau weiter arbeiten geht und ihre Büro-Probleme abends vor dem pensionierten Partner ausbreitet, der dafür nicht mehr so viel Interesse hat und obendrein seine gutwillige Tätigkeit als Hausmann nicht gebührend gewürdigt findet.

Eine explorative Untersuchung von 218 Verheirateten in Amerika, die unterschiedlich lange im Ruhestand gelebt haben, bestätigt das. Ist die eheliche Partnerschaft einigermaßen im Gleichgewicht, dann sind auch die Chancen gut, daß beide Eheleute mit dem Beginn der neuen Lebensphase zurechtkommen; fehlt das Gleichgewicht, dann besteht die Gefahr, daß die aufgetretenen Probleme erst mal verdrängt werden. Die Anpassung an den Ruhestand, so Jean Ross-Franklin von der New York State University in Buffalo, geht dieser Untersuchung zufolge in mehreren Phasen vor sich. Drei bis fünf Jahre nach der Pensionierung eines Partners herrscht häufig Verwirrung und Desorganisation; manchmal erst fünf bis zehn Jahre nach der Pensionierung ist eine Reorganisation gelungen und die wechselseitige Zufriedenheit mit dem Ruhestand erreicht.

Aber was heißt hier eigentlich Ruhestand? Der Begriff erlebt einen derart dramatischen Bedeutungswandel, daß man ihn besser gar nicht mehr verwenden sollte. Wer es doch tut, der bewegt sich in einem verminten Gelände voller Kreuzwege und gegenläufiger Interessen und unbeantworteter Fragen.

Der Ruhestand, versehen mit dem Anspruch, Rente zu beziehen, ist eine Errungenschaft der Industriegesellschaft – hierzulande der Bismarckschen Sozialgesetzgebung, wenig mehr als hundert Jahre alt. Rente wird bezahlt, wenn die, auch heute noch so genannte, «Altersgrenze» erreicht ist. Diese Gleichsetzung von Alter und Ruhestand aber ist längst fragwürdig geworden. Die meisten Menschen scheiden heute aus dem Berufsleben, ohne sich alt und arbeitsunfähig zu fühlen. Rund 21 Millionen Rentner und Pensionäre leben in Deutschland, und jedes Jahr kommen 800000 bis 900000 dazu. Der Statistik zufolge haben die Männer dann noch etwa 18 Lebensjahre vor sich, die Frauen etwa 22, also rund ein Viertel ihrer Lebenszeit. Es ist nicht anzunehmen, daß sie diese Zeit ausschließlich als «Alter» betrachten und nur mit «Ausruhen» zubringen, daß sie 15 oder 20 Jahre lang bloß noch die Wahl zwischen Mallorca und dem Schrebergarten haben wollen.

Die jedes Jahr um rund zwei Prozent steigende Lebenserwartung und die ebenfalls länger gewordene Ausbildungsphase haben dazu geführt, daß die Berufstätigkeit nur noch ungefähr die Hälfte der Lebenszeit ausfüllt, nicht selten weniger. Danach entsteht ein biographischer Leerraum, den «Lebensabend» zu nennen mindestens ein Euphemismus wäre. Es handelt sich zunächst einmal um berufsfreie, in der Regel gesellschaftlich funktionslose Lebenszeit. Unter den Bedingungen der Langlebigkeit führt der sogenannte Ruhestand auch nicht unbedingt ins Alter, wohl aber ins Abseits. Der französische Philosoph Jean Baudrillard hat das drastischer formuliert: «Die dem Terrain des Todes abgerungenen Gebiete sind gesellschaftlich verwüstet.»

Aus dem Lebensabend früherer Zeiten ist eine neue Lebensphase, eine Zäsur mitten im Leben geworden. Dennoch gehen so gut wie alle gesellschaftlichen Institutionen von der absurden Annahme aus, die verbleibende Lebenszeit werde mit Nichtstun zugebracht. Allein schon die vielen falschen Töne im Umgang mit den Ruheständlern verraten das. Man entläßt sie stereotyp in den «wohlverdienten Ruhestand», auch wenn sie sich womöglich gar nicht besonders abgerackert haben. Es wird eine kleine Betriebsfeier für sie veranstaltet, ein kleines Präsent überreicht, und die Kollegen machen vielleicht ein Gedicht, etwa von diesem Kaliber: «Nun mußt du nicht mehr hier herein, das ist für dich sehr gut und fein. Du kannst jetzt viel spazierengehn, das ist gesund und auch noch schön. Kannst reisen in die weite Welt, dahin wo es dir gefällt. Zu Hause kannst du auch mal bleiben, mit Hobbys dir die Zeit vertreiben...» Schonung ist die einzige Pflicht, die dem Ruheständler auferlegt wird. Das heißt, er wird auf die eigene Bequemlichkeit, den Konsum und nicht zuletzt auf Ablenkung durch die Medien verwiesen – was der Aufforderung gleichkommt, die Zeit totzuschlagen.

Dies alles: die immer höhere Lebenserwartung, die mangelnde gesellschaftliche Erfahrung mit dem veränderten Lebensabend, die anschwellende Rentner-Lawine, die den Generationenvertrag unter sich zu begraben droht – dies alles läßt eine Verlängerung der Lebensarbeitszeit, mindestens aber einen flexibleren Umgang damit, eigentlich unvermeidlich erscheinen. Als die «Altersgrenze» im Jahr 1913 für Angestellte und im Jahr 1923 für Arbeiter auf 65 Jahre festgesetzt wurde, war sie wohl wirklich eine soziale Errungenschaft. Heute ist sie ein Anachronismus. Norbert Blüm, der Bundesarbeitsminister, spricht denn auch von einer «Pensionierung nach der Methode des Fallbeils».

In Wahrheit beginnt das «Rentenalter» hierzulande schon lange nicht mehr mit 65 Jahren. Bereits zwischen 1960 und 1987 ist das durchschnittliche Abgangsalter deutscher Männer aus dem Beruf von 65 Jahren auf 59 Jahre gesunken. Heute dürfte der Durchschnitt noch niedriger sein. Immer mehr Arbeitnehmer gehen ungefähr zehn Jahre früher «in Rente» als vorgesehen. Deutlich mehr als die Hälfte der Erwerbstätigen (66 Prozent) stellen ihre Rentenanträge heute vorzeitig, im Schnitt mit 53 Jahren, und begründen das überwiegend mit Erkrankungen des Bewegungsapparats und des Kreislaufs, die sie zur Ausübung des Berufs unfähig machten. Für die Wirtschaft wiederum ist nicht nur die «altersselektive Personalpolitik», sondern vor allem die Frührente zu einem wichtigen Instrument der Kostensenkung, der beschleunigten Einführung effizienterer Methoden in der Produktion und der Anpassung an die abnehmende Nachfrage von Arbeitskräften geworden. Die Statistik belegt, daß der Vorruhestand als Instrument des Personalabbaus dramatisch zugenommen hat: 1960 wurden nur 5365 arbeitslose Neurentner registriert, 1993 waren es in ganz Deutschland schon mehr als 100000. Das kann auf die Dauer keine Sozialversicherung aushalten.

Die Konsequenzen dieser Gemengelage für den Übergang in den Ruhestand sind umstritten. Die Gerontologin und zeitweilige Bundesfamilienministerin Ursula Lehr behauptet, die Vorverlegung der sogenannten Altersgrenze dränge die Rentner viel zu früh in eine Randgruppe ab, und eine vorzeitige Zwangspensionierung bedeute für viele ältere Menschen gar «eine spezifische Form der Euthanasie». Dem hält Professor Gerhard Naegele von der Universität Dortmund in seinem Buch *Zwischen Arbeit und Rente* entgegen, die These vom «Pensionstod» müsse als «soziales Märchen» qualifiziert werden, jedenfalls entbehre sie jeder medizinisch-empirischen Grundlage. Tatsächlich existieren Umfragen, denen zufolge zwei Drittel aller Rentner sagen, sie erlebten ihren Ruhestand überwiegend positiv.

Vielleicht kann der Geheimrat Goethe weiterhelfen, der mit dem Altwerden ja nicht übel umzugehen wußte. «Alle Verhältnisse verändern sich», so Goethe über das Alter, «und man muß entweder zu handeln ganz aufhören, oder mit Willen und Bewußtsein das neue Rollenfach übernehmen!»

Wie das neue Rollenfach beschaffen sein soll, das muß ein jeder für sich selber entscheiden. Möglichkeiten gibt es reichlich. Da sind zum Beispiel die Weitermacher, die man vor allem unter den Selbständigen findet und für die es eine «Altersgrenze» gar nicht gibt. Da sind die Anknüpfer, die sich ein neues Betätigungsfeld suchen, in dem sie Kenntnisse aus ihrem Berufsleben gut gebrauchen können. Und da sind die Nachholer, die sich nun endlich den Herzenswunsch erfüllen, den ihre Biographie ihnen schuldig geblieben ist: ein Studium vielleicht oder die Chance, nach eigenem Gusto zu reisen. Überhaupt sind alle jene gut dran, die beizeiten eine sinnstiftende Aufgabe außerhalb der reinen Berufstätigkeit für sich entdeckt haben.

Wer das versäumt hat, kann es nachholen. Die Nachfrage nach den sogenannten Senioren oder «jungen Alten», die noch aktiv sein wollen, ist erstaunlich rege. Man liest darüber immer wieder in den Zeitungen, und zwar keineswegs nur über die berüchtigten Kaffeefahrten oder ähnliche Halsabschneidereien. Es muß ja nicht gleich der Bonner «Senior Experten Service» (SES) sein, eine breitgefächerte, international tätige Initiative von Politik und Wirtschaft, die seit ihrer Gründung vor rund einem Dutzend Jahren ein paar tausend Einsätze in mehr als hundert Ländern geleistet hat, die meisten in Asien. Es gibt auch einen «Friedensdienst der Älteren» mit Sitz in Neuwied am Rhein; es gibt in Hamburg IKARUS, was «Informations- und Kontaktstelle Aktiver Ruhestand» heißt; es gibt KLIMA («Köngener Initiative Leben im Alter»); es gibt hier ein «Rentner-Büro» und dort ein «Frauen-Netzwerk» oder eine Aktion «Gebraucht werden», wo Lebens- und Berufserfahrung alternder Menschen abgefragt und auch angefordert werden können – alles mehr oder minder nach dem Motto: Rollende Steine setzen kein Moos an.

Den «großen Bellheim», von dem wahrscheinlich alle Pensionäre träumen, die mal ein Unternehmen (oder Teile davon) geleitet haben und ihren Nachfolgern nicht so recht trauen, den gibt es wohl nur im Fernsehen. Aber einen kleinen Bellheim gibt es allemal, zum Beispiel die «Aktion Rentner helfen jungen Unternehmern» in Hannover, der in Hamburg «Senioren helfen jungen Unternehmern» und in Stuttgart «Senioren helfen Junioren» gefolgt sind. Dahinter stecken ehemalige Firmenchefs und pensionierte Manager mit zusammen ein paar tausend Jahren Berufserfahrung, die jungen Leuten vornehmlich bei der Existenzgründung beratend zur Verfügung stehen.

Nicht nur der Vollständigkeit halber soll aber auch erwähnt sein, daß der Begriff Altersgrenze zu vielen Chefetagen überhaupt keinen Zutritt hat. Ein Konzern wie Bertelsmann gehört mit der Vorschrift, daß Manager über sechzig dem Vorstand nicht mehr angehören können, noch immer zu den Ausnahmen. In Deutschland gibt es rund zwei Millionen mittelständische Unternehmen, und nur etwa die Hälfte dieser Unternehmen, so eine Studie der Unternehmensberatung Trebag AG, nimmt die Hürde des Generationenwechsels ohne wirtschaftlichen Schaden; die Alten wollen einfach nicht aufhören.

In England ist es überhaupt nicht ungewöhnlich, daß in Verwaltungsräten 80 oder gar 90 Jahre alte Lords sitzen und daß ein Mittsiebziger sogar amtierender Chef ist. Aber auch anderswo gibt es in der Politik und in der Wirtschaft Relikte einer scheinbar an Platon orientierten Gerontokratie, die – sofern sie nicht dynastisch bedingt ist – gern mit der großen Erfahrung und der Altersweisheit der Herrschenden begründet wird. Man könnte von einer Zwei-Klassen-Gesellschaft der Alten sprechen. Mindestens könnte man fragen, woran es denn liege, daß die Altersweisheit und die Lebenserfahrung in führenden Positionen so viel höher bewertet werden als bei schlichten Arbeitnehmern. Die Mächtigen, so scheint es, haben das Loslassen nicht gelernt. Oder sie halten sich an Immanuel Kant, der den alten Knaben wenig Schlaf, kalte Duschen, die konsequente Mißachtung ihrer Gebrechen und auch dies empfohlen hat: «Das Ausfüllen der Zeit durch planmäßig fortschreitende Beschäftigungen ist das einzig sichere Mittel, seines Lebens froh und dabei auch allmählich lebenssatt zu werden.»

Nun müssen «planmäßig fortschreitende Beschäftigungen» ja nicht identisch sein mit Weitermachen. Der Fortschritt kann auch ein Neubeginn sein. Der freilich setzt Loslassen voraus. Es war der jüdische Religionsphilosoph Martin Buber, der dazu den Schlüsselsatz gesagt hat: «Alt sein ist eine herrliche Sache, wenn man nicht verlernt hat, was Anfangen heißt.»

Das ist ein Satz, an den ich mich wohl erinnert habe, als ich auf der Suche nach einer neuen Identitätsbestimmung folgendes in meine Selbstanalyse schrieb: *Eine Möglichkeit ist: Ich verstehe mich wieder als einen Lernenden, aber ohne professionelle Zielsetzung. Ich suche mir ein Thema, einen Wissensbereich, der mich immer schon besonders interessiert hat, von dem ich aber nicht wirklich etwas verstehe, von dem ich nur dilettantische Kenntnisse habe, und studiere diesen Wissensbereich dann sozusagen, aber vor allem um besser Bescheid zu wissen, nicht nur um dieses Wissen professionell einzusetzen. Das ist gewiß eine luxuriöse, aber eben deshalb auch verlockende Vorstellung, und es mag nicht nur Vorbilder, sondern sogar Einrichtungen geben, die das möglich machen.*

Es gibt beides. Aber wer neu anfangen will, muß wieder lernen. In der Tat nehmen viele Alte den Spruch vom lebenslangen Lernen wörtlich. Sie drücken noch einmal die Schulbank, sie strömen förmlich in die Hörsäle. Nach geltendem Gesetz kann jeder, ungeachtet seines Alters, studieren, wenn er die Hochschulreife nachweist. Seit Beginn der achtziger Jahre machen immer mehr ältere Menschen davon Gebrauch; die Zahl der Altstudenten in Deutschland ist 1995 auf 50 000 geschätzt worden. An der Berliner Freien Universität waren 1988 nur 23, an der Technischen Universität nur vier Studierende über 58 Jahre immatrikuliert – inzwischen sind es zehnmal mehr. In Hamburg waren 1994 rund 800 Studenten über 50 Jahre eingeschrieben, an der Frankfurter Universität studierten sogar 1500 «Grauköpfe» – trotz überfüllter Hochschulen fast immer ohne Probleme mit ihren jungen Kommilitonen. Bei den Professoren gelten die alten Studenten ohnehin als besonders hoch motiviert.

Einige Hochschulen bieten inzwischen Vorlesungen und auch spezielle Kurse für Ältere an. In Frankfurt existiert eine «Universität des dritten Lebensalters», die Universität Münster gibt ein eigenes Vorlesungsverzeichnis unter dem Stichwort «Studium im Alter» heraus, und an der Berliner TU ist ein «Modell Ausbildung für nachberufliche Arbeitsbereiche» entstanden, das Frauen und Männern über 45 Jahren ermöglicht, sich in vier Semestern in Ökologie, Ernährung und sozialer Kommunikation für ehrenamtliche Tätigkeiten zu qualifizieren. Die Bonner Volkshochschule hat einen Memoiren-Schreibkurs unter dem Titel «Das ist mein Leben» angeboten. Vergleichbare Angebote gibt es auch in Österreich und in der Schweiz.

Nachweisen müssen die «älteren Semester» mit ihrem Studium ja eigentlich nichts mehr. Die meisten Universitäten lassen sie nur als Gasthörer zu. Aber es gibt durchaus Gegenbeispiele: Der ehemalige Manager eines Lebensmittel-Konzerns, Walter Best, hat nach achtjährigem Studium der Musikwissenschaft mit 74 Jahren seine 300 Seiten starke Doktorarbeit zum Thema «Schumanns Romanzen» vorgelegt. Der ehemalige Prokurist bei Oetker, Peter-Hubertus Pieler, hat sein im Ruhestand begonnenes Studium der Wirtschaftswissenschaften mit 68 Jahren durch Promotion abgeschlossen. Der Physiker Rudolf Strauss, der als Jude 1938 nach

150

England emigrieren mußte, hat schließlich mit 81 Jahren in München seinen Doktor gemacht. 1994 zählte einer der ältesten Studenten an der Hamburger Uni 75 Lenze; seinen Magister hatte er längst in der Tasche. Das sind natürlich Ausnahmen. Für die meisten ist das späte Studium ein Lebenselixier, das ihr Gemütsleben glättet, oder auch eine Massagekur für ihr Selbstbewußtsein.

Begabungen und Fähigkeiten, die das Berufsleben zugeschüttet hat, zu erproben und dann auch auszuagieren – das ist ohne Frage eine der begehrtesten Chancen, die berufsfreie Lebenszeit anbieten kann. Warum sonst wohl gäbe es so viele und so gern genutzte Theaterprojekte für Menschen im Rentenalter? Irgendeine Form von «Seniorentheater» existiert in beinah jeder deutschen Großstadt. Als die ehemalige Realschullehrerin Elke Klose, Ex-Frau des früheren Ersten Bürgermeisters von Hamburg, dort Anfang der neunziger Jahre für ihr Altenprojekt an der Hochschule ein Inserat aufgab: «Romeo, 74, sucht Julia für gemeinsames Erleben auf den Brettern, die die Welt bedeuten», war die Reaktion enorm. Auch die Einladung zu einem «Altentheater-Projekt» am Hamburger *Thalia*-Theater brachte über hundert Bühnenbegeisterte zwischen 50 und 80 Jahren auf die Beine. Und das sind keine Einzelfälle. In Frankfurt hat es «Seniorentheater-Tage» gegeben, bei denen Alten-Gruppen aus Berlin, Nürnberg, Hamm und Braunschweig eine Art Festival veranstaltet haben unter dem Motto: «Je oller, je doller.» Ob dieses Motto nun glücklich gewählt ist oder nicht: Es ist gewiß eine Menge ungelebtes Leben, was da nach Darstellung drängt.

Übrigens bin ich selber auch beim Theater gelandet –

nicht als Schauspieler und gewiß nicht auf Dauer, aber mit um so größerem Vergnügen. Ein befreundeter Intendant und Regisseur, dem ich erzählt hatte, daß ich am Beginn meines journalistischen Berufsweges eigentlich Regisseur werden wollte, hat mich gelegentlich hospitieren lassen. Und obwohl ich nie unter einem Mangel an öffentlichen Erwähnungen zu leiden hatte, war ich ungemein stolz darauf, meinen Namen nun im Programmheft unter «Regiehospitanz» kleingedruckt wiederzufinden.

Als die in aller Welt gefeierte Mezzosopranistin Christa Ludwig sich 1993 von der Opernbühne verabschiedete, sagte sie auf die Frage, ob sie denn keine Angst davor habe, sehr bald vergessen zu sein: «Das ist mir völlig egal. Ich freue mich, wenn keiner kommt. Man muß mich nicht kennen, ich kenne mich ja selbst.» Denen, die auf genug Erreichtes zurückblicken, mag es sogar Spaß machen, dem Getümmel auf der aktuellen Szene bloß zuzuschauen. Der Journalist Günter Prinz zum Beispiel, lange Jahre Chef solcher Periodika, die immer wieder am Kiosk Erfolg haben müssen, läßt sich aus dem Ruhestand folgendermaßen vernehmen: «Es ist ein ganz neues Lebensgefühl, nicht vorn im Schützengraben mit einer MP zu stehen und mitzuschießen, sondern in einer Loge zu sitzen und von dort aus alles anzuschauen; zu sehen, wer gewinnt und wer verliert. Denn es wird eine Menge Verlierer geben.»

Gelungen ist der Abschied vom Arbeitsleben also offenbar dann, wenn ein gehöriges Maß an Kontinuität in den persönlichen Lebensumständen erhalten bleibt, gleichzeitig aber negativ besetzte Verpflichtungen verschwinden und neuen, positiv erlebten Ereignissen Platz machen.

Es wäre nicht redlich zu verschweigen, daß dies aber nur gelingen kann, solange die Gesundheit der Ruheständler hinlänglich erhalten bleibt. Denn natürlich sind körperliche Erkrankungen die größten Risiken für die Befindlichkeit besonders eines alternden Menschen. Sie machen ihn anfällig für Depressionen. Mißlingen muß die Anpassung an das «dritte Leben» aber auch dann, wenn man dessen Endlichkeit zu verdrängen sucht. Je besser ein Pensionär weiß, daß die Zeit, die noch bleibt, begrenzt ist, desto wertvoller wird sie ihm. Und desto knapper.

In Amerika hat vor zwei Jahren ein in den Ruhestand getretener Fernsehjournalist von den «CBS Evening News», einem Äquivalent unserer Tagesschau, einigen Erfolg gehabt mit den Notizen, die er sich im ersten Jahr nach seinem Abschied vom Job gemacht hat. *The First Year* heißt das Buch, und darin beschreibt John Mosedale sehr offen, wie es einem in die Jahre gekommenen Journalisten geht, wenn er seine Arbeit nicht mehr hat – nicht immer gut, aber keineswegs schlecht. Genau ein Jahr nach seinem Abschied von CBS hat Mosedale diese Notizen noch einmal gelesen und war einigermaßen verwundert: «Ich bin überrascht zu entdecken, wie beschäftigt ich ein Jahr lang mit Nichtstun war. Ich weiß wirklich nicht, woher ich je die Zeit genommen habe, meinen Lebensunterhalt zu verdienen.»

Weitermachen! heißt die aktuelle Parole. Der Vorruhestand erweist sich, nicht allein wegen der ständig steigenden Lebenserwartung, als eine teure, auf die Dauer unbezahlbare Fehlentwicklung. Nach den Erkenntnissen der Internationalen Arbeits-Organisation ILO werden die Industriestaaten ihren Umgang mit älteren Arbeitnehmern grundsätzlich ändern müssen.

Andernfalls erzeugten sie eine Soziallast, unter der die Industriegesellschaften zusammenbrechen könnten, heißt es im ILO-Jahresbericht 1995. Die Kosten für eine Frühpensionierung sind, diesem Bericht zufolge, zum Beispiel in Frankreich um 75 Prozent höher als die Kosten, die ein Arbeitsloser verursacht, in Großbritannien um 12 Prozent. Und die Jugendarbeitslosigkeit nimmt trotzdem nicht ab; das belegen Untersuchungen in Belgien, Frankreich, Spanien und Großbritannien. Berufsanfänger, so die ILO, hätten oft nicht die nötigen Erfahrungen für die freigewordenen Arbeitsplätze. Sehr oft seien diese Arbeitsplätze einfach gestrichen worden.

Also dann: Bellheim, übernehmen Sie!

Was geschieht, wenn wir sterben

Es braucht ein bißchen Übung, unter den 20 oder 25 Menschen im Raum jene zu erkennen, die schon mal gestorben sind. Man muß ihre Augen sehen, ihre Blicke festhalten, dann spürt man es manchmal: So schaut dich sonst niemand an. Wer dem Tod so nah gekommen ist, der betrachtet die Welt hernach mit anderen Augen.

Es sind neun oder zehn in der Runde, die «das Licht gesehen» haben, dessen alles verändernde Macht sie eigentlich nicht beschreiben können und von dem sie doch immer wieder reden müssen – wie hier zum Beispiel, in einem Gesprächskreis, der sich «support group», also Hilfsgemeinschaft, nennt und mit den Anonymen Alkoholikern verglichen wird, obwohl auch Menschen teilnehmen können, die keine «experiencer» sind, keine eigenen Erfahrungen mit der Todesnähe haben.

Der Raum, wo sie sich einmal im Monat treffen, ist eine von vielen hundert Studierstuben in dem riesig in die romantische New-England-Landschaft geklotzten «Gesundheitszentrum» der Universität von Connecticut, USA, mit unaufgeräumt vollen Bücherregalen, nachlässig abgewischten Tafeln und stark strapazierten Drehstühlen. Nur die Emotionen in diesem Raum sind überhaupt nicht alltäglich – kontrolliert wohl, aber immer am Rande der Eruption und genau auf der Grenze zwischen Lachen und Weinen. Die Dialoge haben häufig den Tonfall einer Vereinsversammlung, aber sie handeln vom Bilde Gottes, wie es diesen Menschen sichtbar geworden ist, und vom Tod, den sie nun nicht mehr fürchten.

Einer, den sie Ted nennen, sagt ohne weitere Vorrede, er habe da neulich ein Lied geschrieben, «When my work is over, when my days are done», und dann singt er a cappella und mit rauher, ungeübter Stimme von getaner Arbeit und vom Ende seiner Tage, das er gelassen erwartet, und alle hören ihm zu, in Tränen manche, aber nicht traurig.

In die kurze Stille nach Teds Gesang sagt eine unauffällige, bislang schweigsame Frau namens Frances, sie wolle der Gruppe jetzt anvertrauen, was sie vor Jahren beim Tod ihrer Mutter aufgeschrieben habe – einer sehr alten, geistig verwirrten Frau. Und was Frances dann vorliest, ist die minuziöse Beschreibung eines friedlichen, fast glücklichen, manchmal visionären Sterbens, adressiert an die Tote selbst, die auf dem Sterbelager vielleicht hat sehen können, wohin ihr letzter Weg sie führen würde.

«Wenn ich versucht habe, deine Hand zu halten oder dich zu küssen», liest Frances, «dann bist du böse geworden und hast gemurmelt: Du machst, daß ich nicht mehr weiß, ob ich gehen oder bleiben soll.» Einmal hat die Sterbende gesagt: «Dieses Sonnenlicht ist so schön.» Aber da war es längst dunkel im Zimmer.

Das Licht. Steve hat den Kopf gehoben an dieser Stelle und Frances unendlich sanft angeschaut, Steve, der Hüne, der mit seinen knapp zwei Metern und reichlich zwei Zentnern vielleicht auch dann auffällig wäre in einer solchen Runde, wenn seine 80 Tätowierungen wenigstens seine Handrücken ausgespart hätten. Rein physisch nämlich ist Steve Price noch immer der «Ledernacken», der Karrieresoldat, der er war, bis er «das Licht gesehen» hat.

Das war im September 1965 in Vietnam, als der damals 21jährige Steve mit seiner US-Marine-Corps-Einheit während der «Operation Harvest Moon» bei Da Nang in einen Hinterhalt und unter Granatwerfer-Feuer des Vietcong geriet. Zwei Granatsplitter drangen in Steves Brust. Er hörte, wie der Sanitäter, der ihm Morphin gespritzt hatte, das Wort «Schock!» rief, und weil er um keinen Preis bewußtlos werden wollte, brüllte er immerzu seine Erkennungsnummer «B 11−34−02». Doch dann sah er plötzlich sein ganzes Leben an sich vorüberziehen. «Ich sah mich als Baby, ich sah, wie mein Vater mich mißhandelt hat», und er sah auch, wie er seinem todkrank im Bett liegenden Großvater 20 Dollar aus der Hosentasche klaute. Niemand zog ihn dafür zur Rechenschaft, aber er selber fühlte sich nun schrecklich schuldig und war deshalb sehr erleichtert, als sein Lebenspanorama endlich vorbei war. «B 11−34−02», brüllte Steve.

Ein Hubschrauber brachte ihn mit anderen Verwundeten aus der Kampfzone, und nachdem er die Nacht in einem Sanitätszelt überlebt hatte, wurde er in ein Lazarett auf den Philippinen geflogen. Dort, während er, schon stark sediert, durch einen langen Korridor aus Backsteinmauern in den Operationssaal gerollt wurde, dort geschah es.

«Plötzlich fühlte ich mich nicht mehr elend», so erzählt Steve Price seine Geschichte, «meine Schmerzen waren weg, ich konnte wieder frei atmen. Ich hatte meinen Körper verlassen, schwebte über mir an der Decke

157

und schaute auf mich hinab. Ich sagte: He, was machst du denn da unten? Es ist Zeit zu gehen. Los, gehen wir!»

Steve wandte sich der Backsteinmauer zu – «und diese Mauer verwandelte sich in Licht, und das Licht war Gott. Es war ein sehr helles weißes Licht, aber es blendete mich nicht. Ich fühlte etwas, das ich als die Liebe einer Mutter beschreiben würde, nur millionenfach stärker. Ich war bei Gott, und es interessierte ihn nicht, was ich alles getan hatte, er hielt mich einfach eine Weile so liebevoll umfangen, wie ich es noch nie erlebt hatte.» Das aber ging vorüber, und Steve fand sich in einer Landschaft mit Bäumen und Blumen wieder, deren Farben kräftiger leuchteten als alle Farben, die er kannte. Durch diese Landschaft floß ein Gewässer, und an dessen anderem Ufer erkannte Steve seinen verstorbenen Großvater im Nachthemd. «Du mußt zurück», sagte der Großvater, «es ist noch nicht deine Zeit.» Aber Steve wollte nicht zurück. Er nahm Anlauf, versuchte, über den Strom zu springen – und erwachte in seinem Krankenbett. Die Operation war vorüber, Steve überlebte. Seine Geschichte freilich wollte ihm keiner glauben.

Knapp drei Jahre später meldete sich Staff Sergeant Steve Price wieder an die Front nach Vietnam. Aber als er seine Männer ins Gefecht führte, entdeckte er, daß er außerstande war, sein M-16-Gewehr abzufeuern, nicht mal zur Verteidigung seines Lebens. Steve vertuschte diese Entdeckung. «Schließlich war ich bei den Marines, und Marines haben gelernt, auf Menschen zu schießen» – nur, er konnte das nicht mehr.

Er überlebte auch dies, wennschon verstört und weiterhin unverstanden, selbst von seiner Frau. Zeitweise trank er zuviel, und nach seiner Entlassung aus der Armee «aus gesundheitlichen Gründen» 1972 machte er sich als Gelegenheitsarbeiter und allzeit bereiter Nothelfer nützlich, auch mal als Totengräber.

Eher zufällig hörte er von dem Bestseller eines jungen Universitätsdozenten namens Dr. Raymond Moody mit dem beunruhigenden Titel *Life after Life* und besorgte sich das Buch. So erst hat Steve Price erfahren, daß er mit seiner Geschichte nicht allein ist; daß es sogar sehr viele Menschen gibt, die Ähnliches erfahren haben, und daß diese Erfahrung auch einen Namen hat: Near-Death Experience (NDE), zu deutsch Nah-Todeserfahrung.

Jener Ray Moody hatte sich schon als Philosophiestudent an der Universität von Virginia mit der abenteuerlichen NDE-Geschichte eines Kollegen von der medizinischen Fakultät, George Ritchie, konfrontiert gesehen; in den siebziger Jahren begann er dann, als Psychiater, ziemlich unsystematisch solche Berichte und Erzählungen von Menschen zu sammeln, die entweder klinisch tot und wiederbelebt worden waren oder lebensbedrohende Gefahren körperlich unversehrt überstanden hatten. Diese Erzählungen waren einander fast immer verblüffend ähnlich – so ähnlich, daß Moody aus den am häufigsten wiederkehrenden Elementen das sozusagen idealtypische Erlebnismodell einer Nah-Todeserfahrung zusammensetzte. Steve Prices Geschichte, zum Beispiel, paßt da gut hinein.

Nun war es mitnichten Moodys Absicht, nach Indizien für ein Weiterleben im Jenseits zu suchen, und er glaubte zunächst auch nicht, solche Beweise erbracht zu haben – aber er wurde so verstanden, sogar von einer Autorität wie der Sterbeforscherin Dr. Elisabeth Kübler-Ross, deren *Interviews mit Sterbenden* bereits 1969

Maßstäbe gesetzt haben. Vor allem aber wurde Moody so «verkauft»; in Deutschland beispielsweise erschien sein Buch unter dem ziemlich unscharfen Titel *Leben nach dem Tod.*

Aber das war nur der Anfang. Zwei Jahrzehnte später gibt es durchaus Beispiele für methodisch einwandfreie, gut dokumentierte Forschung. Angestoßen durch Moody hat Kenneth Ring, Psychologie-Professor an der Universität von Connecticut, in zwei großen Studien mit insgesamt über hundert Betroffenen nicht nur das idealtypische Erlebnismodell, sondern auch die Interpretation der Todesnähe-Erfahrung beträchtlich erweitert. Parallel dazu hat ein Herz-Spezialist, der Kardiologe Dr. Michael B. Sabom, unterstützt durch die psychiatrisch vorgebildete Sozialarbeiterin Sarah Kreutziger, die Krankengeschichten von 87 Patienten dokumentiert, die einen Herzstillstand, ein Koma oder einen Unfall überlebt hatten; 34 davon berichteten über mystische oder außerkörperliche Erlebnisse. Ein Kinderarzt, Dr. Melvin Morse in Seattle, hat von 1978 bis 1983 auf einer Intensivstation 42 Patienten zwischen drei und 16 Jahren behandelt – und «jedes von mir befragte Kind, das einen Herzstillstand hatte, erzählt von solchen Erlebnissen». Der Psychiater Bruce Greyson, damals noch Assistent in Virginia, begann nach der Lektüre von Moodys Buch mit einer intensiven Studie über Todesnähe-Erfahrungen von Menschen, die einen Selbstmordversuch überlebt hatten. Greyson ist, jetzt in Connecticut, auch Initiator und Betreuer jener monatlich sich treffenden «support group» sowie Mitbegründer der 1978 entstandenen «International Association for Near-Death Studies (IANDS)», einer lockeren Forschungsgemeinschaft, die unterdessen etliche hundert Mitglieder hat, auch außerhalb Amerikas. Geforscht wird in England, in Holland – in Deutschland besonders von dem Assistenzarzt am Psychiatrischen Landeskrankenhaus Weinsberg, Michael Schröter-Kunhardt.

Diese Forschungsgemeinschaft nun geht davon aus, daß es weltweit Millionen Menschen gibt, die Todesnähe-Erfahrungen gemacht haben, nämlich ungefähr ein Drittel aller derer, die dem Tod, aus welchem Grund auch immer, schon nah gewesen sind, daß aber längst nicht alle Betroffenen auch darüber sprechen. In den USA haben die Umfrage-Profis von George Gallup 1982 ermittelt, daß 15 Prozent aller Amerikaner nach eigenen Angaben «dem Tod nahe» gewesen sind, von denen sich 34 Prozent an ein ekstatisches oder visionäres Erlebnis erinnern. Gallup hat damals hochgerechnet, daß allein in Amerika wenigstens acht Millionen Betroffene leben. Bedenkt man den Fortschritt der Reanimationstechnik, könnten es sogar mehr geworden sein. Und es sind, das zumindest ist erwiesen, Menschen wie du und ich, ohne Unterschied der Rasse, des Geschlechts, des Alters, des Berufs, der Bildung, auch des Wohnorts – ja sogar, mindestens was den Kern der Erfahrung angeht, auch ohne Unterschied des religiösen Herkommens.

Diesen Kern der Todesnähe-Erfahrung können die Forscher heute einigermaßen beschreiben, auch wenn keine solche Erfahrung der anderen genau gleicht. «Das Erlebnis beginnt mit einem Gefühl wunderbaren Friedens und Wohlbehagens, das sich im weiteren zu überwältigender Freude und Glück steigert», formuliert Kenneth Ring. «In diesem Moment wird der Betroffene sich bewußt, daß er weder Schmerzen noch sonst irgendwelche Körperempfindungen hat. Alles ist still. Das mag ihm den Eindruck vermitteln, daß er gerade stirbt oder bereits tot ist.» Dann hört dieser Mensch vielleicht ein summendes oder sirrendes Geräusch, als ob ein Wind wehte, und stellt plötzlich fest, daß er von einem erhöhten Punkt aus auf seinen physischen Körper herabschauen kann. Er nimmt wahr, was um ihn herum getan und gesprochen wird, empfindet es als sehr real und kann es später präzise und oft mit nachprüfbaren Details beschreiben. Selbst Blinde haben in diesem Stadium schon verifizierbare optische Wahrnehmungen gemacht.

Michael Sabom, der Kardiologe, hat ermittelt, daß etliche seiner Herzattacke-Patienten, die ein «außerkörperliches Erlebnis» hatten, die Vorgänge während ihrer Wiederbelebung später sehr präzise beschreiben konnten. Sabom knüpft daran die Frage, ob die Todesnähe-Krise wohl «eine vorübergehende Abspaltung des Geistes vom Gehirn» auslösen könne – eine Frage, die ebenso offen bleibt wie jene nach der Gestalt des «anderen» Körpers, in dem der «Geist» sich während einer solchen «Out-of-Body-Experience» (OBE) offenbar befindet.

Während also der – in tiefer Bewußtlosigkeit liegende – Mensch sein körperliches Umfeld weiter wahrnimmt, «wird er sich zugleich einer ‹anderen Realität› bewußt, in die er sich hineingezogen fühlt», so Kenneth Ring. «Er treibt auf eine dunkle Leere oder einen Tunnel zu und hat das Gefühl zu schweben.» In dieser Sphäre des Übergangs ereignet sich, jedenfalls in Rings Darstellung, eine Bestandsaufnahme, zu der «ein Wesen» auffordert, das nicht zu sehen, nur zu spüren ist, das Bilder aus der Vergangenheit wie einen «Lebensfilm» abruft und auch die Alternativen präsentiert, die sich an der Schwelle vom Leben zum Tod bieten: weiter in die Er-

162

fahrung vorzudringen oder ins irdische Leben zurückzukehren.

Kenneth Ring nennt dieses Stadium eine «Entscheidungskrise», die manchmal erst später, manchmal gar nicht stattfindet. Im letztgenannten Fall geht die Erfahrung weiter; man schwebt «durch die dunkle Leere, auf ein strahlendes, goldenes Licht zu, das Gefühle von Liebe, Wärme und absoluter Anerkennung vermittelt»; oder es tut sich eine «Welt des Lichts» von übernatürlicher Schönheit auf. Dort trifft der Mensch vielleicht mit Verstorbenen zusammen, die er geliebt hat – bis er «erfährt, daß die Zeit für ihn selber noch nicht gekommen ist und er ins Leben zurück muß».

Ob dieser Mensch nun «freiwillig» zurückkehrt, weil er sich Sorgen um die Seinen macht, oder (wie meistens) gegen seinen Willen auf «höheren Befehl», ob er allmählich erwacht oder mit einem schmerzhaften Ruck «wiedereintritt» in seinen Körper – zurück muß er. Woher auch immer diese Menschen zurückkehren mögen: jenes «unentdeckte Land, von des Bezirk kein Wandrer wiederkehrt», über das Hamlet spricht, kann es nicht sein; wohl auch nicht das «weite Reich der Weltennacht», in dem Richard Wagners Tristan weilte, über das er aber nicht reden will. Denn der Tod liegt ja eben «jenseits des Punktes, von dem aus irgendwer zurückkehren kann, um uns irgend etwas zu erzählen», wie die englische Fachzeitschrift *Lancet* treffend bemerkt. Die Frage sei allenfalls, *wie nah* die Zurückgekehrten dem Tod gewesen seien. Eine verbindliche Antwort darauf kann es schwerlich geben. Man wird sich mit der Annahme zufriedengeben müssen, daß die Todesnähe-Erfahrenen aus jenen Phasen physischen Geschehens zurückkehren, die irgendwo zwischen Kreislaufversagen und irreparabler Schädigung des Gehirns anzusiedeln sind – Lebensphasen sind es allemal.

Für die Betroffenen, die Todesnähe-Erfahrenen, ist dies alles ein Streit um Kaisers Bart. Sie «wissen» ganz einfach, daß sie «tot» waren, und kein Mediziner der Welt, auch kein Psychologe, wird sie davon abbringen. Die NDE-Forscher versuchen das gar nicht erst. Ring und Moody zum Beispiel sehen nur eine «bescheidene Korrelation» zwischen der Nähe zum endgültigen, nicht mehr reversiblen Tod und der Tiefe und Vollständigkeit einer NDE. Jedenfalls kann diese Erfahrung eine offenbarende Begegnung mit dem Tod sein, egal ob sie «nur» im Angesicht des Todes oder unter seinem Zugriff sich ereignet. Menschen, die eine solche Begegnung gehabt haben, sind subjektiv ganz sicher, sozusagen auf Reisen gewesen zu sein in einer Welt jenseits der unseren.

Gewiß ist es die Neugier, die uns auf solche Reisen schickt. Ernst Bloch hat unter dem Titel *Forschende Reise in den Tod* geschrieben: «Die Neugier kann sich bis zu einer Art Forschungs- und Erkenntniswunsch verbessern, sie ist auf den Akt des Sterbens wie auf den einer Enthüllung gespannt.» Und Montaigne hat, nachdem er einmal sehr unsanft aus dem Sattel gestoßen worden und in eine Art Todesnähe geraten war, die Ansicht vertreten, wir könnten zwar nicht bis zum Geheimnis des Todes vordringen, aber «doch in die Nähe gelangen; wir können Erkundungsfahrten unternehmen...»

Und damit ist er seit Jahrtausenden in bester Gesellschaft – nämlich in Gesellschaft der Helden und Heiligen unzähliger Mythen und Legenden der Menschheitsgeschichte. Die amerikanische Religionswissenschaftlerin

164

Carol Zaleski hat den Zusammenhang zwischen modernen Todesnähe-Erlebnissen und überlieferten Jenseitsvisionen in einer ungemein kenntnisreichen Arbeit zur NDE-Thematik bewußt gemacht: «In nahezu allen Kulturen wird von Reisen in andere Welten berichtet, Reisen, auf denen Helden, Schamanen, Propheten, Könige oder normale Sterbliche die Schwelle des Todes überschreiten und mit einer Botschaft für die Lebenden wiederkehren.»

Ein Pionier der christlichen Jenseitsreise ist der heilige Paulus, der in einem seiner Briefe an die Korinther andeutet, den Vorzug eines Besuchs im Himmel genossen zu haben – in dessen Verlauf er das Gelobte Land zu sehen bekam, aber auch an einer Art Führung durch die Stätten der Verdammnis teilzunehmen hatte. Eine regelrechte Fallstudien-Sammlung erscheint erstmals im sechsten Jahrhundert, nämlich im vierten Buch der *Dialoge* von Papst Gregor dem Großen, den Carol Zaleski den Vater der Jenseitsliteratur des christlichen Mittelalters nennt. Im Mittelalter nämlich haben die Jenseitsreisen Hochkonjunktur, und die überlieferten Schilderungen beginnen meistens damit, den Austritt der Seele aus dem Körper zu beschreiben, nachdem beider Zusammenhalt durch Krankheit, Verletzung oder auch Ekstase geschwächt worden ist.

Das eigentlich Bemerkenswerte an solchen Zusammenhängen ist die Ähnlichkeit der historischen Schilderungen mit so manchen Erfahrungen, die von der modernen Forschung zum Kern einer NDE gezählt werden – besonders die Lichterscheinung. Drythelm zum Beispiel, ein frommer Mann aus Northumberland, dessen Vision im achten Jahrhundert aufgezeichnet worden ist, «starb» nach schwerer Krankheit bei Anbruch der

165

Nacht, erwachte zum Schrecken der Trauernden im Morgengrauen wieder und erzählte seiner Frau, daß er von einem Mann mit leuchtendem Angesicht und strahlend heller Kleidung zu vielen glücklichen Menschen geführt worden und dort einem Licht begegnet sei so hell, wie er noch keins gesehen habe; und obwohl er für immer verweilen will, wird er zurückgeschickt – in ein «ganz neues Leben».

Und also wäre das Jenseits, wäre das Leben nach dem Tod, wäre die Unsterblichkeit der menschlichen Seele zu beweisen – oder was sonst beweisen diese Parallelen zwischen jahrhundertealten Visionen und zeitgenössischen Todesnähe-Erfahrungen? Sie beweisen zunächst einmal, «daß wir nicht von unserer mythologischen Vergangenheit zu trennen sind», meint Carol Zaleski; sie sind Hervorbringungen einer imaginativen Kraft, die seit je unser aller Bemühen bestimmt, uns ein Bild vom Tod zu machen. Die zeitgenössischen NDE-Berichte, das findet auch Kenneth Ring, sind so gesehen nichts anderes als «moderne Versionen» der mystischen Lehren über Leben, Tod und Wiederkehr, eingekleidet in die Symbolsprache und die Ausdrucksformen unserer Tage.

Das machen die Unterschiede, die es ebenfalls gibt, noch deutlicher als die Ähnlichkeiten. So fehlt in den modernen Erfahrungen zum Beispiel die Bestrafung. Es gibt darin kein Jüngstes Gericht und auch keine Sünde im hergebrachten Sinne. Der wie im Zeitraffer ablaufende Lebensfilm dient weniger der klassischen Gewissenserforschung als vielmehr dem Versuch, die eigene Biographie besser zu begreifen. Der Stuttgarter Historiker Professor Peter Dinzelbacher, der dieses Phänomen untersucht hat, zieht daraus den Schluß, «daß das Got-

166

tesbild heute wirklich nur mehr den lieben Gott vorstellt, nicht mehr den strafenden und richtenden Gott des Zornes» aus der mittelalterlichen Vorstellungswelt. In den Imaginationen der NDE ist das Universum prinzipiell menschenfreundlich und buchstäblich liebevoll. Unser hedonistisches Jahrhundert, könnte man denken, hat es also geschafft, die Hölle zu verdrängen.

Freilich nicht ganz. Es gibt auch heute noch furchterregende Erfahrungen an der Schwelle des Todes, in denen böse Dämonen statt der Lichtwesen erscheinen und statt der blühenden Landschaften zum Beispiel eine eisige Leere. Aber man weiß noch nicht viel darüber, denn die Forschung befaßt sich nur zögernd damit, und die eher noch zögernder gegebenen Berichte der Betroffenen zeugen oft von großer Verwirrung. Manche empfinden das gesamte NDE-Ereignis, einschließlich der Lichtgestalten, als durchaus bedrohlich. Andere erfahren eine dramatische Veränderung vom höllischen Szenario am Beginn ihrer Vision bis zu den schönen Götterfunken am freudvollen, lichtstarken Ende vor dem «Wiedereintritt». Dies widerfahre vor allem solchen Menschen, vermutet Kenneth Ring, die nicht «loslassen» können, die unter allen Umständen die Kontrolle behalten wollen und sich verzweifelt wehren gegen den drohenden Ichverlust.

Persönliche Befindlichkeiten scheinen überhaupt eine beträchtliche Rolle zu spielen. Der deutsche Schauspieler Curd Jürgens etwa hat dem Autor Jean-Baptiste Delacour erzählt, er habe während seiner zunächst erfolgreichen Bypass-Operation 1967 die Vision eines höllischen Flammenmeers und einer schwarz verschleierten Todesdame gehabt, vor der nur die wunderschöne Erscheinung seiner damaligen Frau Simone ihn habe retten können; in Jürgens' Autobiographie, die nach der Trennung von Simone geschrieben ist, kommt dann zwar die Operation noch vor, aber nicht mehr die Vision.

Was Wunder, daß die NDE-Forscher Probleme haben, sich über die Häufigkeit der negativen Erfahrungen zu verständigen: die Schätzungen reichen von einem Prozent bis zu einem Drittel aller bekannten Fälle. Es können aber auch mehr sein. Zu den Forschern, die das glauben, zählt die amtierende Präsidentin jener Forschungsgemeinschaft IANDS, Nancy Evans Bush, die zusammen mit Bruce Greyson speziell an diesem Thema gearbeitet hat. Nancy Bush ist eine ungemein milde Dame mittleren Alters; aber ihre Art, einen Gesprächspartner anzuschauen und anzureden, läßt keinerlei Zweifel daran, daß sie nur zu genau weiß, wovon sie redet.

Sie war 28 Jahre alt und hatte noch nie etwas von Todesnähe-Erfahrungen gehört, als sie sich während der äußerst komplizierten Geburt ihres zweiten Kindes plötzlich «wie ein Astronaut ohne Raumschiff» im leeren, dunklen Raum wiederfand und mit einer Gruppe von schwarzen und weißen Kreisen konfrontiert sah, die mit einem klickenden Geräusch die Farben wechselten, von Schwarz zu Weiß, von Weiß zu Schwarz, und ihr mit diesem mechanistischen Morsen einhämmerten: Die Welt hat nie existiert. Du hast nie existiert. Du hast dir das alles nur vorstellen dürfen. Aber da ist nichts, und da war nie was. Es ist alles nur ein Witz...

Sechs Jahre später erst hat Nancy Bush die schwarzen und weißen Kreise wiedergefunden, in C. G. Jungs Buch *Der Mensch und seine Symbole*: als die bekannten Symbole zweier uralter Begriffe der chinesischen

Philosophie namens Yin und Yang. Vielleicht, sagt sie heute, sind viele Schwierigkeiten, die wir mit dem Verständnis der Todesnähe-Erfahrungen haben, überhaupt Probleme unserer Metaphorik. Feuer, zum Beispiel, kann vernichten, aber auch reinigen. Der Interpretation der Hölle sind metaphorisch ohnehin keine Grenzen gesetzt. «Die Hölle, das sind die anderen», findet Sartre. Und auch das Schöne, sagt Rainer Maria Rilke, «ist nichts als des Schrecklichen Anfang... Ein jeder Engel ist schrecklich.»

Oder es handelt sich um Projektionen des eigenen Bewußtseins, um Spiegelbilder des Selbst. Das jedenfalls legen die buddhistischen Lehren des *Tibetanischen Totenbuchs* nahe, das ein äußerst detailgenauer Wegweiser durch die Zwischenstadien, die Bardos, ist, die der Abgeschiedene auf dem Weg zur Wiedergeburt oder ins Nirwana durchlaufen muß. Die Bardo-Wegweisungen müssen den just Verstorbenen vorgelesen werden, damit diese die strahlenden Lichter und die rasenden wie die friedfertigen Götter, denen sie begegnen werden, «als die Spiegelbilder meines eigenen Bewußtseins» erkennen können.

Gewiß aber werden die Erscheinungsformen einer NDE nicht allein von den persönlichen Erfahrungen und Befindlichkeiten der Betroffenen beeinflußt, sie sind auch Produkte einer sozial wie spirituell vorgeprägten Imagination; sie gewinnen Gestalt erst «durch den inneren Dialog zwischen dem Visionär und seiner Kultur» (Zaleski). Die subjektiven Empfindungen sind im Grunde gleich oder mindestens ähnlich, die kulturelle Überformung ist es in der Regel nicht. Was die moderne NDE-Forschung aus anderen Kulturkreisen beisteuern kann, bestätigt dies. Man weiß von Muslimen oder von Buddhisten, die einem «göttlichen» Lichtwesen begegnet sind, aber nur Christen identifizieren es mit Jesus. Von 16 betroffenen Indern, elf Männern und fünf Frauen aus Uttar Pradesh und Rajasthan, hat zum Beispiel keiner den eigenen Körper sehen können, mehrere aber berichten über – ihnen mythologisch geläufige – Todesboten, von denen die Betroffenen «abgeholt» und auch wieder «zurückgebracht» worden sind, nachdem eine Art außerweltlicher Wachhabender verärgert festgestellt hatte, daß es sich offenbar um eine Personenverwechslung handelte.

Die Einkleidung einer Todesnähe-Erfahrung also, ihr Szenario und ihr «Personal», ist ein «kulturelles» Phänomen; der «Körper» aber, der da eingekleidet wird, ist doch wohl ein physisches Ereignis: Ein Mensch gerät an den Rand seiner leiblichen Existenz. Ohne Veränderungen im Bewußtsein dieses Menschen, ohne veränderte oder verändernde Vorgänge im Gehirn also, gäbe es keine Todesnähe-Erfahrung. Auch wenn solche Erfahrungen fast immer als psychische oder spirituelle Ereignisse erlebt werden, haben sie doch einen biologisch zu definierenden Auslöser. Und wenn dies so ist, muß es dafür auch Erklärungen geben – natürliche Erklärungen, vornehmlich medizinische und psychologische.

Natürlich gibt es diese Erklärungen, und sie sind fast alle seriös und plausibel. Das heißt aber auch, daß es die *eine* Erklärung eben nicht gibt, die das gesamte Ereignis verständlich machen und obendrein von allen beteiligten Disziplinen der Wissenschaft akzeptiert werden könnte. Für jede Erklärung gibt es eine Gegenerklärung, und für jeden pathologischen Zustand, der eine NDE verursacht haben könnte, gibt es genug Todesnähe-Erfahrene, die nachweislich nicht davon betroffen waren, und dasselbe gilt für den Einfluß von Drogen, speziell von Anästhetika. Der Streit der Gelehrten füllt mittlerweile dicke Bücher. Sein Fazit läßt sich in einem Satz zusammenfassen: Die Wissenschaft kann – und will – die dokumentierten Erfahrungen in Todesnähe weder bestätigen noch widerlegen.

Was bleibt, sind Fragen – und gerade auf die spannendsten wissen Naturwissenschaftler und auch Philosophen noch immer keine verbindliche Antwort. Wie verhalten sich Körper und Geist, Leib und Seele zueinander? Oder: Wie kommt das Ich ins Gehirn? Was ist überhaupt Bewußtsein und wo findet es physiologisch statt – kann es Bewußtsein auch unabhängig vom materiellen Körper geben, kann es den Tod seines biologischen «Gastgebers» überleben, als eine Art frei beweglicher Software? Und was eigentlich ist Wirklichkeit – am Ende nur eine Interpretation des Gehirns?

Relativ unstrittig ist heute allenfalls, daß eine Todesnähe-Erfahrung bei noch funktionierendem Gehirn stattfindet. Es gibt zahlreiche dokumentierte Fälle, die bereits bei Todesgefahr oder in Todeserwartung eingetreten sind, also nicht erst in der Nähe des Hirntods und bestimmt ohne eine Schädigung des Gehirns, etwa durch Mangel an Sauerstoff.

Gleichwohl ist Sauerstoffmangel eine jener Teilerklärungen, die besonders häufig genannt werden, etwa von dem Neurologen Ernst A. Rodin, der selber im Zustand der Hypoxie glückselige Momente erlebt hat. Solche Erlebnisse lassen sich sogar experimentell herstellen und machen dann manchmal in den Medien Furore – zum Beispiel 1994, als zwei Mediziner vom Universitätsklinikum Rudolf Virchow in Berlin 42 gesunde Jugendliche bis zu 22 Sekunden durch Hyperventilation und Valsalva-Manöver ohnmächtig werden ließen, also eine «akute globale zerebrale Hypoxie» bei ihnen ausgelöst haben wollen. Die Probanden berichteten anschließend von Visionen und Vorstellungen, die den bekannten NDE-Erlebnissen sehr ähnlich waren.

Kaum minder häufig genannt wird die These, es handle sich schlicht um Halluzinationen, hervorgerufen durch Erregungen des zentralen Nervensystems. Solche «Erregungen», darauf verweist besonders nachdrücklich der Psychopharmakologe Ronald Siegel, können viele Ursachen haben: psychedelische Drogen, Anästhetika, Fieber, Erschöpfung, also auch die emotionalen und physiologischen Ereignisse des Sterbeprozesses.

Etliche Hirnforscher sind der Ansicht, daß vom sogenannten limbischen System des Gehirns unter Sauerstoffentzug ebenfalls Halluzinationen ausgehen können – spontane neurale Entladungen des visuellen Cortex (also der Sehrinde des Großhirns) plus gespeicherte Erinnerungsinhalte. Der Gehirnchirurg Wilder Penfield hat schon in den dreißiger Jahren durch elektrische Stimulation bestimmter Stellen im rechten Schläfenlappen und anderswo in der Großhirnrinde NDE-Visionen provozieren können, zum Beispiel Lebensfilm-Bruchstücke und auch außerkörperliche Erlebnisse. Der Psychiater Stanislav Grof wiederum hat durch halluzinogene Drogen (wie LSD) einige Elemente einer NDE ausgelöst. Elisabeth Kübler-Ross berichtet von einem ärztlich überwachten Experiment, bei dem «es mir erlaubt war, meinen Körper zu verlassen», und das «durch iatrogene Mittel in einem Laboratorium in Virginia ausgeführt» wurde. Und der Schriftsteller Saul Bellow, der 1995 mehrere Wochen im Koma lag, hat nach dem Aufwachen erzählt, er habe «ein paar erstaunliche Halluzinationen» gehabt, über die «ich hoffentlich bald schreiben kann».

Weit verbeitet und wenig umstritten ist übrigens die (zum Beispiel von dem Neurophysiologen Daniel Carr geäußerte) Annahme, daß körpereigene Opiate, die Endorphine, am Verlauf einer NDE beteiligt seien, und zwar auf ähnliche Weise wie am sogenannten «runner's high», der berühmten Euphorie des Langstreckenläufers, oder an den euphorischen Empfindungen, von denen Ertrinkende oder Erfrierende oder abgestürzte Bergsteiger nach ihrer Rettung manchmal berichtet haben. Ein nüchterner Praktiker wie Sherwin Nuland, der davor warnt, «aus jedem Sterbeerlebnis ein Jenseitserlebnis zu machen», findet das auch ganz natürlich: «Warum sollte der Schöpfer seine unergründlichen Pläne nicht auf biochemischem Wege verwirklichen?»

Die Liste der Laborversuche und der reduktionistischen Erklärungen ließe sich verlängern – sie ergäbe doch nie das Bild einer vollständigen Todesnähe-Erfahrung. Eines vor allem würde dabei immer fehlen: die moralische Qualität dieser Erfahrung und die verwandelnde Wirkung, die sie fast ausnahmslos auf die Betroffenen hat. Diese Wirkung aber ist von naturwissenschaftlich relevanten Erklärungen gänzlich unabhängig. Auch Liebe lasse sich mit neurochemischen und sozialen Mechanismen erklären, spottet Carol Zaleski, «doch kaum jemand schlägt deshalb ernsthaft vor, die Kenntnis dieser Mechanismen solle den Menschen verbieten, an die Liebe zu glauben und entsprechend zu leben».

Raymond Moody sagt, nach mehr als 20 Jahren psychiatrischen Umgangs mit Todesnähe-Erfahrenen sei ihm noch niemand begegnet, den dieses Erlebnis nicht tiefgreifend verändert hätte, und zwar positiv. In der Tat sind häufig Persönlichkeitsveränderungen festzustellen, die das Ergebnis psychotherapeutischer Bemühungen weit übertreffen. Die innere Religiosität solcher Menschen nimmt zu – nicht unbedingt ihre kirchliche Bindung; ihr fürsorgliches Interesse an den Mitmenschen wird wesentlich intensiver, zugleich aber auch ihr eigenes Lebensgefühl und ihre Wertschätzung der verbleibenden Lebenszeit. So gut wie alle diese Menschen sagen, sie seien nun ganz sicher, daß es noch eine andere als die irdische Existenz, daß es ein Leben nach dem Tod gebe; so gut wie alle diese Menschen versichern, daß sie die Angst vor dem Tod, vor dem Ende ihrer physischen Existenz, völlig verloren hätten. Und wer den Tod nicht mehr fürchtet, der kann das Leben viel gelassener genießen. Auch an Selbstmord denken solche Menschen nicht mehr; wer von ihnen einen Selbstmordversuch hinter sich hat, wiederholt ihn nicht.

Es hat da offenbar so etwas wie eine Bekehrung stattgefunden – wie auf vielen historischen Jenseitsreisen. Der Visionär kehrt mit einer «Mission» zurück, mindestens mit der Überzeugung, im Besitz einer Botschaft zu sein, die es zu verbreiten gelte. Die Bekehrung, von der die moderne Literatur berichtet, ist auch nach Zaleskis Meinung «Ausdruck und Beispiel der allen Berichten zugrunde liegenden pädagogischen Botschaft: Es gibt keinen Grund, sich vor dem Tod zu fürchten». Bereits die intensive Beschäftigung mit solchen Berichten hat, nach einer neuen Untersuchung von Kenneth Ring, die Furcht vor dem Tod deutlich abnehmen lassen. Sterben, so die Botschaft, ist gar nicht so schlimm; es kann sogar wunderschön sein.

174

Das ist die gute Nachricht. Die schlechte ist, daß mit der Rückkehr aus einem todesnahen Erlebnis auch eine Art Kulturschock verbunden ist. Der Wiedereintritt ins irdische Leben kann von den Betroffenen nicht nur physisch, sondern auch mental als äußerst schmerzlich erlebt werden. Die veränderte Persönlichkeit paßt nicht mehr in ihre unveränderten Lebensumstände, also müssen auch diese verändert werden. Selbst Raymond Moody nennt die Todesnähe-Erfahrung heute eine «Entwicklungskrise». Scheidungen sind relativ häufig unter Reanimierten, auch radikale Berufswechsel oder ein aktives Interesse für öffentliche Angelegenheiten. Es gibt sogar welche, die wären am liebsten überhaupt nicht zurückgeholt worden.

Joe Geraci zum Beispiel, ein ehemaliger Polizist um die fünfzig, heute Leiter einer Schulverwaltung in New Britain, Connecticut. Kaum war er nach der Reanimation wieder bei Bewußtsein, wurde er wütend: Warum bloß hatte man ihn weggeholt von dem schönsten Erlebnis, das er jemals hatte?

Wer ihm, ohne ihn zu kennen, auf den langen Korridoren seiner Schule über den Weg läuft, könnte ihn leicht übersehen. Die besonderen Kennzeichen vieler Todesnähe-Erfahrener werden erst im Gespräch erkennbar: diese merkwürdige Mischung aus Traurigkeit und Zuwendung, diese liebenswürdige Melancholie. Manche schauen ihre Gesprächspartner mit einem hingebungsvollen Unverständnis an, als wären diese ihnen anvertraut und doch nicht erreichbar.

Geraci war 1977 während einer postoperativen Komplikation etwa drei Minuten «klinisch tot» und hatte dabei eine ekstatische Lichtvision, an deren Beschreibung er immer wieder verzweifelt. Irgendwie verschmolz er

mit diesem Licht und mit der Liebe, die das Licht war –
aber wie? «Du weißt es einfach. Du bist allwissend. Es
war die Ewigkeit.» Wenn man diese Erfahrung auch nur
annähernd verstehen will, sagt Joe Geraci, muß man
sich lösen von allen biologischen Begriffen. Für ihn war
das ein spirituelles Ereignis – spirituell oder religiös, das
ist ihm egal. Auch die «Mission» ist für einen kritisch
reflektierenden Typ wie Geraci eher die Erkenntnis
eines Wertewandels, verbunden mit der Befürchtung,
diese Erkenntnis nicht vermitteln zu können. Das Problem ist, «bedingungslose Liebe» erfahren zu haben
und damit auf dieser Welt nichts anfangen zu können.
Man liebt auf einmal alle Menschen – aber der Ehepartner, zum Beispiel, findet das ziemlich seltsam und fühlt
sich vernachlässigt.

Joe Geracis Ehe hat dies überlebt. Dennoch waren die
ersten sechs Monate nach seiner Reanimation «die fru-
strierendste Zeit meines Lebens». Er konnte zum Beispiel nicht mehr fernsehen. «Ich mußte ausschalten,
weil es so unecht war. Ich konnte keine Art von Gewalt
mehr sehen, nicht einmal in einem alten Western. Fernsehen war für mich die totale Ignoranz.» Er schaltete ab
oder lief aus dem Zimmer und ließ die Familie vor der
Glotze sitzen.

Irgendwann hat er damit begonnen, das Unbe-
schreibliche in Gedichte zu kleiden. Noch hat niemand
diese Gedichte veröffentlichen wollen; nur eines ist ver-
tont worden, und Geracis Kirchengemeinde singt es
manchmal: «Du hast meinen Körper zurückgeschickt/
ins Leben der Sterblichen/meine Seele hast du behal-
ten/und mein Geist hängt haltlos dazwischen...»

Dieses Dazwischensein ist Joes großes Thema: «The
winter is my spring/the snow is my sea/the cold is my

warmth/the light is me.» Der Winter ist mein Frühling, der Schnee ist mein Meer, die Kälte ist meine Wärme, das Licht bin ich.

Vielleicht sollte Joe Geraci seine ungedruckten Gedichte einmal in Bruce Greysons «support group» vorlesen.

Dort, in dem unaufgeräumten Versammlungsraum, wo die Gruppe sich allmonatlich trifft, hat Frances die Erzählung vom Tod ihrer Mutter nun fast zu Ende gelesen, und noch immer hören alle atemlos zu. Sie lauschen einer jener Totenbett-Visionen, die selten geworden sind, seit wir die Sterbenden eher verstecken als ihnen zuhören. Da spricht – mit Worten, die Frances festgehalten hat – nun wirklich eine Tote; eine Frau, die nicht mehr zurückgekommen ist aus jener anderen Realität, über die sie in der verschlüsselten Sprache der Sterbenden aber noch tagelang hat reden können. Und gewiß sind solche Visionen beweiskräftiger als die Berichte der Reanimierten. Aber nur die Todesnähe-Erfahrenen wissen das wirklich; denn sie können vergleichen.

«Ich bin mir nicht mehr ganz sicher», liest Frances, «aber fast das letzte, was du mir gesagt hast, das hast du gesungen: Row row row your boat gently down the stream... life is just a dream.» Rudere, rudere, rudere dein Boot sanft den Strom hinab... Leben ist nur ein Traum.

Dann verstummt die Sterbende, mit offenen Augen, und Frances redet weiter mit ihr, sucht Kontakt zu ihrem Unbewußten. «Ich hoffe, ich habe dir noch helfen können», sagt sie, oder: «Es ist gut so. Tu, was du tun mußt.» Ein schwacher Laut aus offenem Mund ist die Antwort.

Als Frances geendet hat, bleibt es eine Weile still im

177

Raum. Dann sagt eine junge Frau, eine von den Erfahre-
nen, unter Tränen: «Danke, daß du das vorgelesen
hast.»

«Danke, daß du geweint hast», sagt Frances.

Am Ende nicht allein

Eigentlich war es ja eine Liebesgeschichte. Als Cicely Saunders 1947 David Tasma traf, war sie Ende zwanzig und hatte «seit Jahren danach verlangt, sich zu verlieben und wiedergeliebt zu werden»; das steht in ihrer Biographie. «Endlich war es passiert, aber David hatte Krebs, einen unheilbaren Krebs, und er lag im Sterben.»

Dieser David Tasma hatte den Holocaust im Warschauer Ghetto überlebt, und er war erst 40 Jahre alt. In den letzten zwei Monaten seines Lebens besuchte ihn die ausgebildete Krankenschwester und Sozialarbeiterin Cicely Saunders so oft sie konnte auf der chirurgischen Station eines großen, lauten, voll belegten Londoner Krankenhauses. Die beiden redeten und redeten wider die zerrinnende Zeit; und sie redeten, erinnert sich Cicely Saunders, «schließlich über eine Umgebung, in der David nicht nur Linderung seiner Schmerzen gefunden hätte, sondern auch genug Raum und Zeit, ins reine zu kommen mit einem offenbar unerfüllten und sinnleeren Leben».

Die Idee einer solchen Umgebung gewann Gestalt in diesen Gesprächen, und David Tasma vermachte ihrer Verwirklichung alles Geld, das er hatte: 500 Pfund. Cicely Saunders nennt ihn immer wieder den wahren Begründer von St. Christopher's Hospice, den «Gründungspatienten», obwohl das Haus in Sydenham, einem stillen, bürgerlichen Vorort im Südosten Londons, erst 20 Jahre später seine Tore öffnen konnte. Es ist das Mutterhaus der modernen Hospizbewegung; ein Haus, in dem Sterbende würdig leben können.

Dame Cicely Saunders ist heute Ende siebzig, von der englischen Königin geadelt, auch äußerlich das Inbild einer großen alten Dame. Sie arbeitet immer noch in dem holzgetäfelten, aber lichten Chefzimmer in Sydenham zwischen Büchern, Bildern, viel christlichem Zierat und Bergen von Papier. Und sie zitiert immer wieder zwei Sätze von David Tasma, wenn sie über St. Christopher's und die Hospiz-Idee spricht. «Ich werde ein Fenster in deinem Haus sein», hat er gesagt, und «Ich will nur das, was du im Sinn und was du im Herzen hast.» Für sie und ihre Helfer, sagt Dame Cicely, bedeuten diese Sätze eine Verpflichtung zur bedingungslosen Offenheit im Umgang nicht nur mit den Sterbenden und den Trauernden, sondern auch miteinander; und sie bedeuten das unablässige Bemühen, bestmögliche medizinische Versorgung in den Dienst einer ganz persönlichen Fürsorge zu stellen.

Sterbehilfe also? Nicht in dem Sinne, in dem dieser komplexe Begriff meist in den Medien verwendet wird. Was die Engländerin Saunders begonnen hat und was mit abermals 20 Jahren Verspätung nun auch bei uns allmählich Fuß faßt, ist keine Euthanasie; es sei denn, man verstehe den Begriff ganz wörtlich: als den guten Tod. Hier geht es um Zuwendung, nicht um Zyankali. Hospiz bedeutet Lebenshilfe. Denn hier wird Sterben wieder, was es in Wahrheit immer war: Teil des Lebens, ein Stück Lebenszeit, das letzte und oft das schwerste.

Dem Hospiz in der Pater-Dionysius-Straße des Kölner Vororts Heimersdorf sieht man nicht an, daß es die letzte Station auf jenem Weg ist, den wir Leben nennen. Es ist ein schlichtes zweistöckiges Reihenhaus, und sommers dringen aus dem schmalen Garten dahinter manchmal die Geräusche lebhaften Geplauders. Schwierigkeiten mit der Nachbarschaft hat es denn auch nur gegeben, als die Leute sich darüber zu wundern begannen, daß so oft der Leichenwagen vor der Tür stand. Inzwischen hat man sich daran gewöhnt; die Nachbarn wirken sogar bei Basaren und Straßenfesten zur Hebung der Spendenfreudigkeit mit.

Die langjährige Vorsitzende des Vereins, der dieses Haus finanziell trägt, seit das Startkapital von der Deutschen Krebshilfe aufgebraucht ist, hat dunkle Hautfarbe und war Stewardeß in Malawi, bevor sie einen Deutschen heiratete und in Köln Krankenschwester wurde. Einmal, erinnert sich Schwester Miriam, hatte sie zur Weiberfastnacht eine kleine Karnevalsfeier im Hause geplant, als das Leben einer ihrer Patientinnen plötzlich zu verlöschen begann. Miriam wollte alles absagen, aber die sterbende Frau wollte das nicht; sie kam aus Köln und hatte den Karneval immer geliebt. «Also haben wir Karneval gefeiert», sagt Miriam, «und trotzdem diese Frau begleitet.»

Leben bis zuletzt. Das sollte die Regel sein, ist aber die Ausnahme. Menschen, die unheilbar Kranke ans Ende des Lebens geleiten, die ihnen Lebenshilfe leisten bis zum Tod, Sterbebegleiter also, sind Außenseiter in einer Gesellschaft, die nicht davon ablassen will, den Tod – und mit ihm das Trauern – aus dem alltäglichen Leben zu verbannen. Drum ist die Hospizbewegung auch eine Protestbewegung: gegen die Ausbürgerung des Todes und die Vereinsamung des Sterbens.

Die Heilkunst unserer Tage kann Leben verlängern, und je besser sie das kann, desto mehr Probleme schafft sie damit. Sie «erzeugt» zum Beispiel immer mehr alte, auch chronisch kranke Menschen. Der Tod in jungen Jahren, im 19. Jahrhundert ein geläufiges Schicksal, ist verdrängt worden vom einsamen Sterben im Alter. Noch zu Beginn unseres Jahrhunderts starben weitaus die meisten Menschen an Krankheiten, die in kurzer Zeit zum Tode führten. Jetzt ist das umgekehrt: die meisten Menschen sterben im hohen Alter «nach langer schwerer Krankheit». Die moderne Medizin hat nicht nur das Leben, sie hat auch das Sterben verlängert.

Jahrzehntelang hat die medizinische Wissenschaft ihre neuen Erkenntnisse in die Akutmedizin investiert. Und die funktioniert wie die Feuerwehr. Wenn es irgendwo brennt, rückt sie aus und erstickt die Flammen, oft mit gewaltigem Aufwand. Sind die Flammen gelöscht, zieht die Feuerwehr ab. Für unbewohnbar gewordene Häuser ist sie nicht zuständig. Das heißt, Heilung wird ausschließlich als Sieg über die Krankheit verstanden. Ist solcher Sieg nicht möglich, bleibt der Kranke mit der Niederlage allein. Er ist «austherapiert».

Der schlimme Satz «Wir können nichts mehr für Sie tun», den austherapierte Patienten häufig zu hören bekommen, ist zu begreifen allenfalls als grimmige Maskierung des Versagens, als aggressive Verdrängung der Niederlage. Vielleicht verkraften die Ärzte noch schwerer als die Kranken, daß die Heilkunst heute zwar das Sterben aufhalten kann, aber den Tod noch immer nicht abgeschafft hat. Jedenfalls gibt es Untersuchungen, die darauf hinweisen, daß Ärzte und Pflegekräfte eher mehr Ängste vor Sterben, Tod und Trauer haben als der Durchschnitt ihrer Patienten; daß sie noch schlechter damit umgehen können. «Gelernt» im Wortsinne haben sie es meistens nicht. Sterbehilfe ist kein Bestandteil der ärztlichen Ausbildung.

Vor allem jüngere Krankenhausärzte, das hat der Düsseldorfer Altenpsychiater Eckart Kinzler beobachtet, legten oft ein «hektisches Schutzverhalten» an den Tag; sie verschanzten sich hinter intensivmedizinischen Apparaturen, mit denen sie Todgeweihte am Sterben hindern können, wenigstens während ihrer Dienstzeit. Man müsse «durchhalten bis zur Visite», so zitiert ein Augenzeuge die diensthabende Assistenzärztin auf einer Intensivstation, notfalls auch mit einer weiteren Extraportion Katecholamin, die das Herz des todgeweihten Patienten zum Weiterschlagen zwingt, «damit der Chef nicht glaubt, wir hätten nicht alles versucht».

Nirgends wird der Tod so massiv verdrängt wie dort, wo er sich heute am häufigsten ereignet: im Krankenhaus. Denn Krankenhäuser wollen keine Sterbehäuser sein. Vielmehr versteht sich ein modernes Krankenhaus als Ort des Heilens, der Wiederherstellung; es funktioniert wie ein Reparaturbetrieb der Leistungsgesellschaft. Ein sterbender Mensch wird hier fast zwangsläufig zum Versagenserlebnis, zum Exempel des Mißlingens, zum Ärgernis also, das man am liebsten verbergen möchte. Obendrein stören Sterbende den eingespielten Ablauf des Stationsalltags. Die Ärzte werden wortkarg, die Visiten werden kürzer, und die sowieso meist überlasteten Pflegekräfte können auch an einem Sterbebett nicht länger bleiben als anderswo.

Aus den Aufzeichnungen der Hamburger Nachtschwester Christiane Fokken: «Frau B. konnte zum Glück in ein frei gewordenes Einzelzimmer gebracht werden. Oft mußte ich sterbende Patienten in das

Arzt- oder Behandlungszimmer schieben, um entweder nächtlichen Besuch von Angehörigen zu ermöglichen oder Störungen der Mitpatienten zu vermeiden... Frau B. ist nicht ausreichend mit Schmerzmitteln versorgt. Ich gebe die verordnete Spritze zwei Stunden früher als angeordnet... Wenn ich aus dem Zimmer gehen will, hält sie meine Hand fest, und ich fühle mich grausam, weil ich sie allein lasse. Ich weiß, daß ich bei ihr bleiben sollte, muß aber auch die anderen Kranken versorgen.»

Im Januar 1994 hat die Bundesärztekammer das Sterben in deutschen Krankenhäusern als «meistens menschenunwürdig» bezeichnet. So weit ist es gekommen, und man hat es kommen sehen. Die Medizintechnik habe «zwei Generationen von Menschen und einen ganzen Kulturkreis in eine Krise des Sterbens getrieben», so die amerikanische Autorin Judith Paterson 1987 in der *International Herald Tribune*, nachdem ihr unheilbar krebskranker Vater, der sich lebensverlängernde Maßnahmen doch verbeten hatte, stumm im Griff der Maschinen gestorben war. Und noch ein paar Jahre früher hat Cicely Saunders die These formuliert, daß wir ein menschliches Verhältnis zur eigenen Sterblichkeit überhaupt nicht haben können, solange der Tod tabuisiert wird.

Schwester Christiane Fokken hat versucht, daraus Konsequenzen zu ziehen. Sie hat der klassischen Krankenhauspflege den Rücken gekehrt. Das tun nicht wenige; die im Pflegedienst Tätigen erreichen in diesem Beruf nur selten das Rentenalter, und auch in der hochspezialisierten, etwas besser bezahlten Intensivpflege gibt es viele Berufsflüchtige. Aber Christiane Fokken hat ihren Beruf gar nicht verlassen. Sie hat sich nur einer anderen Medizin zugewandt: der palliativen, der lindernden, «umhüllenden», aber nicht mehr heilenden Medizin, einer Medizin auch für Unheilbare; palliativ kommt von pallium, dem lateinischen Wort für Mantel. Da «lernte ich ein anderes Arbeiten kennen, ohne fertige Rezepte», vor allem aber dies: «Nur wenn wir lernen, den Tod und den Prozeß des Sterbens als einen Teil des Lebens anzunehmen, ist es möglich, den Sterbenden menschlich zu begegnen und selber menschlich zu bleiben.»

Dazu gehört freilich auch der Umgang mit dem Wunsch eines Sterbenskranken, «Schluß zu machen» und dabei Unterstützung zu finden. Denn es läßt sich ja nicht leugnen, daß die Bereitschaft zur Selbsttötung im Angesicht des Todes bei vielen unheilbar Kranken vorhanden, sogar hoch ist, besonders bei Aids-Patienten, aber keineswegs nur bei diesen. Sie hoffen vielleicht, so davonzukommen wie Sandra Paretti: mit einer Walzerdrehung in ein «von Ungeduld funkelndes Finale», in dem der Tod «mein letzter Geliebter» ist. So kokett kann Selbstmord sein.

Es gibt genug andere, schreckliche Beispiele: austherapierte, unterversorgte, ihren unerträglichen Schmerzen ausgelieferte Krebskranke im Endstadium, die nur noch sterben, schnell sterben wollen; und es gibt verzweifelte Angehörige, die der Erfüllung dieses Wunsches irgendwann nicht mehr ausweichen können und dabei zu Straftätern werden, weil sie nichts wissen von moderner Schmerztherapie oder keinen Zugang dazu haben.

Die Hospiz-Helfer sind der festen Überzeugung, daß hinter der Bitte um aktive Sterbehilfe sowieso nur in seltenen Fällen wirklich der Wunsch steht, getötet zu werden. «Ich möchte sterben» könnte doch auch bedeuten, daß der Kranke *so* nicht weiterleben will – mit seinen Schmerzen, seiner Einsamkeit. Es könnte, sagt Cicely Saunders, auch eine andere Formulierung für den Wunsch des kranken Menschen sein, man möge ihn in Frieden ziehen lassen, mindestens nichts unternehmen, was das Lebensende noch weiter hinauszögern würde. Und an der Erfüllung dieses Wunsches müssen Ärzte und Pfleger sich nicht gehindert fühlen, auch nicht durch die juristisch postulierte Strafbarkeit unterlassener Hilfeleistung. Es muß, nein: es darf nicht alles getan werden, was die Medizin heute tun kann.

Die Linderung von Leid auch ohne Lebensverlängerung – genau das will die Palliativmedizin. Wenn die Feuerwehrleute der kurativen Medizin sagen «Wir können nichts mehr für Sie tun» und der Sterbenskranke sich aufgegeben und verlassen fühlt, dann fragen die Palliativmediziner: «Was können wir für Sie tun?» Hospize und Palliativ-Stationen sollen nach der Meinung von Dr. Lutz Hoffmann, Leiter der Onkologie im Allgemeinen Krankenhaus Hamburg-Barmbek, Einrichtungen sein, «in denen spezialisierte Helfer und Ärzte ausprobieren, was für einen Sterbenden getan werden kann, um dann Rezepte und Konzepte weiterzugeben» – und das ist etwas anderes als eine Spezialstation, auf die man Sterbende abschiebt, damit sie den arbeitsteiligen Reparaturbetrieb des Krankenhauses nicht stören.

In Hamburg-Barmbek gibt es eine Palliativ-Station, eine von knapp über 20 in Deutschland, hervorgegangen aus einer Fünf-Betten-Einheit innerhalb der Internistischen Abteilung, mit sieben Pflegern und Schwestern, einer Ärztin und einer Psychologin; auch Christiane Fokken hat hier gearbeitet. Auf dieser Station stirbt niemand einsam, selbst wenn er im Leben am Ende allein gewesen sein sollte. Hier werden auch wieder Rituale möglich, wenigstens in Ansätzen – verdrängte Rituale, die ehedem geholfen haben, mit Tod und Trauer fertig zu werden. Da mag es denn sein, daß ein Pfleger die rechte Hand des sterbenden Menschen hält und die Stationsärztin seine linke, und eine Schwester streichelt seinen Kopf, und zugleich legen die Lebenden einander die freien Arme um die Schultern. Gemeinsam erwarten sie so den Tod, während auf dem Nachttisch eine Kerze brennt.

Keine Lebensverlängerung also. Die letzte Lebenszeit eines Menschen nicht länger, aber leichter zu machen, das kann nur, wer den Schmerz bezwingt. Andauernder Schmerz ist wie ein Gefängnis; am Ende bringt er einen Menschen um seine Würde. Das geschieht häufiger, als es geschehen müßte. Es gibt heute eine wirksame Schmerztherapie. Es gibt die erforderlichen Medikamente, die Opiate und die Opioide; und es gibt Möglichkeiten, sie so zu verabreichen, nämlich beizeiten, also prophylaktisch, nicht erst «bei Bedarf», und sie so genau zu dosieren, daß auch Tumorpatienten im finalen Stadium der Erkrankung schmerzfrei gehalten werden könnten. Tatsächlich aber sterben in Deutschland mindestens 20 Prozent der Krebskranken (und es sterben hier Jahr für Jahr mindestens 200 000 Krebskranke) «unter schweren und schwersten Schmerzen»; so erklären übereinstimmend zwei führende Fachleute, nämlich der Hamburger Onkologe Professor Ulrich R. Kleeberg und der Hannoveraner Schmerzforscher Jürgen Sorge.

Denn Deutschland ist in Sachen Schmerzbekämpfung noch immer ein Entwicklungsland. Das beginnt wohl schon bei der medizinischen Ausbildung. «Eine nach dem heutigen Kenntnisstand mögliche und notwendige Schmerztherapie findet derzeit bei uns nicht statt», schreibt das *Deutsche Ärzteblatt* im Juni 1993. Beim Verbrauch von Morphin rangiert Deutschland im internationalen Vergleich der Weltgesundheitsorganisation WHO am Ende der Liste (nach der Schweiz und Österreich). Den Erkenntnissen des Bundesinstituts für Arzneimittel und Medizinprodukte zufolge sind 1993 in Deutschland 595 Kilogramm Morphin zur Schmerzbekämpfung eingesetzt worden – bei einem weltweiten Verbrauch von zwölf Tonnen im selben Jahr. Jürgen Sorge hat ermittelt, daß Anfang der neunziger Jahre überhaupt nur etwa 20 bis 30 Prozent der niedergelassenen Allgemeinärzte und Internisten solche Analgetika verschrieben haben – Chirurgen und Gynäkologen noch erheblich weniger.

Der entscheidende Grund dafür ist offenbar die Angst vor Strafen und vor der Bürokratie. Morphin etwa kann nur auf speziellen, eigens anzufordernden Rezeptformularen und bei strenger Beachtung der gesetzlichen Vorschriften verordnet werden. Und diese Reglementierungen stehen in demselben Gesetz, mit dem die Rauschgiftkriminalität bekämpft wird, dem sogenannten Betäubungsmittelgesetz, 1929 vom Deutschen Reichstag als «Opiumgesetz» verabschiedet. Zwar ist dieses Gesetz mehrfach novelliert und dabei deutlich liberalisiert worden; aber die Berührungsängste, die es bei vielen Ärzten auslöst, sind geblieben. «Wir sehen bestürzt», hat Professor Kleeberg namens der Deutschen Krebsgesellschaft im August 1992 an das Bonner Gesundheitsministerium geschrieben, «daß der Notstand in der Schmerztherapie... der ‹Bekämpfung des illegalen Rauschgifthandels und anderer Erscheinungsformen der organisierten Kriminalität› untergeordnet wird.» Man könnte so etwas auch Kriminalisierung nennen: der Patient als Süchtiger und der Arzt als Dealer.

Da wirkt offenkundig der alte Mythos Morphium kräftig nach – und auch wieder die deutsche Vergangenheit. Oder warum sonst hat die merkliche Liberalisierung des Betäubungsmittelgesetzes samt der zugehörigen Verordnung in den letzten Jahren an der zurückhaltenden Verschreibungspraxis so wenig geändert und fast gar nichts an dem verbreiteten Einwand, Morphin mache die Menschen doch süchtig? Das ist nicht eben ein durchschlagendes Argument in den Augen eines Sterbenskranken, selbst wenn es wahr wäre.

Schmerztherapie ist ohnehin mehr als Morphium; so einfach wäre Schmerzfreiheit auf die Dauer nicht zu haben. Schmerz ist ein sehr komplexes Problem, ein Problem des ganzen Menschen. «Ich bestehe nur noch aus Schmerz», sagen viele Tumorpatienten. Antwort einer Krebskranken auf die Frage, wo es denn weh tue: «Angefangen hat es in meinem Rücken, aber jetzt ist es so, als wäre alles an mir verkehrt.» Cicely Saunders nennt das den «totalen Schmerz».

Die soziale, vor allem aber die psychische Situation eines kranken Menschen hat erheblichen Einfluß auf die Höhe seiner Schmerzschwelle. Es schmerzt, wenn Ärzte und Pfleger sich allmählich zurückziehen, wenn die Trennung von den Mitmenschen als unabwendbar bewußt wird. Scheiden tut immer weh. Aber besonders schmerzlich ist die Erfahrung, daß der Sterbende nur noch eine einzige, letzte, äußerst begrenzte Chance hat, seine «unerledigten Geschäfte» zu besorgen: einen ebenso alten wie sinnlosen Streit endlich aus der Welt zu schaffen; verschwiegene Kränkungen, verdrängten Groll doch noch zu bekennen; eine vielleicht jahrzehn-

189

telang aufgeschobene Aussprache im letzten Moment zu wagen. Das ist schwer. Aber wer es nicht wenigstens versucht, der kann nicht loslassen; der kann nicht in Frieden sterben.

Ein Menschenleben rückwirkend in Ordnung zu bringen – das kann überhaupt nur in der letzten Lebensphase gelingen. Aber es kann tatsächlich gelingen, denn: «Menschen bewegen sich sehr schnell in der Krise», weiß Cicely Saunders, besonders schnell in dieser letzten. Alle Veränderungen des Bewußtseins, alle Entwicklungen der Psyche werden dramatisch beschleunigt. Auf Ausflüchte kann man sich nicht mehr einlassen. Ein sterbender Mensch hat keine Zeit mehr zu lügen.

Schwester Sieglinde Tretzack vom Hospiz-Verein Erlangen erzählt die Geschichte einer 36 Jahre alten «austherapierten» Frau namens Maria, die vier Kinder hatte, von vier verschiedenen Männern, und sich ans Leben klammerte, weil keiner sich um die Kinder kümmern wollte. Schwester Sieglinde nahm Urlaub, machte sich auf die Suche nach einem Heim, fand auch eines und konnte dessen Heimleiter, einen ehemaligen Kollegen von ihr, dazu bewegen, alle vier Kinder aufzunehmen. Zusammen mit ihm und mit den Kindern ging sie zu Maria und zeigte ihr Bilder des Heims. «Es war eigenartig, zwei Tage später starb Maria. Es war mir möglich, bei ihr zu sein. Sie hat nach dem Besuch der Kinder nicht mehr viel gesagt. Sie war aber auch nicht mehr unruhig. Sie wurde still und müde und ist dann für immer eingeschlafen.»

Aber nicht nur scheiden tut weh, auch Sinnlosigkeit. Und in der letzten Lebensphase wird die so oft bemühte Sinnfrage unausweichlich konkret: Warum ich? Warum jetzt? Was habe ich alles falsch gemacht? Und was ist mein Leben eigentlich wert gewesen? Verdrängung funktioniert nun nicht mehr. Wer keine Antwort weiß, der erfährt die spirituelle Dimension des Schmerzes.

Einer der engagiertesten deutschen Sterbebegleiter, der Mediziner und Psychologe Johann-Christoph Student, Professor an der Evangelischen Fachhochschule Hannover, sagt, dieses schmerzhafte Infragestellen der eigenen Person bedeute «bisweilen auch, zu erleben, wie vertraute religiöse Vorstellungen ihre Tragfähigkeit verlieren und brüchig werden, wenn die schmerzhaft ängstigende Frage nach dem ‹Danach› gestellt wird – oder ist es vielleicht eher die Frage nach dem ‹Davor›? Und worin liegt da überhaupt der Unterschied?»

Es ist schwer, auf solche Fragen zu antworten. Auch Geistliche können das oft nicht, und sie wissen es. «Man kann die Wege Gottes nicht rechtfertigen vor einem Menschen in Agonie», hat John Austin Baker, Canon of Westminster, den Helfern von St. Christopher's einmal gesagt; «selbst Jesus hat sie dann angezweifelt.» Für den biblischen Dulder Hiob war die Quelle seiner Schmerzen zugleich die Quelle seiner Erleuchtung – doch die kam in einem furchtbaren Wirbelwind.

Paul Türks, einer der Begründer des Hospizes «Haus Hörn» in Aachen, ist Priester – ein liebenswürdiger, schütter ergrauter Herr, versehen mit sanfter Energie und einem leisen, aber dennoch rheinischen Humor. Wenn Pfarrer Türks einen sterbenden Menschen begleitet, dann greift auch er, zumindest verbal, nur sehr selten in den religiösen Fundus seines geistlichen Standes. Manchmal redet er überhaupt nicht, ist einfach nur da. «Ich nehme ja an», sagt er, «Christus hätte auch

191

nichts anderes getan als dabeizusitzen und die Hand zu halten.»

Spätestens in diesem Stadium einer Sterbebegleitung spüren die Helfer, daß der Umgang mit dem sterbenden Menschen auch sie selber vielen unbeantworteten Fragen aussetzt; daß «festgefügte Dimensionen von Zeit und Raum sich aufzulösen drohen, Halt gebende religiöse Vorstellungen in Frage gestellt werden», wie Johann-Christoph Student das formuliert. Die Begleiter begegnen den eigenen «unerledigten Geschäften», den eigenen Schwächen; sie geraten an ihre Grenzen. Aber sie entdecken auch, daß sie erst in ihrer Hilflosigkeit einem sterbenden Menschen wirklich nahe kommen: «Nein, wir können es nicht besser. Aber wir brauchen es als Helfer auch nicht besser zu können. Was wir können sollten, ist, ehrlich zu sein und unsere Grenzen zu kennen.»

Und dieses Bekenntnis der eigenen Hilflosigkeit soll den Sterbenden ein Trost sein? Es ist durchaus ein Trost, sagt Paul Türks: «Da sitzt also nun ein leibhaftiger Pfarrer, aber selbst der weiß nicht, warum Gott solche Leiden schickt.» Irgendwann geht es auch gar nicht mehr ums Verstehen, es geht ums Aushalten. Nicht nur die Sterbenden müssen Angst, Ungewißheit, Verzweiflung aushalten. Die Begleiter müssen das auch. So entsteht Nähe. Und mehr als Nähe ist nicht möglich.

Ein amerikanischer Junge, mit 13 Jahren an Krebs gestorben, hat seinen Pflegern noch zu Lebzeiten dies aufgeschrieben: «Gebt Euch selbst die Erlaubnis, fürsorglich zu sein. Das ist alles, wonach wir verlangen. Vielleicht fragen wir nach dem Warum und Wozu, aber wir erwarten gar keine Antwort darauf. Lauft nicht davon. Bleibt da. Alles, was ich wissen will, ist, daß da jemand ist, der meine Hand hält, wenn ich das brauche. Ich habe Angst... Ich bin noch niemals zuvor gestorben.»

Sterbebegleiter müssen keine Therapeuten sein, sie müssen auch nicht immer wissen, was zu tun sei, im Gegenteil: Sie lassen sich führen von den Kranken. «Wenn ein Helfer so genau weiß, was nötig ist, dann werde ich mißtrauisch», bekennt Paul Türks, der sich gern auf einen Spruch aus dem Vokabular der alten Ritterorden beruft: «unsere Herren Kranken, denen wir dienen». Die Kranken wissen am besten, was sie brauchen. «Denn im Grunde ist der Sterbende uns doch stets ein wenig voraus», sagt der Sterbebegleiter Student. «Er geht bereits auf einem Weg, der noch vor uns liegt, und führt uns.»

Das bleibt nicht ohne Folgen für die Begleiter. Die Nähe des Todes verändert sie. Sie erfahren Nähe anders, auch viel intensiver als im täglichen Umgang. Sie erleben eine immense Sensibilisierung, die sie weder definieren noch artikulieren müssen. Im Dialog mit den Kranken entsteht sozusagen eine andere Wellenlänge; es wird «empfangen» und «gesendet» auf Frequenzen, die im Alltag nicht vorkommen. Die verbale Kommunikation verliert beträchtlich an Bedeutung. Nähe ereignet sich buchstäblich im Dasein.

Leicht zu verstehen ist das nicht. Cicely Saunders, die einprägsame Vergleiche mag, erinnert an jene nächtliche Szene im Garten von Gethsemane, wo Jesus in Todesangst seine Jünger bat: «Wachet mit mir!» – für Dame Cicely ein Schlüsselsatz. Andere Sterbebegleiter sagen: «Das definiert sich alles über Beziehung», und meinen wohl Liebe. Paul Türks wiederum zitiert Thomas von Aquins Begriff der Wesensverwandtschaft: «Connaturalität» – auch ein anderes Wort für Liebe.

Das Bewußtsein jedenfalls spielt bei alledem nur eine untergeordnete Rolle. Oder umgekehrt: Bewußtlosigkeit kann solche Nähe nicht verhindern. Die meisten einschlägig forschenden Mediziner gehen heute ohnehin davon aus, daß es totale Bewußtlosigkeit gar nicht gibt. Erst im Tod hat ein Mensch überhaupt keine Reaktionen mehr. In Todesnähe aber, auch im Koma, bleibt seine Wahrnehmung erhalten, mindestens teilweise. Es gibt Berichte erwachter Koma-Patienten, zum Beispiel von dem amerikanischen Chirurgen und Schriftsteller Richard Selzer nach 23 Tagen «Bewußtlosigkeit», die daran kaum noch Zweifel lassen.

Ein deutscher Autor, der sich jahrelang intensiv mit dem Sterben beschäftigt hat, Johann Christoph Hampe, hat einmal versucht, mit den Worten eines Sterbenden Ratschläge für dessen Angehörige zu formulieren, diesen zum Beispiel: «Denke dann nicht, wenn es soweit ist und du hier ratlos an meinem Bett sitzt, daß ich tot sei. Das Leben dauert länger, als die Ärzte sagen. Der Übergang ist langwieriger, als wir bisher wußten. Ich höre alles, was du sagst, auch wenn ich schweige und meine Augen gebrochen scheinen... Ich höre, obwohl ich schweigen muß und nun auch schweigen will.»

Die Sterbebegleiterin Christel Friedrich vom Hospiz-Verein Erlangen berichtet über den Besuch bei einer 86jährigen, partiell gelähmten Frau, die seit sechs Monaten überhaupt nicht mehr auf ihre Umgebung reagiert hatte: «Nach einiger Zeit wollte ich mich mit einem Vaterunser von ihr verabschieden und dabei ihre Hand halten, aber bei ihrer kontraktierten Hand war das nicht möglich, und so legte ich meine Hand auf die ihre. Während ich ganz nahe an ihrem Ohr das Vaterunser betete, spürte ich, wie ihre Hand plötzlich ganz weich und locker wurde, und dann drehte sie die Hand um und hielt die meine sehr kraftvoll fest. An ihrem Gesichtsausdruck hatte sich überhaupt nichts verändert. Lange Zeit später konnte ich meine Hand nur mit Mühe wieder lösen.»

Sterben ist ein Prozeß – aber eben kein kurzer Prozeß. Das *Tibetanische Totenbuch*, eine Anleitung zu religiöser Therapeutik für die letzten Augenblicke und zur Tröstung und Stärkung beim Übergang in ein anderes Leben, enthält Anweisungen an den Sterbenden noch für mehrere Tage nach Eintritt des Atemstillstands. In einem Kommentar zu dieser buddhistischen «Ars moriendi» erklärt der tibetische Meditationsmeister Tschögyam Trungpa dem unterweisenden Sterbebegleiter: «Während du all dies tust, zerfallen die Intelligenz und das Bewußtsein des sterbenden Menschen, aber zugleich entwickelt er eine höhere Bewußtheit des umgebenden Gefühls.»

Und diese höhere Bewußtheit des umgebenden Gefühls schließt die Menschen, die mit dem Sterbenden wachen, keineswegs aus. Sie ist im Gegenteil der Grund dafür, daß Sterbebegleiter fast unisono sagen: Wir bekommen mehr zurück, als wir investieren; die Sterbenden geben uns mehr als wir ihnen. Das heißt, die Begleiter erleben einen Wertewandel, eine Veränderung ihrer Prioritäten. Was nach einer solchen Begleitung noch wichtig ist, unterscheidet sich deutlich von dem, was vorher wichtig war. Man lernt, intensiver zu leben – sogar intensiver zu genießen. Man lernt, daß die Energie, die es gekostet hat, den Tod zu verdrängen, dann dem Leben fehlt. Der Begriff Lebensqualität bekommt eine neue, tiefere Bedeutung. Wer den Tod ausgrenzt, der versäumt ein Stück Leben. Wer aber einen Sterbenden begleitet, der gewinnt dabei nicht selten das Gefühl, «daß ich mehr ich bin».

Die vier Frauen und zwei Männer in reiferen Jahren, die abends im geräumigen Wohnzimmer eines Einfamilienhauses nahe der Hamburger Außenalster bei Kaminfeuer und leichtem italienischem Weißwein beisammen sitzen, könnte auch die Neugier auf familiäre Veränderungen oder auf ein bißchen Klatsch hergeführt haben. Aber sie reden vom Tod, vom Sterben eines Menschen, das sie im Wechsel begleitet haben – und nun begleiten sie einander bei dem Versuch, die Fragen und die Zweifel aufzuarbeiten, die das Ereignis ihnen hinterlassen hat. Sie sind Laien, ehrenamtliche Hospizhelfer, und sie sind auch dann präsent, wenn Kranke ihr Leben daheim zu Ende bringen. Bei manchen Begleitern hinterläßt das offenbar Spuren. Erst neulich, erzählt zum Beispiel die Gastgeberin, habe ihr ein wildfremder Mensch sozusagen en passant seine Leidensgeschichte anvertraut – mit der einzigen Begründung: «Sie sehen so aus, als verstünden Sie das.» Und nun sage ihr Mann, bevor sie zusammen unter Menschen gehen, schon mal vorsichtshalber: «Mach bitte nicht wieder so ein therapeutisches Gesicht!»

Dabei ist auch das ein klassischer Hospizdienst: Hilfe durch Dasein für Vorübergehende. So hat Hospiz angefangen: am Wegesrand, als Obdach für die Mühseligen und Beladenen und als Herberge für die Pilger ins Heilige Land – eine urchristliche Einrichtung, die im vierten Jahrhundert begann und ihren Höhepunkt hatte im Mittelalter. Das Hospiz als Heimstatt für Sterbende erscheint erstmals im 19. Jahrhundert, in Lyon und in Dublin, später dann in London. Diese modernen Hospize «leben aus der Überzeugung und Hoffnung», so formuliert es die «National Hospice Organisation» der USA, «daß sich Patienten und ihre Familien so weit geistig und spirituell auf den Tod vorbereiten können, daß sie bereit sind, ihn anzunehmen».

Das aber ist keine Frage der stationären Betreuung, es geht weit darüber hinaus. In der Tat verstehen sich Hospize nicht zuletzt als Stationen auf dem Weg zur Erfüllung des Wunsches so vieler Kranker, dort zu sterben, wo sie gelebt haben; wenn die schwierigen Voraussetzungen einer Versorgung in den eigenen vier Wänden sich erfüllen lassen, dann gehört auch die Begleitung daheim zur selbstgewählten Aufgabe der Hospizhelfer. Die meisten von ihnen versehen ihren Dienst ohnehin ambulant, also ohne ein festes Haus oder eine spezielle Station, und das auch in jenen Ländern, die zehn- oder zwanzigmal so viele Hospize anzubieten haben wie Deutschland – ein Entwicklungsland auch in diesem Betracht.

Das ist in erster Linie eine Frage der Finanzierung. Während die Palliativ-Stationen in den Krankenhäusern dank staatlicher Fördermittel ganz gut zurechtkommen, sind die Hospizdienste und vor allem die stationären Hospize ganz überwiegend auf Spenden angewiesen. Ohne Privatinitiativen und freiwillige Zuwendungen gäbe es die meisten Hospize gar nicht. Das hat jahrelang auch für die laufenden Kosten der Betreuung sterbender Menschen gegolten. Was die Krankenkassen und die neue staatliche Pflegeversicherung davon schließlich übernehmen, ist seit geraumer Zeit Gegenstand schwieriger Verhandlungen. Die Pflegeversicherung kommt erst ab Juli 1996 auch für die Kosten stationärer Pflege auf, und so lange werden die Debatten über die Höhe des Pflegesatzes samt den Modellversuchen zur Preisermittlung bestimmt noch dauern. Gute Sterbebegleitung ist medizinisch und vor allem personell aufwendig, also teuer, und die Angst vor drohenden Deckungslücken ist weit verbreitet in der Hospizbewegung.

Die Fürsorge der Sterbebegleiter endet ja nicht mit dem Tod des Menschen, den man gepflegt hat; sie gilt genauso den Angehörigen. Denn nicht nur das Sterben bedarf der Begleitung, auch das Trauern.

In der professionellen Umtriebigkeit eines Schwesternzimmers ist normalerweise kein Platz für die Angehörigen der Patienten. Auch das ist anders auf der Hamburg-Barmbeker Palliativstation. Wohl hört das Telefon nicht auf zu klingeln, und jedes blinkende Lämpchen kann einen neuen Notfall signalisieren. Doch für den blassen jungen Mann, der am Tisch von Schwester Monika seiner Trauer und seinem Redefluß freien Lauf lassen darf, ist dieses Zimmer tagelang, nächtelang «mein Zuhause» gewesen, als nebenan seine Frau im Sterben lag. Das ist kaum zwei Wochen her. «Wie hast du's deinem Kind denn nun gesagt, daß die Mutti nicht mehr nach Hause kommt», fragt Schwester Monika, denn sie kennt seit jenen Tagen auch die vier Jahre alte Tochter des jungen Mannes. «In der Badewanne», sagt der und lächelt unsicher, als gewärtige er Tadel oder mindestens Unverständnis. Aber Schwester Monika legt ihm nur den Arm um die Schultern und bleibt ein Weilchen neben ihm stehen. «Ich mach dir jetzt mal einen Kaffee», sagt sie dann.

Den Verlust der Rituale, die den Menschen in früheren Jahrhunderten geholfen haben, ihre Trauer wenigstens auszudrücken, kann weder die palliative Fürsorge noch die Hospizbewegung wettmachen. Ein soziales Comeback des Todes, das auch die Trauerriten zurückbrächte ins Leben der modernen Gesellschaft, werden

198

sie beide so wenig bewirken wie die Wiederkehr der funktionierenden Familien, in denen das Sterben und das Trauern noch ihre festen Plätze hatten. Aber die Hospizbewegung praktiziert den Protest gegen die Unfähigkeit zu trauern. Und sie stellt beharrlich die richtigen Fragen.

St. Christopher's Hospice in Sydenham ist längst auch ein Lehr- und Forschungszentrum, in dem internationale Seminare zum Thema Sterbebegleitung stattfinden. Das jüngste Forschungsprojekt, das Cicely Saunders in Auftrag gegeben hat, fragt nach den spirituellen Bedürfnissen der Sterbenden: Gibt es das noch – die Angst vor den Qualen der Hölle? Oder tröstet der Gedanke an ein Leben nach dem Tod? Was überhaupt kann das sein: ein Trost?

Cicely Saunders hat sich nicht «getröstet» nach David Tasmas Tod, es sei denn mit Arbeit. Doch das Single-Dasein, in dem es wohl Lebensgefährten gibt, aber kaum je auch einen Sterbensgefährten, hat sie gleichfalls nicht gewählt. Sie hat sich, relativ spät im Leben, in die Bilder eines polnischen Malers verliebt – und als sie diesen schließlich kennenlernte, auch in ihn selber. Aber Marian Bohusz-Szyszko war verheiratet und ein gläubiger Katholik. Erst nach dem Tod seiner Frau kamen Cicely Saunders und er wirklich zusammen. Als sie 1980 heirateten, war Dame Cicely einundsechzig, und Marian war neunundsiebzig. Im Frühjahr 1995 ist er gestorben, «vollständig bereit», wie seine Frau sagt.

Und was nennt Cicely Saunders einen guten Tod? Da muß sie nicht lange überlegen: «Wenn einer am Ende sagen kann: Ich bin ich, und es ist gut so.»

So ließe sich auch antworten auf die Frage nach einem guten Leben.

Es ist genug

Was also ist ein gutes Ende? Was ist ein schöner Tod? Was muß geschehen, damit wir ungeheuchelt sagen können, da sei ein Mensch «gut gestorben»?

Die meisten Menschen, wir selber vielleicht auch, denken da zuerst an den «Sekundentod», den der Schweizer Autor Kurt Marti so besungen hat: «wunsch/den jedermann teilt/gebet von gebetlosen auch:/daß der tod uns einst treffe/plötzlich und sanft/von einer sekunde zur andern.» Aber ein solcher Tod ist und bleibt die Ausnahme.

Michel de Montaigne ist so gestorben, nachdem er den Tod ein Leben lang in Gedanken eingekreist und zu ergründen versucht hatte. Er war, in seinem sechzigsten Jahr, nach einem Schlaganfall ans Bett gefesselt und konnte sich nur noch schriftlich verständigen, war aber bei klarem Verstand. Am 13. September 1592 ließ er den Priester holen und die Messe lesen. Bei der Wandlung versuchte er sich aufzurichten, sank zurück und war tot.

Fjodor Dostojewski ist so ähnlich gestorben, den Tod gelassen erwartend. «Weißt du, Anja», sagte er am Morgen seines Todestages im Januar 1881 zu seiner Frau, die im Krankenzimmer genächtigt hatte, «ich bin schon drei Stunden wach und habe die ganze Zeit nachgedacht, und es ist mir gerade klargeworden, daß ich heute sterben werde.» Als Anna Grigorjewna voller Angst widersprach, bat er sie darum, ihm das Neue Testament zu geben, schlug es willkürlich auf und ließ seine Frau daraus vorlesen. Sie las eine Stelle aus dem Matthäus-Evangelium, wo es heißt: «Halte mich nicht zurück!» Dostojewski sagte: «Siehst du, Anja? Das heißt, daß ich sterben muß.» Um halb neun am Abend war er tot.

Aber hat auch Jackie Onassis, verwitwete Kennedy, ein gutes Ende genommen, als sie sich jede lebensverlängernde Therapie ihres unheilbaren, schließlich aggressiv gewordenen Krebsleidens verbat und Vorsorge traf, zu Hause zu sterben? Am 16. Mai 1994, einen Tag nach einem ausgedehnten Spaziergang im New Yorker Central Park mit ihrem Lebensgefährten, ihrer Tochter und ihrem Enkel zwangen gravierende Komplikationen sie dazu, das Krankenhaus aufzusuchen, aber schon zwei Tage später brachten ihre Tochter Caroline und ihr Sohn John Jr. sie auf eigenen Wunsch wieder nach Hause. Dort starb sie am Abend desselben Tages, wie John Jr. den zu Hunderten vor dem Haus ausharrenden Reportern und Passanten am nächsten Morgen verkündete, «umgeben von ihren Freunden und ihren Büchern und den Dingen, die sie liebte. Sie hat es auf ihre eigene Weise getan, und wir alle sind glücklich darüber, denn nun ist sie in Gottes Hand.» Was damit gemeint ist, daß sie «es auf ihre eigene Weise getan» hat, bleibt offen.

Dürfen wir glauben, daß der Freitod von Sandra Paretti, bürgerlich Dr. Irmgard Schneeberger, sie wirklich «mit leichtem Schritt und singendem Herzen auf die große Reise» hat gehen lassen, als die Überdosis Barbiturate zu wirken begann, die ihre Freunde und Begleiter von der Schweizer Sterbehilfe-Vereinigung «Exit» ihr gebracht hatten und die sie in deren Gegenwart eingenommen hatte? Sie hat sich für die «wunderbare

Hilfe» dieser Vereinigung im voraus fast schwärmerisch bedankt; und sie sei, sagen ihre Begleiter, «friedlich entspannt» eingeschlafen. «Ich hatte ein leichtes und schönes Leben», schreibt sie in ihrer selbstverfaßten Todesanzeige.

Längst nicht alle, auch nicht alle Dichter, sind so glücklich. Da habe er nun ein Leben lang auf den Tod zugelebt, soll Matthias Claudius am Ende seines Lebens gesagt haben, aber nun wisse er dennoch nicht, wie alles enden werde.

Weil das Sterben die letzte große Lebensaufgabe des Menschen ist, weil Sterben zum Leben gehört, muß das eine zum anderen passen; sonst kann das Ende nicht gut sein. Der Sekundentod ist vielleicht doch nicht die ideale Lösung. «Obwohl viele hoffen, der Tod möge schnell kommen oder sie im Schlaf überraschen», sagt der Arzt Sherwin Nuland, «stellen wir uns die letzte Stunde unseres Lebens am liebsten als würdevollen Abschluß vor, als Ende bei klarem Bewußtsein, das es uns ermöglicht, die Summe unseres Lebens zu ziehen. So sieht das Ideal aus, wenn nicht der Sprung in eine schmerzfreie Bewußtlosigkeit vorgezogen wird.»

Der Journalist und Schriftsteller Klaus Mehnert hätte dem sicherlich zugestimmt. Er hat seinen Freunden, darunter Ernst Jünger, im Jahr 1984 folgenden, ein Vierteljahr früher geschriebenen, aber erst kurz vor seinem Tod abgesandten Brief geschickt: «Wenn Ihr diesen Brief lest, bin ich nicht mehr unter den Lebenden. Seit dem Sommer 1983, als ein Leberkrebs festgestellt wurde, wußte ich, daß meine Uhr rasch ablief. Hätte ich mich in die Klinik gelegt, wäre es vielleicht möglich gewesen, mein Leben um ein paar Wochen oder auch Monate zu verlängern. Aber ich wollte – soweit dies von mir abhing – mein Leben so zu Ende bringen, wie ich es gelebt hatte.» Mehnert wollte sein letztes Buch *Über die Russen heute* zu Ende bringen und auch alle in diesem Zusammenhang zugesagten Vorträge «landauf landab in der Bundesrepublik» halten. «Jetzt aber geht es zu Ende.»

Kein Mensch kann ein gutes Ende nehmen, wenn er sein Leben auf eine Weise beschließen muß, die mit diesem Leben nichts zu tun hat, die ihm nicht angemessen ist. «Der Tod bleibt sich immer gleich, doch jeder Mensch stirbt seinen eigenen Tod», hat Carson McCullers in *Uhr ohne Zeiger* gleich zu Anfang geschrieben. Das ist nicht nur eine Feststellung, die sich medizinisch belegen ließe, es ist ein Anspruch. Der «eigene Tod» ist etwas, worauf wir hoffen müssen. Rilke hat darum gebetet:

> O Herr, gieb jedem seinen eigenen Tod.
> Das Sterben, das aus jenem Leben geht,
> darin er Liebe hatte, Sinn und Not.

Es gibt zwei Möglichkeiten, dem eigenen Tod einen Sinn zu geben: vom Leben vor dem Tod her und, wenn man daran glauben kann, vom Leben nach dem Tod her.

Offenkundig haben gläubige Menschen, denen Gott als die letzte Wirklichkeit gilt, ein anderes Verhältnis zum Sterben als Ungläubige oder Agnostiker. Denn für sie existiert, wie der Tübinger Theologe Hans Küng das nennt, die «Realdimension Unendlich». Nach christlichem, aber auch nach jüdischem oder muslimischem Glauben stirbt der Mensch nicht in ein Nichts hinein, sondern er wird aufgenommen «in jene ungreifbare und unerfaßbare letzte und erste Wirklichkeit hinein, die jenseits von Raum und Zeit, reine Geistigkeit, die ewige wirklichste Wirklichkeit ist» (Hans Küng). Nicht minder unergründlich, auch nicht minder freudvoll ist die buddhistische Überzeugung vom Erlöschen im Nirwana, von einem Endzustand ohne Leiden, ohne Gier und Verblendung.

«Es wäre ja sehr schön, wenn...», soll Sigmund Freud über das Leben nach dem Tod gesagt haben; und von dem sterbenden Renaissance-Dichter und Arzt François Rabelais ist der Spruch überliefert: «Ich gehe also, das große Vielleicht zu sehen.» Es mag übersinnliche Phänomene geben; Beweise für das ewige Leben gibt es nicht. Aber das Gegenteil ist eben auch nicht zu beweisen: daß mit dem Tod alles aus ist. «Denn wo will jemand durch reine Spekulation der Vernunft die Einsicht hernehmen», hat Immanuel Kant gefragt, «daß es kein höchstes Wesen als Urgrund von allem gebe?» Für ihn war die Unsterblichkeit der Seele ein Postulat der Moral. Für den kritischen Theologen Hans Küng ist das ewige Leben schlicht eine Sache des Vertrauens: «Der Sinn des Daseins vollendet sich in seinem Ende. Der Tod – das große Geheimnis: Kein Verenden, sondern die Vollendung.»

Diese Formulierung kann auch ein Agnostiker unterschreiben, der es vorzieht, den Sinn im Leben vor dem Tod zu suchen: Sterben als sinnvoller Abschluß des Lebens, vielleicht sogar als versöhnende, wiedergutmachende Vollendung – ein gutes Ende, ein schöner Tod. Ist das nicht auch die ursprüngliche Bedeutung des Wortes Euthanasie?

Die war bescheidener: Der gute Tod als gutes, womöglich ehrenhaftes Sterben – so ist das im griechischrömischen Altertum verstanden worden. Im 16. Jahrhundert sprach der englische Staatsmann und Philosoph Francis Bacon dann von «euthanasia medica» als einer ärztlichen Aufgabe im Sinne der Schmerzlinderung beim Sterben. Den ausdrücklichen Wunsch unheilbar Kranker und Sterbender auf Lebensverkürzung hat dann der (1906 von Ernst Haeckel gegründete) freidenkerische Monistenbund formuliert. Dabei ist es im wesentlichen auch geblieben – bis 1920 der Psychiater Alfred E. Hoche und der Strafrechtsprofessor Karl Binding eine nur 62 Seiten schmale Broschüre unter dem Titel *Die Freigabe der Vernichtung lebensunwerten Lebens* auf den Markt brachten. Das vor allem ökonomisch argumentierende, mit dem Sozialdarwinismus liebäugelnde Büchlein fand viel Beachtung. Während Binding offen für die Tötung «unheilbar Blödsinniger» eintrat, steuerte Hoche auf ganzen 17 Druckseiten Begriffe wie «Ballastexistenzen» und «lebensunwertes Leben» bei, die zwei Jahrzehnte später von den Henkersknechten der Nazis unter der falschen Überschrift Euthanasie in Todesurteile umgewandelt wurden.

Es ist diese fluchbeladene Vergangenheit, die eine rationale Euthanasie-Diskussion, wie sie beispielsweise in der englischsprechenden Welt heute durchaus geführt wird, hierzulande verhindert, wenn nicht auf Dauer unmöglich macht. Das müßte nicht so sein, denn natürlich war diese gewaltsame «Euthanasie» auf staatliche Anordnung gar keine Euthanasie, sondern kalter Mord. Es ging den Nazis wahrlich nicht um Hilfe und Linderung für Sterbende.

Darum aber geht es heute, nicht zuletzt in Deutschland. Und deshalb ist es schlimm, daß auch die gebotene Diskussion über Sterbehilfe und Sterbebegleitung mit

allen ihren notwendigen Differenzierungen hierzulande offenbar nicht geführt werden kann – es sei denn
in Form einer hochgradig emotionalisierten Kontroverse, deren intellektuelles Klima die Ideologisierung,
zuweilen sogar die Denunziation ist und die niemandem nützt, bestimmt nicht den leidenden Menschen.
Die gelegentlich zu hörende Behauptung, Euthanasie
sei wegen der auf diesem Begriff lastenden Hypothek in
Sterbehilfe umbenannt worden, ist eine solche Denunziation – zu schweigen von verhetzenden Sentenzen
wie: «Das Publikum will freien Tod für freie Bürger.»
Auf Umfragen sollte man sich dabei nicht verlassen.
Sie sind wohlfeil und ziemlich bedeutungslos, nicht nur
in Deutschland. Man wird in solchen Umfragen immer
eine Mehrheit, so um die 70 oder 80 Prozent, dafür finden, unheilbar kranken und leidenden Menschen Sterbehilfe zu gewähren – aber eben eine Mehrheit relativ
gesunder und meist auch noch relativ junger Menschen, deren Verhältnis zu Leiden und Sterben einigermaßen theoretisch ist. Niemand kann im vorhinein
sagen, wie er sich entscheiden würde, wenn er direkt
betroffen wäre. Es kommt ja durchaus vor, daß ein
Mensch um so mehr am Leben festhält, je schlechter es
ihm geht, je kürzer seine verbleibende Zeit ist. Jedenfalls erscheint es durchaus gerechtfertigt, daß solche de-
moskopisch ermittelten Mehrheiten noch von keinem
Parlament, abgesehen von der Abgeordnetenkammer
im australischen Teilstaat Northern Territory (dem die
Länderparlamente der südlichen Teilstaaten und Victo-
rias folgen sollen), in allgemein gültige Gesetze gefaßt
worden sind.
Zu respektieren hingegen ist die Befürchtung, eine
ernsthafte Erörterung der Euthanasie würde letztlich

dazu führen, daß Menschen getötet werden, die eigentlich leben wollen. Es gibt wohl auch den geheimen Wunsch der Kräftigen, die Schwachen zu beseitigen, den mehr oder weniger erfolgreich verdrängten Gedanken der Gesunden an den Tod der Behinderten, das gelegentlich aufflackernde Verlangen der Jungen nach dem Verschwinden der Alten. Kann sogar sein, daß manche sich fragen, warum eigentlich eine Gesellschaft Opfer bringen solle für das Leben von Menschen, die selbst von ihrem Leben doch «normalerweise» nichts mehr haben können. Cicely Saunders zitiert gern die folgende Zuschrift einer alten Lady an die *Times* aus dem Jahr 1975: «Da die menschliche Natur so ist, wie sie ist, würde Euthanasie nicht lange freiwillig bleiben.» Wer Euthanasie legalisiert, muß in der Tat damit rechnen, daß sie mißbraucht wird.

Aber kein Verantwortlicher in diesem Lande denkt ernsthaft über eine Legalisierung der Euthanasie nach. Und Sterbehilfe – ist auch sie wirklich nichts anderes als eine Erfindung im Dienst der ökonomischen Interessen, ein «wissenschaftlich verbrämtes Plädoyer für den schnellen Tod der Leistungsschwachen», wie der Journalist Oliver Tolmein in seiner Streitschrift über die Ethik auf Abwegen, *Wann ist der Mensch ein Mensch?*, warnend formuliert hat? Eine etablierte Praxis der Sterbehilfe, so fürchtet Tolmein, könnte dazu mißbraucht werden, Menschen zu beseitigen, deren Leid weniger für sie selber als für die Gesellschaft, die ihnen beistehen sollte, unerträglich geworden sei. Also dürfe über Sterbehilfe überhaupt nicht diskutiert werden.

Für Tolmein gehört die sachlich notwendige Abgrenzung der Sterbehilfe von den Verbrechen der Nazis bloß zu den Spielregeln einer prinzipienlosen liberalen Intelligenz, die Ideologiefreiheit mit Geschichtslosigkeit verwechselt. Worauf zum Beispiel Ulrich Greiner in der liberalen *Zeit* erwidert, solche Emotionen nährten sich «aus einer zum bloßen Reflex gewordenen antifaschistischen Tradition. Sie hilft nicht weiter, erzeugt allenfalls ein ideologisches Wohlbefinden.»

Eine heillose Debatte. Eine ihrer Wirkungen ist der in Wahrheit absurde Umstand, daß Sterbehelfer und Sterbebegleiter in diesem Lande nicht zu Verbündeten, sondern zu Gegnern geworden sind; daß sie jedenfalls gesteigerten Wert darauf legen, nicht dasselbe zu wollen, geschweige denn zu tun.

Die Sterbehelfer wollen, daß ein unheilbar kranker Mensch zu einem von ihm selbst zu bestimmenden Zeitpunkt sein Leben beenden kann, sei es durch einen begleiteten Freitod, sei es durch «Tötung auf Verlangen». Das bedeutet keineswegs, daß sie sich dabei auf die Beschaffung und die Verabreichung eines den Tod herbeiführenden Medikaments beschränken wollen. Die allermeisten Sterbehelfer sind durchaus für Pflege und Begleitung der Todkranken, sie wollen aber als letztes verfügbares Mittel, als die Ultima ratio, dem sterbenden Menschen die Möglichkeit anbieten, sich einem Leiden entziehen zu können, das er als unerträglich empfindet. Denn erst dann, so die Argumentation der Sterbehelfer, wenn man weiß, daß man entwürdigenden Qualen entgehen kann, werde man in die Lage versetzt, das Sterben zu ertragen.

Für die Sterbebegleiter hingegen steht der «eigene Tod» am Ende eines Sterbeprozesses, dem durch intensive menschliche Zuwendung und die bestmögliche medizinische Betreuung sein Schrecken genommen worden ist. Sie wollen einem todkranken Menschen dazu verhelfen, sein Sterben als Lebensabschnitt mit eigener Qualität und Würde zu erfahren. Die Sterbebegleiter der Hospizbewegung sind, im Unterschied zu den Sterbehelfern der diversen Vereinigungen für «humanes Sterben», überzeugt davon, daß jede Möglichkeit, ein Leben vorzeitig zu beenden, die Gesellschaft von der Verpflichtung entlaste, den Sterbenden jeden nur möglichen Beistand zu leisten, die Todkranken selber aber mit der Vorstellung bedränge, sie müßten sich davonmachen oder gar abschaffen lassen, weil sie sonst ihren Mitmenschen ungebührlich zur Last fielen.

Bei unvoreingenommener Betrachtung hat dieser Gegensatz etwas Konstruiertes, Künstliches. Oder haben Sterbebegleitung und Sterbehilfe nicht mindestens das Motiv gemeinsam – nämlich «compassion», also den Wunsch, sterbenden Menschen mitfühlend beizustehen? Und wenn eine Schmerztherapie als akzeptabel gelten kann, die im Effekt zur Verkürzung des Lebens führt, kann dann nicht auch «aktive» Sterbehilfe auf Wunsch eines unerträglich leidenden Todkranken zur Ultima ratio der Hospizpflege werden?

Den Bedürfnissen der Betroffenen näher wäre jedenfalls eine Art «Arbeitsteilung» zwischen der Hospizbewegung und den Sterbehelfern. Ein besonders sachkundiger Beobachter und Kommentator, der Journalist Andreas Kuhlmann, hat die Voraussetzungen dafür genannt: «Die Hospizler müßten nur ihren letztlich illiberalen Anspruch aufgeben, auch noch diejenigen fürsorglich zu umarmen, die das Sterben partout nicht in aller Seelenruhe über sich ergehen lassen wollen.» Und die Deutsche Gesellschaft für Humanes Sterben, zum Beispiel, müßte sich «auf ihre ursprüngliche Intention besinnen, allein die Selbstbestimmungsmöglichkeit von schwerkranken Patienten zu stärken, anstatt die Selbsttötung in allen Lebenslagen zu unterstützen». Es finden sich in den «Zielsetzungen der DGHS» auch Postulate wie «die menschliche Zuwendung für sterbende Patienten (Sterbebegleitung)» oder das «Bewahren von Lebensqualität auch am Lebensende», die von der Hospizbewegung nicht anders formuliert werden.

Selbst Cicely Saunders, die Mutter der Hospiz-Bewegung, hat beiden Seiten den guten Rat gegeben, miteinander im Gespräch zu bleiben, «denn schließlich haben beide sinnlosem Schmerz und entpersönlichender Würdelosigkeit den Krieg erklärt, auch wenn unsere Lösungen unterschiedlich sind». Die Differenz zwischen diesen Lösungen, ja selbst die Neigung, diese Differenz ideologisch aufzuladen, ist nicht so bedenklich wie die auf beiden Seiten zuweilen erkennbar werdende Tendenz, das Sterben zu idealisieren, wenn nicht gar zu idyllisieren.

Vielleicht ist es gerade der hohe professionelle Standard der Hospizpflege, also das von Cicely Saunders gesetzte Ziel einer «total care», was den Wahn im Gefolge hat, das Sterben sei, wenn man es nur fachmännisch genug angehe, auf alle Fälle zu bewältigen. Sterben wird «machbar», mindestens kommt es therapeutisch unter Kontrolle. Der Ausbürgerung des Todes durch die Gesellschaft wird der Anspruch auf die totale Integration des Sterbens offensiv entgegengesetzt – auf ein gutes, weil irgendwie wegtherapiertes Ende. Aber der Tod wird immer außerhalb unserer Kontrolle bleiben, immer ein Teil der Natur, die wir bloß ein bißchen manipulieren können.

Reimer Gronemeyer hat diesen Anspruch auf eine

therapeutische Integration des Todes einen «pädagogischen Zugriff auf das Sterben» genannt. Während
Sterben in den Krankenhäusern heute vor allem als Ent-
sorgungsaufgabe begriffen werde, erreiche «die Nar-
kotisierung des Todes» mit der Einführung der professionellen Sterbehilfe eine neue Stufe: «Nicht mehr das
Schmerzmittel allein dämmt den Schrecken des Todes
ein, sondern auch eine spezielle therapeutische Behandlung durch geschultes Personal.» Neben den Sozialarbeiter tritt der «Moribundenarbeiter».

Das klingt nach Denunziation und ist vielleicht auch
so gemeint. Aber wahr ist, daß das Sterben sich nicht
völlig «aneignen» läßt, sondern immer eine Enteignung
sein wird, eine Demütigung durch das Schwinden der
Kräfte und den Verlust der Kontrolle über die Körperlichkeit. Gewiß ist die Sehnsucht groß, einen Sieg über
die manchmal abstoßende Realität zu erringen, die das
Leben in den letzten Zügen eines Menschen haben
kann. Aber ein neuer Mythos von der «Machbarkeit»
des Sterbens brächte uns dem guten Ende nicht näher.

Der wichtigste Bestandteil dieses Mythos wäre wohl
das Ideal eines würdigen Todes – just jenes «Sterben in
Würde», auf das auch die sonst so zerstrittenen Sterbehelfer und Sterbebegleiter sich mühelos verständigen
können. Nur: Gibt es das überhaupt – ein Sterben in
Würde? Kann die medizinische Wissenschaft, kann die
Erfahrung der Ärzte und der Pfleger uns hoffen heißen,
daß sie die Mittel und die Kenntnisse haben, ein Sterben
in Würde zu ermöglichen? Sie kann es nicht. Auch das
nämlich wäre ein Mythos: daß Palliativmediziner und
Hospizpfleger alle Leiden zu lindern vermögen, die in
den fortgeschrittenen Stadien von Krebs- oder Aids-Erkrankungen auftreten können.

Es gibt nicht viele wirklich verläßliche Berichte darüber, wie ein Mensch stirbt. Die Literaten, die das Sterben oft beschreiben, haben es selten oder gar nicht gesehen, und bei den Ärzten und den Pflegern ist es genau umgekehrt. Viele Menschen, die dem Sterben in sehr persönlichen Konstellationen einmal oder zweimal begegnet sind, neigen dazu, die emotional belastenden Einzelheiten zu verdrängen. Selbst die Sterbebegleiter, die sonst um gefühlvolle Schilderungen der Begleitumstände nicht verlegen sind, werden erstaunlich wortkarg, wenn es um den eigentlichen Sterbevorgang geht. Einzelheiten werden fast nie mitgeteilt.

Sherwin Nuland ist da eine Ausnahme. Er leugnet zum Beispiel nicht, daß ihm als jungem Mediziner bei dem ersten Herzpatienten, der unter seinen Händen starb, etwas widerfahren ist, «das mich vor Grausen erstarren ließ». Der tote Patient, dessen Brustkorb Nuland geöffnet hatte in dem vergeblichen Versuch, das «flimmernde» Herz durch Massage wieder zum Schlagen zu bringen, «warf noch einmal den Kopf nach hinten, die glasigen toten Augen mit stierem Blick an die Decke gerichtet, und schickte einen keuchenden Laut wie das Bellen des Höllenhundes zum fernen Himmel». Erst später machte der junge Arzt sich klar, daß dies das oft genannte «Todesröcheln» war, keine Ausnahme.

Es ist denn auch Sherwin Nuland, der bereits im Titel seines Buches ein deutliches Fragezeichen hinter die gängige Einigungsformel vom «Ende in Würde» setzt. «Ich habe nur selten Würde beim Sterben erlebt», schreibt er und bleibt auch die Begründung dafür nicht schuldig. «Das Bemühen um Würde scheitert, wenn der Körper uns im Stich läßt. In seltenen, sogar höchst seltenen Fällen mögen einmalige Umstände dafür sorgen, daß ein Mensch mit ausgeprägter Persönlichkeit sein Leben in Würde beschließt. Daß so viele günstige Faktoren zusammenkommen, ist jedoch ungewöhnlich und darf nur bei sehr wenigen Menschen erwartet werden.»

Einer der offenbar nicht sehr zahlreichen Ärzte, die etwas Vergleichbares hierzulande öffentlich sagen, ist der Tübinger Professor und Kinderarzt Dietrich Niethammer. In einem Vortrag mit dem Titel *Menschenwürdig sterben aus der Sicht eines Arztes* während einer Podiumsdiskussion im Studium Generale an der Tübinger Universität ist er – wohl auch aus seiner Erfahrung mit Kindern, die an Krebs gestorben sind – eher noch deutlicher geworden. Das Sterben, so Niethammer, habe «nie etwas Idyllisches. Es ist verbunden mit Schmerzen, Alleinsein, Angst, Zorn, Hilflosigkeit, Resignation, Verleugnung und Verzweiflung.»

Allzuoft wird, zumindest in laienhaften Veröffentlichungen, nur der Schmerz als Ausdruck der Leiden eines Todkranken erwähnt. Das ist aber – und gerade die Hospiz-Helfer wissen das am besten – eine unzulässige Verkürzung der Wirklichkeit. Es gibt Leiden, die qualvoller sein können als der Schmerz: der totale Verfall der gesamten Physis im letzten Stadium einiger Aids-Erkrankungen zum Beispiel. Und es gibt psychische Leiden, die noch schwerer auszuhalten sind als der physische Schmerz und die in keiner Krankengeschichte erwähnt werden, es sei denn in einer literarischen.

«Aber noch furchtbarer als die physischen Leiden waren die seelischen, und in ihnen lag für Iwan Iljitsch die große Qual», schreibt Tolstoi in der Erzählung vom *Tod des Iwan Iljitsch*, des armen reichen Mannes, der verleugnet und verlassen am Krebs sterben muß, nur von einem seiner Diener begleitet. Der unheimliche Realismus und die atemberaubende Genauigkeit, mit der Tolstoi diesen Tod ohne Würde schildert, hat in der Literatur nicht ihresgleichen. «Was Iwan Iljitsch am meisten quälte, war die Lüge... diese noch am Vorabend seines Verscheidens sich über ihn ergießende Lüge, die die furchtbare und feierliche Tatsache seines Todes auf eine Stufe herabdrücken mußte, wie sie durch alle jene Besuche, jene mit Gardinen geschmückten Zimmer und jene beim Diner servierten Störe gekennzeichnet wurde...»

Wer mit Rilke um den eigenen Tod betet, der sollte auch darum beten, diesen Tod, wenn er denn kommt, ertragen zu können. Das Sterbenlernen, die lebenslange Einübung des Loslassens, ist eben doch etwas anderes als der Umgang mit dem Ende selbst. Wir haben gelernt, das Leben zu verlängern, aber wir haben noch immer nicht gelernt, der gewonnenen Phase des Lebens, nämlich Greisenalter und Siechtum, auf eine Weise zu entsprechen, die der furchtbaren und feierlichen Tatsache des Todes gerecht werden könnte. Oder stehen wir nicht auch heute hilflos vor Generalangriffen der Natur wie der Alzheimerschen Demenz zum Beispiel, die weder dem Kranken selber noch seinen Begleitern wirklich eine Chance auf ein Ende in Würde lassen?

Nun gibt es Begleiter und Pfleger, die zu dem Schluß gekommen sind, für den Sterbenden selber sei solche Würde ziemlich belanglos; wichtig sei sie eher für die Hinterbliebenen, die nicht schlecht von sich denken wollen, weil sie ja doch alles in ihrer Macht Stehende getan haben. Nuland zitiert einen Mann, der viele junge Aidskranke hat sterben sehen und seinen eigenen aidskranken Freund in den Tod begleitet hat: «Für mich hat die Vorstellung eines ‹guten Todes› in den meisten Fällen wenig mit den Sterbenden zu tun. Ein ‹guter Tod› ist relativ, im Grunde läuft alles nur darauf hinaus, die Katastrophe zu begrenzen.»

Die Praxis provoziert solchen Pessimismus, jedenfalls bei denen, die ständig mit dem Sterben konfrontiert sind. «Man kann über den Tod wie übers Zähneputzen reden, wenn man ihn oft genug gesehen hat.» Zitate aus einem Zeitungsbericht, der den Alltag in einem Berliner Seniorenheim beschreibt. «Wenn jemand stirbt, sitzen die Schwestern am Bett. Die ersten Male seien hart gewesen, ‹doch nach einiger Zeit hört es auf, daß man jedesmal mitstirbt›... Frau Hunger und Frau Schmidt haben auch nicht gegessen. Sie haben nichts gekriegt. Sie werden künstlich ernährt. Direkt durch den Bauch, mit einer Sonde. Frau Hunger ist erst 63. Sie liegt zusammengekrümmt wie ein Tier. So schreit sie auch. Wenigstens versucht sie nicht, sich die Sonde rauszureißen, die Apparate zu zerstören. Frau Schmidt versucht das manchmal. Aber sie schafft es nicht, weil sie zu schwach ist. Es ist nicht nötig, daß Schwester Helga eine Wache an ihr Bett setzt, wie sie es erst vorhatte. Das wäre auch hart geworden für ihre Leute. Ihrer Meinung nach hat es ‹mit Würde nichts mehr zu tun, wie die beiden sterben. Aber wer sollte es anders entscheiden?›»

Katastrophenbegrenzung. Manchmal schreiben junge Leute, die Zivildienst leisten und dabei ohne nennenswerten pflegerischen Eros auch Todkranke versorgen müssen, Erfahrungen auf, in denen die Frage offen bleibt, wo denn nun die Würde des Patienten endet und wo die Katastrophe beginnt. Auszug aus einem langen Bericht des Zivis Jochen Temsch, 23 Jahre alt, in einer

Ausgabe der *Zeit* vom November 1994: «Eine Woche lang habe ich Frau H., meine Krebspatientin, nicht mehr besucht. Als ich heute ihre Bettdecke zurückschlage, trete ich vor Schreck einen Schritt zurück und remple dabei ihre Tochter an, die tränenüberströmt die Hände ringt: Frau H. ist von oben bis unten voller Stuhlgang...» Die Tochter ist Putzfrau und gerade gefeuert worden. Zum Abschied flüstert sie dem Zivi zu: «Ich kann nicht mehr.»

Wer von der furchtbaren und feierlichen Tatsache des Todes mit dem gehörigen Realismus reden will, der kommt nicht daran vorbei, drastisch zu werden. Auch Sherwin Nuland hat das, in pädagogischer Absicht, so gehalten. «Im großen und ganzen ist das Sterben mühsam.» Das ist seine Botschaft. «Mögen auch viele ‹unbeteiligt oder bewußtlos› in komatösen Zustand verfallen; mögen einige Glückliche tatsächlich einen friedvollen und sogar bewußten Abschied am Ende einer schweren Krankheit erleben; mögen einige tausend jedes Jahr unerwartet nach einem Augenblick des Unwohlseins sterben; ... selbst wenn alle diese Einschränkungen gemacht werden, gilt immer noch, daß nicht einmal jeder Fünfte unter solch glücklichen Umständen stirbt. Und selbst diejenigen, die in beispiellosem Frieden von uns gehen, haben oft Tage und Wochen seelischer und körperlicher Qualen hinter sich.»

Ein gutes Ende nur für jeden Fünften? Und was wird aus den übrigen vier Fünfteln? Was ist mit der Mehrheit der Unglücklichen, Leidenden, unheilbar Kranken? Werden wir einmal zur Mehrheit gehören, also kein gutes Ende nehmen?

Sigmund Freud hat zu dieser Mehrheit gehört. Er hat 16 Jahre an einem Krebs des Mundraums gelitten, hat sich nach Kräften dagegen gewehrt, hat viele Operationen über sich ergehen lassen. Als das Carcinom die Trennwand zwischen Mund- und Nasenraum zu zerstören begann und so gräßlich stank, daß Freuds Hund, der Chow-Chow Lün, deswegen nicht mehr zu ihm ins Zimmer kommen wollte, erinnerte der Kranke den behandelnden Arzt, seinen Freund Dr. Max Schur, am 21. September 1939 an dessen Versprechen, «mich nicht im Stich zu lassen, wenn es soweit ist. Das ist jetzt nur noch Quälerei und hat keinen Sinn mehr.» Schur versicherte ihm, er habe das Versprechen nicht vergessen. Freud hielt seine Hand noch einen Augenblick fest, so erzählt Schur, und bedankte sich. «All das sagte er ohne eine Spur von Gefühlsüberschwang oder Selbstmitleid in vollem Bewußtsein der Realität.»

Max Schur hat Sigmund Freud nicht im Stich gelassen. Das heißt, er hat ihm zweimal «zwei Zentigramm» Morphium gegeben, die den Freund von seinem Leiden befreit und seinem Leben ein Ende gesetzt haben. Schur muß wohl überzeugt gewesen sein, daß dies die einzige Möglichkeit war, dem Sterben des Sigmund Freud die Würde zu bewahren.

Soll also der hoffnungslos Leidende selber darüber bestimmen können, wann und unter welchen Umständen er sein Leben beenden will? Ist der «eigene Tod» identisch mit dem selbstbestimmten Tod? Das, in der Tat, ist die entscheidende Frage im Streit um die Sterbehilfe.

«Das Leiden anderer Menschen entzieht sich unserer Wahrnehmung und läßt sich schwer einschätzen und beurteilen. Daher haben wir meines Erachtens nie das Recht, bei terminalen Patienten das Leiden als erträglich zu beurteilen, wenn der Patient uns sagt, daß es unerträglich ist.» Das hat Dr. Pieter V. Admiraal, ehemaliger Anästhesist am Reiner de Graaff Gasthuis in Delft und einer der Exponenten der niederländischen Sterbehilfe-Praxis, auf einem 1994 von der Friedrich-Ebert-Stiftung veranstalteten Workshop zum Thema *Humanes Leben – Humanes Sterben* gesagt. Admiraal gehört zu den Ärzten, deren Erfahrungen sie gelehrt haben, «daß es völlig unmöglich ist, alles Leiden erträglich zu machen», und er fügt hinzu, «im persönlichen Gespräch mit Ärzten aus Hospizen wird die Unmöglichkeit auch erkannt».

Ohne Zweifel kann Leiden einen Sinn haben; ohne Zweifel kann selbst die schwerste Krankheit eine wichtige Erfahrung bedeuten. Das steht nicht zur Debatte. Es mag auch in diesem Zeitalter des ebenso indifferenten wie ubiquitären Hedonismus noch Menschen geben, die im Leiden eine gottgewollte Prüfung sehen und der Qual bis zum Ende nicht ausweichen wollen. Man kann das bewundern und muß es in jedem Fall achten. Zum moralischen Anspruch erheben kann man es nicht. Mindestens die christlichen Religionen tun das auch nicht. Das Grundrecht auf Menschenwürde gilt für alle.

Nicht so das Selbstbestimmungsrecht. Das hat der Papst den gläubigen Katholiken in seiner umstrittenen Enzyklika *Evangelium vitae* aus der Hand genommen, jedenfalls das Recht, über ihr Leben und ihren Tod zu bestimmen. Es seien die «radikalen Meinungsäußerungen», klagt der Papst, die schließlich so weit gingen zu behaupten, «in einer modernen und pluralistischen Gesellschaft müßte jedem Menschen volle Autonomie zuerkannt werden, über das eigene Leben und das Leben des ungeborenen Kindes zu verfügen». Und das soll nicht sein, im Gegenteil: «Abtreibung und Euthanasie sind also Verbrechen, die für rechtmäßig zu erklären sich kein menschliches Gesetz anmaßen kann. Gesetze dieser Art rufen nicht nur keine Verpflichtung für das Gewissen hervor, sondern erheben vielmehr die schwere und klare Verpflichtung, sich ihnen mit Hilfe des Einspruchs aus Gewissensgründen zu widersetzen.» Solchen Einspruch aus Gewissensgründen läßt der Papst nur als Motiv zivilen Ungehorsams gegen die staatlichen Gesetze zu, nicht aber gegen seine «in Übereinstimmung mit dem Lehramt meiner Vorgänger und in Gemeinschaft mit den Bischöfen der katholischen Kirche» verkündete These, «daß die Euthanasie eine schwere Verletzung des göttlichen Gesetzes ist».

Es ist wohl nur symptomatisch für die Verwirrung, die diese als «Frohbotschaft vom Leben» gemeinte Enzyklika in Wahrheit gestiftet hat, daß der Papst auch die von ihm beklagte «Kultur des Todes» in einer «individualistischen Freiheitsauffassung» begründet sieht, die sich in der «Freiheit des Stärkeren» und im «Unterliegen des Schwächeren» äußert. Die Kultur des Todes ist uns ja gerade abhanden gekommen. Was der Papst meint, ist eine «Kultur» des Tötens, die er rechtens auf Kain und Abel zurückführt, also auf die Mordlust, die, nach Freud, uns allen im Blute steckt. Er hätte das, was er vermutlich hat sagen wollen, zum Beispiel bei Gertrud Rückert nachlesen können, der aufs neunte Lebensjahrzehnt zustrebenden Mitbegründerin des Collegium Augustinum in München. «Ich fürchte eine Kultur der Erbarmungslosigkeit», so Frau Rückert, «für die wir Alten zunächst nur ein erstes Ziel abgeben, die sich zu einer Kultur der Erbärmlichkeit entwickelt, weil sie das warme Herz nicht mehr duldet.»

Der Linderung des Leidens der Sterbenden wird das

220

Wort des Papstes nicht dienen, auch denen nicht, die sich um solche Linderung bemühen. «Man kann doch nicht als ‹Verschwörer gegen das Leben› alle diejenigen bezeichnen, die... Sterbehilfe in höchster Gewissensnot anders als der Papst entscheiden», sagt Hans Küng, dessen Auseinandersetzungen mit der römischen Kurie ihn 1979 die kirchliche Lehrerlaubnis gekostet haben. «Gibt es eine persönlichere Entscheidung als die des Todkranken über die Beendigung oder Nicht-Beendigung seines Leidens?» hat Küng bereits in der unter dem Titel *Menschenwürdig sterben* veröffentlichten Vortragsreihe an der Tübinger Universität gefragt. «Wenn das ganze Leben von Gott in die Verantwortung eines Menschen gestellt ist», und das ist Küngs Überzeugung, «dann gilt diese Verantwortung auch für die letzte Phase seines Lebens, ja, sie gilt erst recht für den eigentlichen Ernstfall seines Lebens: wenn es ans Sterben geht. Warum sollte gerade diese letzte Phase des Lebens von der Verantwortung ausgenommen sein?»

Es existiert, per definitionem, ein Zusammenhang zwischen Selbstbestimmung und Menschenwürde. Kant hat Menschenwürde bezeichnet als «Autonomie der Vernunft» und sie nur dem entscheidungsfähigen Individuum, also der Person, zugebilligt. Das hieße, mit dem Erlöschen der Person wäre auch die Menschenwürde erloschen. Das hieße aber auch, daß es ein «menschenunwürdiges Dasein» gar nicht geben kann, sondern allenfalls den Tod der Person und einen lebensunfähigen Körper. Person – das ist ein geistiges Eigenwesen, versehen mit der Fähigkeit zur Erkenntnis und Selbsterkenntnis und mit der Möglichkeit zur Verfügung über sich selbst.

Der wahre Respekt vor der Würde des Menschen,

schreibt der amerikanische Philosoph und Rechtsgelehrte Ronald Dworkin in seinem Buch über die *Grenzen des Lebens*, führe hin zur individuellen Freiheit anstelle von Zwang, «hin zu einem System von Gesetz und Selbstbestimmung, das jeden von uns ermutigt, Entscheidungen im Hinblick auf seinen Tod selbst zu treffen». Der «eigene Tod» schließt für Dworkin – wahrlich keinen Apologeten der Euthanasie – jede fremde Verfügung aus: «Darauf zu bestehen, daß ein Mensch auf eine Art und Weise stirbt, die nach Meinung anderer richtig ist, für ihn selbst jedoch in einem gravierenden Widerspruch zu seinem Leben steht, ist eine Form menschenverachtender Tyrannei.»

Und Pieter V. Admiraal antwortet auf die Frage nach einem menschenwürdigen Sterben so: «Weil Freiheit elementar zur Menschenwürde gehört, ist ein Sterben menschenwürdig, wenn die selbstverantwortliche Freiheit als höchstes sittliches Gut des Menschen respektiert wird. Der Sterbende darf die noch verbleibende restliche Lebensspanne auf seine Weise leben. Zum menschenwürdigen Sterben gehört dann auch die Freiheit, über den Zeitpunkt des eigenen Todes zu entscheiden.»

Aber haben wir denn ein solches «System von Gesetz und Selbstbestimmung», das uns ermutigt, Entscheidungen darüber zu treffen, wann und wie wir unser Leben beenden? Das Recht auf Leben und die Unantastbarkeit der Menschenwürde stehen im Grundgesetz; sie sind rechtsverbindlich. Der Europarat hat das Recht auf Leben in die Europäische Konvention zum Schutz der Menschenrechte und Grundfreiheiten übernommen (Artikel 2, Abschnitt 1), die am 3. September 1953 in Kraft getreten und von allen 18 Mitgliedsstaaten ratifiziert worden ist; auch sie ist rechtsverbindlich. Nun hat die Parlamentarische Versammlung des Europarats 1976, nach zweijähriger Beratung, aber auch eine Resolution und eine Empfehlung über fünf «Rechte der Kranken und Sterbenden» mit sehr großer Mehrheit angenommen, und unter diesen fünf Rechten ist das zuvor noch nirgendwo festgeschriebene «Recht, nicht leiden zu müssen».

Sind also unter der Prämisse der Selbstbestimmung das Recht auf Leben und das Recht auf Sterben kein Widerspruch? Kann Sterbehilfe unter dieser Prämisse nicht nur erlaubt sein, sondern vom Patienten sogar verlangt werden?

Jeder Versuch, auf solche Fragen eine vernünftige Antwort zu finden, setzt den Versuch voraus, erst einmal nach bestem Wissen und Gewissen die Begriffe und die Rechtslage zu klären. In vielen populären, besser: populistischen Erscheinungsformen der Auseinandersetzung um die Sterbehilfe unterbleibt eine solche Klärung, meist aus Voreingenommenheit.

Es ist prinzipiell zu unterscheiden zwischen aktiver und passiver Sterbehilfe. *Aktive* Sterbehilfe bedeutet Tötung des Patienten – das bewußte, oft schnelle Herbeiführen des Todes durch einen Eingriff in die körperliche Integrität. Dies geschieht entweder auf Wunsch des Patienten oder aus Mitleid mit einem im Sterben liegenden oder unerträglich leidenden Menschen durch einen Arzt oder durch andere Personen. Die Tötung aus Mitleid wird gelegentlich als «Gnadentod» bezeichnet.

Passive Sterbehilfe bedeutet Sterbenlassen des todkranken Patienten durch Verzicht des Arztes auf lebensverlängernde medizinische Maßnahmen – also auf Medikamente, künstliche Ernährung, künstliche Beat-

223

mung, Operation, Bluttransfusionen zum Beispiel. Es geht dabei um Patienten mit einem unheilbaren Grundleiden, deren Zustand mit den bekannten medizinischen Mitteln nicht dauerhaft gebessert werden kann und in absehbarer Zeit mit Sicherheit zum Tode führen wird. Es geht also notabene nicht um schwer leidende Menschen ohne tödlich verlaufende Krankheit, sondern um Patienten mit eindeutig «infauster», also hoffnungsloser Prognose.

Dabei mag hilfreich sein, die vom Lateinischen vorgegebene Unterscheidung zwischen Moriturus und Moribundus anzuführen. Moriturus ist der Todgeweihte, dessen Krankheit nach dem heutigen Stand der medizinischen Wissenschaft nicht heilbar ist, der aber – wie etwa bei bestimmten Krebserkrankungen – noch eine begrenzte Zeit bei passablem Allgemeinzustand und sogar arbeitsfähig sein kann. Moribundus dagegen ist der sterbende Mensch – der unheilbar erkrankte Patient also, bei dem der Sterbeprozeß bereits begonnen hat, auch wenn dessen Dauer und Verlauf in der Regel schwer zu prognostizieren sind. Nur auf den Moribundus, keinesfalls auf den Moriturus ist der Begriff Sterbehilfe anwendbar.

Nun ist seit einiger Zeit im Zusammenhang mit der passiven Sterbehilfe auch von «indirekter Sterbehilfe» die Rede. Gemeint ist damit wohl das Hinnehmen eines vorzeitigen Todes als Nebenfolge der Anwendung starker schmerzlindernder Medikamente. Beabsichtigt wird dabei natürlich die Linderung der Schmerzen, doch der dadurch möglicherweise beschleunigte Eintritt des Todes wird sozusagen hingenommen. Zumindest im juristischen Sinne wäre das aber vorsätzliche, also keine passive, sondern eher aktive Sterbehilfe. Je-

224

denfalls wäre es nicht konsequent, solche «indirekte» Sterbehilfe rechtlich zuzulassen, die aktive aber zu kriminalisieren.

Es gibt neben diesen prinzipiellen Unterscheidungen durchaus noch andere Möglichkeiten, Sterbehilfe zu differenzieren, etwa die Formulierungen des Münchner Professors Hermann Hepp, Direktors der Frauenklinik am Klinikum Großhadern, die er 1992 auf dem «Gesundheitsforum» der *Süddeutschen Zeitung* und der Akademie in Tutzing vorgetragen hat: «1. Sterbehilfe als ärztliche Leidhilfe durch Verzicht auf Therapie oder Abbruch von Therapie und daraus folgende Lebensverkürzung. 2. Sterbehilfe als ärztliche Leidhilfe durch wirksame Therapie unter Inkaufnahme einer Lebensverkürzung gleichsam als Nebenwirkung. 3. Sterbehilfe durch gezielte ‹Therapie› – Tötung zur Lebensverkürzung, Tötung auf Verlangen. 4. Sterbehilfe ohne Lebensverkürzung – Leidhilfe im Sterben.»

Wir können davon ausgehen, daß alle diese theoretischen Möglichkeiten der Sterbehilfe auch praktiziert werden, im verborgenen selbst aktive Sterbehilfe, obwohl deren Zulässigkeit höchst zweifelhaft ist, und dies vor allem unter juristischen Kategorien. Das geltende deutsche Recht enthält keine einzige Klausel, die sich ausdrücklich mit der Sterbehilfe befaßte.

Grundsätzlich gilt das fünfte Gebot auch juristisch: «Du sollst nicht töten», also das prinzipielle Verbot der Tötung als Konsequenz des Grundrechts auf Leben. Aber es gilt nicht ohne Einschränkung. Bereits die Frage, ob auch schon die menschliche Leibesfrucht – und ab wann ein Neugeborenes – dieses Grundrecht genieße, ist in den Auseinandersetzungen über die Abtreibung unter Juristen, Moraltheologen und Bioethikern umstritten. Und es gibt drei erklärte Ausnahmen vom Tötungsverbot: Notwehr, das Töten im Krieg und in manchen Ländern die Todesstrafe. Bei der im Streit um die Sterbehilfe besonders relevanten «Tötung auf Verlangen» ist gemäß § 216 des Strafgesetzbuches eine Strafmilderung vorgesehen. Der Freitod, genauer: die Selbsttötung, ist nach deutschem Recht straffrei und infolgedessen, anders als in einigen Nachbarländern, auch die Anstiftung und die Beihilfe zur Selbsttötung.

Man mag diese Rechtslage fragwürdig finden, mindestens inkonsequent. Es ist in der Tat schwer, eine trennscharfe Unterscheidung zwischen der straffreien Beihilfe zur Selbsttötung und der strafbaren Tötung auf Verlangen zu erkennen: Wenn der Arzt einem lebensmüden Kranken ein tödlich wirkendes Gift griffbereit auf den Nachttisch stellt, bleibt er straffrei; aber wenn er dem Sterbenswilligen dieselbe tödliche Dosis injiziert, ist er nach § 216 wegen Tötung auf Verlangen mit wenigstens sechs Monaten zu bestrafen? Und wer einem verzweifelten Teenager, der aus Liebeskummer sterben will, eine ausreichende Dosis Zyankali in die Hand drückt, der kann überhaupt nicht bestraft werden? Die vorherrschende Rechtsmeinung hat sich, nach Darstellung kundiger Juristen, auf folgende Differenzierung verständigt: Wenn die letzte Entscheidung darüber, den Tod herbeizuführen, in der Hand des Betroffenen bleibt, sind Hilfeleistungen dazu straflose Beihilfe; sobald aber die Todesentscheidung letztlich beim «Helfer» liegt, handelt es sich um strafbare Tötung auf Verlangen.

Ob das nun hinlänglich präzise ist oder nicht – tatsächlich siedeln in diesem rechtsunsicheren Raum die Sterbehilfe-Vereinigungen und ihre Selbstmord-Hand-

226

bücher, dazu noch einige zweifelhafte Figuren, denen der Profit oder die Publizität, oder beides, näher zu liegen scheinen als die Not derer, die sich ihnen anvertraut haben. In diesem rechtsunsicheren Raum operiert zum Beispiel die Deutsche Gesellschaft für Humanes Sterben (DGHS), deren Ex-Präsident Hans Henning Atrott mit seinen unerlaubten Zyankali-Geschäften sowohl Profit als auch Publizität erreicht hat. Sein Nachfolger Professor Hermann Pohlmeier hat das, von ihm selbst so bezeichnete, «Kochbuch zum Selbstmord» der DGHS einstampfen lassen, weil es unsichere «Rezepte» enthielt, deren Anwendung einige Selbstmord-Kandidaten schwer behindert hat überleben lassen.

Allerdings sind solche Gesellschaften oder Vereine nicht nur hierzulande anzutreffen, also auch nicht allein eine Folge der deutschen Rechtsunsicherheit. Es gibt die im schweizerischen Grenchen angesiedelte Vereinigung «Exit», die lediglich in der deutschsprachigen Schweiz tätig werden darf, aber dort immerhin 51 000 zahlende Mitglieder hat und nach eigenen Angaben in 20 bis 40 «Fällen» pro Jahr tätig wird. Es gibt in Amerika die Hemlock Society, deren Vorsitzender Derek Humphry nicht nur ein zum Bestseller avanciertes Selbstmord-Handbuch verfaßt hat, sondern auch eine romanhafte sowie eine fürs Theater dramatisierte Beschreibung des Krebstodes seiner ersten Frau, bei dem er selber die Rolle des Sterbehelfers gespielt hat. Es gibt in den USA auch den Detroiter Ex-Pathologen Jack Kevorkian, der als Konstrukteur einiger Selbstmord-Maschinen in den Gazetten und im Fernsehen als «Dr. Death» aufgetreten ist und auch die Gerichte beschäftigt hat. Eine seiner Maschinen, von denen ungefähr 20 Menschen Gebrauch gemacht haben sollen, war in einem alten VW-Bus installiert, zum Transport in «rechtsfreie Räume», denn die meisten amerikanischen Bundesstaaten haben die Beihilfe zum Selbstmord verboten – schließlich auch Michigan, und zwar ausdrücklich wegen der Machenschaften des messianischen «Todesengels» Jack Kevorkian mit seiner manischen Selbstdarstellung. Eine Ausnahme macht neuerdings Oregon, wo Ärzten erlaubt wird, unheilbar Kranken, die sterben wollen, tödlich wirkende Medikamente zu verschreiben und bei deren Einnahme auch anwesend zu sein – eine Neuerung, die von den Bundesstaaten Washington und Kalifornien abgelehnt worden ist, allerdings mit knappen Mehrheiten.

Gibt es mehr Rechtssicherheit bei der passiven Sterbehilfe? Da ist zunächst zu bedenken, daß das in unserer Rechtsordnung fest verankerte Prinzip der Selbstbestimmung jeden, wirklich jeden ärztlichen Eingriff ohne Einwilligung des Patienten verbietet. Jede ärztliche Behandlung, keineswegs nur eine lebensverlängernde oder gar eine lebensverkürzende Maßnahme, bedarf grundsätzlich der Zustimmung des Patienten. Für die Ärzte ist rechtlich wie moralisch der Wunsch eines Patienten sogar dann bindend, wenn dieser die erfolgversprechende Behandlung einer heilbaren Krankheit ablehnt und sich vom Arzt auch nicht umstimmen läßt. Passive Sterbehilfe wird also, weitgehend unbestritten, als rechtlich zulässig betrachtet, vor allem dann, wenn der Patient eine lebensverlängernde Behandlung ausdrücklich abgelehnt hat.

Komplizierter und auch schwieriger zu werten ist die Situation in solchen Fällen, in denen der Patient nicht fähig ist, abzulehnen oder einzuwilligen – also zum Beispiel ein bewußtloses Unfallopfer, das sofort operiert

228

werden muß. Besonders schwer wird die Entscheidung dem Arzt dann gemacht, wenn es sich um einen Patienten im Koma handelt, dessen Prognose völlig ungewiß ist. Gerade in der Diskussion um die passive Sterbehilfe spielen diese Fälle immer wieder eine Rolle. Der Arzt kann sich dann nur nach dem vermuteten Willen des Patienten richten. Zivilrechtlich nennt man das «Geschäftsführung ohne Auftrag», strafrechtlich spricht man von «mutmaßlicher Einwilligung». Die Frage, die der Arzt sich stellen muß, lautet: Würde der Patient der Heilmaßnahme – oder deren Unterlassung – ausdrücklich zustimmen, wenn er dazu in der Lage wäre? Eine Antwort kann der Arzt nur finden, wenn er die Wünsche und Einstellungen zu ermitteln versucht, die der Patient, als er noch bei Bewußtsein war, über einen längeren Zeitraum hinweg gehabt hat. Dabei sind die Auskünfte von Freunden und Verwandten natürlich wichtig für die Entscheidung des Arztes. Passive Sterbehilfe bei einem zur ausdrücklichen Einwilligung unfähigen Patienten wäre also dann legitim, ja sogar geboten, wenn mit hoher Wahrscheinlichkeit anzunehmen ist, daß er eine lebensverlängernde Behandlung in seinem Zustand nicht wünschen würde.

Bei dieser Annahme kann eine eventuell vorhandene frühere Willensäußerung des Patienten von einiger Wichtigkeit sein: die sogenannte Patientenverfügung, in den angelsächsischen Ländern «living will» genannt – also eine Art Testament, in dem meistens festgehalten wird, welche medizinischen Maßnahmen der Patient, falls er sich nicht mehr dazu äußern kann, keinesfalls angewendet wissen will. Textentwürfe für solche Verfügungen werden zum Beispiel von der DGHS und anderen derartigen Vereinigungen offeriert und in den

Sterbehilfe-Debatten oft auch positiv bewertet, nach aller Erfahrung aber nur relativ selten unterschrieben und sinnvoll aufbewahrt.

Tatsächlich ist die Bedeutung dieser Patientenverfügungen in der medizinischen Praxis außerordentlich gering. Viele Ärzte beargwöhnen sie als potentielles Verbot sinnvoller, weil das Leben verlängernder Interventionen. Auch ist die rechtliche Relevanz der Patientenverfügungen ziemlich unklar. In den meisten europäischen Ländern gibt es, anders als in mehreren Staaten der USA, überhaupt keine gesetzliche Grundlage dafür, allenfalls (wie in den Niederlanden) einen formlosen Konsens, daß diese Verfügungen zu beachten seien. In Dänemark existiert seit einiger Zeit ein staatlich geführtes Register, in dem jeder Volljährige gegen eine Gebühr von 50 Kronen seine Patientenverfügung hinterlegen, aber auch jederzeit widerrufen kann. Einem Rechtsgutachten des Zürcher Juristen Max Keller ist zu entnehmen, der Arzt dürfe von einer Patientenverfügung nur dann abweichen, wenn er beweisen könne, daß sie dem aktuellen tatsächlichen Willen des Patienten nicht mehr entspreche. Aber wie soll der Arzt, der einen komatösen Patienten vor sich hat, einen solchen Beweis wohl führen?

Das Problem ist in der Tat, daß meist längere Zeit zwischen der Abfassung der Patientenverfügung und dem «Ernstfall» liegt und daß der Patient sie unterschrieben hat, als er sehr wahrscheinlich noch bei guter Gesundheit und schmerzfrei war, so daß die Verfügung nicht mehr als ausdrückliche, sondern nur noch als mutmaßliche Willensbekundung gewertet werden kann. Daraus läßt sich aber kein generelles Gegenargument ableiten (erst recht dann nicht, wenn Todkranke sich auf eine solche Willenskundgebung berufen). Der Mainzer Rechts- und Sozialphilosoph Professor Norbert Hoerster hat sich auf dem erwähnten «Gesundheitsforum» zu der These entschlossen, es sei «im Normalfall davon auszugehen, daß – bei Fehlen entgegenstehender Indizien – der früher erklärte ausdrückliche Wille mit dem gegenwärtigen mutmaßlichen Willen des Patienten identisch ist».

Professor Hoerster mag sich bestätigt fühlen durch ein Grundsatzurteil des Bundesgerichtshofs vom September 1994, wonach ein zum Tod führender Behandlungsabbruch bei unheilbar im Koma liegenden Patienten erlaubt sein kann, wenn der Abbruch durch die mutmaßliche Einwilligung der Patienten gedeckt ist. Ob eine solche anzunehmen sei, müsse nach «strengen Anforderungen» und «unter sorgfältiger Abwägung der gesamten Umstände» geprüft werden. Die wichtigste Feststellung des Bundesgerichtshof-Urteils aber ist: maßgebend sei das Selbstbestimmungsrecht des Patienten.

Die Patientin, um die es hier ging, Edith Schwarza, lebte im Alter von 70 Jahren mit Verdacht auf die Alzheimersche Krankheit in der Pflegeabteilung eines Kemptener Heims , wo sie 1990 einen Herzstillstand erlitt und reanimiert wurde, was zu irreversiblen Hirnschäden führte. Frau Schwarza war auf die einfachsten Vitalfunktionen reduziert und mußte, da sie nicht mehr schlucken konnte, über eine Sonde künstlich ernährt werden. In gesunden Tagen hatte sie mehrfach erklärt, einmal würdig sterben und nicht von Maschinen daran gehindert werden zu wollen. Anfang 1993 wiesen der behandelnde Arzt und der als «Betreuer» eingesetzte Sohn Klaus Schwarza einvernehmlich die Pfleger an,

Edith Schwarza nur noch mit Tee zu ernähren. Das taten die Pfleger aber nicht, sondern wandten sich an die Kemptener Gerichte. Edith Schwarza wurde wie zuvor künstlich ernährt; sie starb etwa neun Monate später an einem Lungenödem. Klaus Schwarza und der behandelnde Arzt wurden vom Landgericht Kempten zu Geldstrafen verurteilt und gingen in die Revision. Dieser gab der Bundesgerichtshof dann statt und reichte den Kemptener Richtern das Urteil zur Neuverhandlung zurück – zwar mit der Einschränkung, daß es sich nach den geltenden Richtlinien der Bundesärztekammer nicht um einen akzeptierten Fall passiver Sterbehilfe gehandelt habe, daß aber der mutmaßliche Wille der Patientin, mithin ihr Selbstbestimmungsrecht, entscheidend sei. In der Neuverhandlung erkannten dann auch die Kemptener Richter auf Freispruch.

Die «Richtlinien für die ärztliche Sterbebegleitung», auf die sich der BGH berufen hat, sind von der Bundesärztekammer 1993 aktualisiert worden. Sie gestatten zwar, Maßnahmen zur Verlängerung des Lebens abzubrechen, «wenn eine Verzögerung des Todeseintritts für den Sterbenden eine nicht zumutbare Verlängerung des Leidens bedeutet und das Grundleiden mit seinem irreversiblen Verlauf nicht mehr beeinflußt werden kann». Unzulässig und mit Strafe bedroht aber sei eine «gezielte Lebensverkürzung durch Eingriffe, die den Tod herbeiführen oder beschleunigen sollen», auch dann, wenn dies auf Verlangen des Patienten geschieht. Ein Sterbender ist nach den Richtlinien der Bundesärztekammer «ein Kranker oder Verletzter mit irreversiblem Versagen einer oder mehrerer vitaler Funktionen, bei dem der Eintritt des Todes in kurzer Zeit zu erwarten ist». Dies war bei Edith Schwarza nicht der Fall. Insoweit ist der BGH mit seinem Urteil über die Formulierung der ärztlichen Standesethik in den deutschen Kammer-Richtlinien hinausgegangen.

In der Schweiz sind solche Richtlinien bereits 1976 von der Schweizerischen Akademie der Medizinischen Wissenschaften veröffentlicht worden. Sie legen fest, daß der Arzt die Behandlung abbrechen darf, wenn der Patient «kein bewußtes und umweltbezogenes Leben mit eigener Persönlichkeitsgestaltung» mehr wird führen können. Die Bundesärztekammer hat diese Richtlinien – gewiß auch als willkommene Wegweisung aus einem «unbelasteten» Land – 1979 weithin wörtlich für die deutschen Ärzte übernommen. Inzwischen hat die Schweizerische Akademie der Medizinischen Wissenschaften ihre Grundsätze wiederum neu formuliert und unter dem Titel «Medizinisch-Ethische Richtlinien für die ärztliche Betreuung sterbender und zerebral schwerstgeschädigter Patienten» veröffentlicht; sie gelten, wie aus dem Titel hervorgeht, also nicht nur für Sterbende, sondern auch für Patienten mit schweren «Hirnschädigungen, welche einen chronisch vegetativen Zustand zur Folge haben» können. Das Einstellen der künstlichen Ernährung zum Beispiel gilt dann als vertretbar, wenn der Patient sich infolge einer «irreversiblen Hirnschädigung» in einem solchen «chronisch vegetativen Zustand» befindet. Der Abbruch der Behandlung ist, den Schweizern zufolge, also bereits in diesem Zustand und nicht erst nach Eintritt des Hirntods erlaubt. Diese Richtlinie setze «neue Maßstäbe», meint der Erlanger Rechtsmediziner Hans-Bernhard Würmeling, jedenfalls in Europa.

In Amerika haben zwei vergleichbare Fälle komatöser Patientinnen großes Aufsehen erregt: in den siebziger Jahren der Fall Karen Ann Quinlan und in den achtziger Jahren der Fall Nancy Cruzan. Dieser ist die Geschichte einer jungen Frau, deren Hirnrinde durch Sauerstoffmangel nach einem schweren Autounfall irreversibel geschädigt worden war und die sieben Jahre in diesem Zustand weiterexistiert hatte, bis es ihren Eltern 1990 gelang, beim Supreme Court, dem Obersten Gericht der Vereinigten Staaten, das Recht zur Abschaltung der lebenserhaltenden Geräte zu erstreiten. Der Fall Cruzan hat vor allem für die Verbindlichkeit von Patientenverfügungen in den USA Folgen gehabt.

Eine solche Verfügung lag im Fall Cruzan nicht vor, sondern lediglich die Versicherung der Eltern von Nancy, ihre Tochter habe früher wiederholt den Wunsch geäußert, in einer solchen Situation nicht von Maschinen am Leben erhalten zu werden. Das Oberste Gericht des Staates Missouri entschied, es gebe dort keine gesetzliche Grundlage für die Abschaltung der Maschinen, es sei denn, man habe eindeutige Beweise dafür, daß die Patientin dies gewünscht habe; eine Patientenverfügung hätte als Beweis gewertet werden können, nicht aber die formlose Aussage, an die Familie und Freunde sich erinnerten. Nancy Cruzans Eltern gingen in die Berufung beim Supreme Court. Dieser bestätigte zwar, daß Missouri berechtigt gewesen sei, klare Beweise zu verlangen. Zum ersten Mal aber erkannte die Mehrheit der Obersten Richter an, daß Menschen im Vollbesitz ihrer geistigen Kräfte das verfassungsmäßige Recht hätten, im voraus zu verfügen, lebenserhaltende Maßnahmen dann abzubrechen, wenn sie aus einem lang anhaltenden Koma, einem apallischen Syndrom, nicht mehr erwachen.

Dieses Supreme-Court-Urteil hat – durch die vonein-

234

ander abweichenden Begründungen der beteiligten Richter – noch auf eine andere, für die Selbstbestimmung des Patienten sehr wichtige Frage aufmerksam gemacht: ob man nämlich einem Menschen nicht auch dadurch Schaden zufügen kann, daß man ihn zwingt, in einer Art Dämmerzustand weiterzuleben, obwohl er sich vor diesem Zustand offenkundig gefürchtet hat und lieber sterben möchte. Wer diese Frage verneint, ist in der Regel davon überzeugt, daß auch die allergeringste Aussicht auf Besserung, auf ein Erwachen aus dem Koma etwa, solche Lebensverlängerung rechtfertige, und daß man einem Menschen, der keine erkennbaren Schmerzen leide oder gar bewußtlos sei, auch nicht schaden könne, wenn man ihn am Leben erhält. Das Gegenargument lautet, in der Formulierung von Ronald Dworkin: «Ein Mensch, der glaubt, daß sein eigenes Leben Schaden nimmt, wenn er, an ein Dutzend Maschinen angeschlossen, wochenlang am Rand des Todes dahindämmert, glaubt auch, daß er mehr Achtung vor der menschlichen Komponente der Heiligkeit seines Lebens beweist, wenn er Vorkehrungen trifft, um dies zu vermeiden, und daß andere mehr Achtung vor seinem Leben zeigen, wenn sie ihm helfen, es zu vermeiden.»

Bei dem schon erwähnten Workshop der Friedrich-Ebert-Stiftung hat sich ein Konsens abgezeichnet, den der Redakteur dieser Veranstaltung, Professor Dieter Birnbacher, in folgende Thesen gefaßt hat: Die Sterbehilfe bedarf klarer kollektiver Verbindlichkeiten, die zugleich aber Spielraum für persönliche Optionen eröffnen müssen. Rechtliche Regelungen sollten dem Selbstbestimmungsrecht des Patienten auch im Sterben den Vorrang einräumen, ohne allerdings den Patienten zu solcher Selbstbestimmung zu nötigen. Mit anderen

Worten: Die Aufgabe der Juristen sollte es sein, erkennbare Mißbräuche gezielt zu bekämpfen, aber nicht die legitime Handlungsfreiheit des Bürgers mit einer Überdosis von Verboten zu schwächen.

Wenn die Heilkundigen unserer Tage nicht verdrängen wollen, daß am Ende des Lebens der Tod steht und nicht der Versuch, ihn abzuschaffen, dann gehört es zu ihren vornehmsten Aufgaben, dem Sterben, wo immer das möglich ist, seinen Schrecken zu nehmen. Die Hospizbewegung, die sich der Sterbenden annimmt, verdankt ihre Entstehung – so hat es Daniel Callahan, der Präsident des New Yorker Hastings Center für Ethikforschung in einem Vortrag vor der Evangelischen Akademie Loccum formuliert – doch vor allem der Tatsache, daß viele Ärzte heute noch nicht wissen, wie man mit Todkranken umgeht. «Es wird wichtig sein, den Ärzten ein größeres Verständnis dafür zu vermitteln, daß sie auch für die Qualität des Todes ihrer Patienten verantwortlich sind.»

In den längst vergangenen Zeiten, als noch von der Ars moriendi, von der Kunst zu sterben, die Rede war, konnte man dem Tod nur auf die eine Weise begegnen: ihn geschehen zu lassen – und das oft genug unter Qualen, für die es damals wenig wirksame Linderung gab. Heute kann die medizinische Wissenschaft zu einer neuen Ars moriendi weit mehr beitragen – wenn sie es denn will. «Aber», so Sherwin Nuland, «heute beschäftigen wir uns nicht mehr mit der Kunst des Sterbens, sondern mit der Kunst, Leben zu retten»; das heißt, die medizinische Praxis ist fixiert auf Lebensverlängerung und auf den totalen Krieg der Spezialisten gegen den Erzfeind Krankheit. Nuland erinnert daran, daß sich die Medizin noch vor einem halben Jahrhundert einiges

236

darauf zugute hielt, ein möglichst schmerzfreies Sterben zu ermöglichen. «Von wenigen Ausnahmen wie der Hospizbewegung abgesehen, ist diese Kunst weitgehend verlorengegangen. Ihren Platz nehmen immer ausgefeiltere lebensrettende und -verlängernde Techniken ein.» Und deren Anwendung ist eine Art Reflex.

Der 1985 an Herzschwäche gestorbene Verleger Axel Springer hat zwar keine Patientenverfügung getroffen, aber er hat 1977 in einer Umfrage des Fernsehjournalisten Werner Höfer Antwort auf die Frage gegeben: «Wenn der Mensch sein Sterben oder das des Mitmenschen zu bestimmen hätte, welche Selbst- beziehungsweise Fremdbestimmung würden Sie für die angemessene halten?» Springer votierte für «Sterbensverkürzung durch Verzicht auf lebensverlängernde Maßnahmen», und die Entscheidungsbefugnis sollten nach seiner Meinung der Sterbende (sofern er noch entscheidungsfähig sei), die nächsten Angehörigen und der verantwortliche Arzt «in dieser Reihenfolge» haben. Doch er ist dann ganz anders gestorben.

Springer hatte wegen wachsender Probleme mit dem Herzen und wiederkehrender Fieberschübe schließlich widerwillig das Krankenhaus aufgesucht. Seine Frau Friede beschreibt, wie sie dort eines Morgens zu ihm ins Zimmer kam und erschrak: «Ich wußte beim ersten Blick, daß Axel diesen Tag nicht überleben würde.» Dabei fühlte er sich offenkundig wohl. «Er fror nicht, er hatte keine Schmerzen, nichts quälte ihn mehr. Alles, alles war für ihn in Ordnung.» Als Friede ihn dennoch sorgenvoll fragte, wie es ihm gehe, sah er sie an «und sagte mit etwas verzerrter Stimme: Es könnte nicht besser sein. Im gleichen Moment hörte sein Herz zu schlagen auf.»

Wahrhaftig ein gutes Ende; es ist gar nicht leicht, sich ein besseres vorzustellen. Aber es war nicht das Ende. Friede Springer tat, was wohl jede Frau an ihrer Stelle getan hätte: Sie rief verzweifelt nach den Ärzten, und die waren auch gleich zur Stelle. Der Rest ist eben jener Reflex der modernen Medizin auf einen Herzstillstand: Reanimation, Elektroschocks, Intensivstation. «Tut ihm nicht weh!» konnte Friede Springer noch schreien, bevor sie eilig aus dem Zimmer geführt wurde, denn sie wußte, welch große Angst ihr Mann vor Schmerzen hatte. Wie der Sterbende, der eben noch gesagt hatte, es könnte ihm nicht besser gehen, die Elektroschocks erlebt hat, weiß niemand. Friede fand ihren Mann auf der Intensivstation eigentlich nicht wieder. «Axel war nicht mehr da. Sein Körper wurde nur noch beatmet.» Aber es war ihm wenigstens vergönnt, «sein Leben zu verhauchen».

Springers Ärzte haben zweifellos so gehandelt, wie sie handeln mußten. Sie hätten sich sonst dem Vorwurf ausgesetzt, nicht alles für das Leben ihres, obendrein prominenten, Patienten getan zu haben. Ob der Patient selbst mit ihrem Handeln einverstanden war, oder ob er diese Welt nicht doch lieber im Augenblick des Wohlbefindens und in Gegenwart seiner Frau verlassen hätte, bleibt eine Frage ohne Antwort.

Hinter dem lebensrettenden Reflex solcher Rückhol-Aktionen verbirgt sich eben auch die Tatsache, daß man einfach nicht darauf eingestellt ist, das Sterben ärztlich zu begleiten; daß viele Ärzte einfach nicht wissen, wie sie das machen sollen. Und wenn dies so ist, dann ist es in der Tat «eine massive Bankrotterklärung der modernen wissenschaftlichen Medizin», wie der Arzt und Schriftsteller Paul Lüth bereits 1975 konstatiert hat.

238

«Der Sterbende darf erwarten, daß die Medizin *gerade für ihn* Wissenschaft vom Helfen ist, aber beim Sterbenden stellt sich heraus, daß sie ihm nicht helfen will.»

Es gibt allerdings Fälle, in denen die Patienten sich noch äußern können. Sherwin Nuland hat einen solchen Fall erlebt, als er Miss Hazel Welch, eine 92 Jahre alte Dame, die mit Verdacht auf einen Durchbruch im Verdauungstrakt eingeliefert worden war, zu der medizinisch zwingend gebotenen Operation überredete. Miss Welch hatte das nicht gewollt, sondern deutlich erklärt, daß sie lange genug gelebt habe und in Frieden sterben wolle. Nur weil sie zu Nuland Vertrauen gefaßt hatte, ließ sie die Operation zu. Die erwies sich dann als durchaus problematisch, und Miss Welch landete, mit der Sonde des Anästhesisten in der Luftröhre, auf der Intensivstation. Als sie eine Woche später wieder reden konnte, machte sie dem Operateur heftige Vorwürfe. Er habe sie getäuscht und ihr vor allem nicht gesagt, was sie nach der Operation auf der Intensivstation werde durchmachen müssen. Zwei Wochen nach der Rückkehr ins Altenheim starb Miss Welch an einem Schlaganfall. Der wichtigste Faktor dabei, meint Nuland, sei wohl ihr Todeswunsch gewesen, den er törichterweise nicht respektiert habe. Er würde zwar auch heute nicht anders handeln können, weil ihm die Kollegen sonst eine ärztliche Fehlentscheidung oder gar unterlassene Hilfeleistung vorwerfen würden. Aber er weiß heute immerhin, daß es so nicht sein sollte. Denn: «Der Tod gehört dem Sterbenden und den Menschen, die ihn in Liebe begleiten.»

Gehört er ihnen denn? Anders gefragt: Wäre die Unverfügbarkeit des Lebens, das Menschenrecht auf Leben, verletzt, wenn der Kranke dieses Recht freiwillig preisgibt, wenn er sterben will, wenn er bewußt und erklärtermaßen auf sein Lebensrecht verzichtet? Hat er auch das Recht, den Wunsch nach einem Ende seines Lebens geltend zu machen, dieses Ende sogar zu verlangen von einem Arzt, dem von seinem hippokratischen Eid wie vom geltenden Recht geboten wird zu heilen und verboten wird zu töten? Soll das Recht eines Menschen auf seinen eigenen Tod stärker sein?

Das hängt entscheidend davon ab, wie die Gesellschaft, in der wir leben, das Selbstbestimmungsrecht des Patienten wertet; ob sie den Anspruch erhebt, diese existentiellen Entscheidungen allgemeinverbindlich zu regeln, oder ob sie den Menschen gestattet, solche Entscheidungen im Interesse ihres eigenen Lebens selbst zu treffen. Ein im übrigen eher konservativ argumentierender Rechtsphilosoph wie Ronald Dworkin plädiert an dieser Stelle dafür, die Unverletzlichkeit des Lebens stärker in einem Zusammenhang mit dem Eigeninteresse der Betroffenen zu sehen. Welche Art, das eigene Leben zu beenden, im Interesse eines Menschen sei, das hänge von so vielen persönlichen Faktoren ab, «von der Form und dem Charakter seines Lebens, seinem Selbstverständnis und seinen wertebezogenen Interessen», daß es gar keine allgemeingültige Entscheidung geben könne, sondern eben nur die – ausdrückliche oder mutmaßliche – persönliche Verfügung. So argumentiert auch Dworkins deutscher Kollege Norbert Hoerster: «Der Patient selbst muß in letzter Instanz die Beurteilung vornehmen, ob das weitere Leben mit Rücksicht auf die Begleitumstände seiner Krankheit für ihn noch von Wert ist, oder ob ein vorzeitiger Tod in seinem eigenen wohlverstandenen Interesse liegt.»

Man mag daran zweifeln, daß ein kranker Mensch

240

unter allen Umständen in der Lage sei, dies für sich selbst richtig zu beurteilen. Jedenfalls ist der Einwand oft berechtigt, der Ruf schwer leidender Menschen nach Beendigung ihres Lebens sei in Wahrheit ein Ruf nach Zuwendung, ein Ausdruck der Vereinsamung, eine Bitte um Begleitung. Töte mich! bedeute in Wahrheit: Hilf mir! Es bedeute, daß ein Mensch so nicht weiterleben wolle, wie er es gerade erfahre, mit seinen Schmerzen, seiner Einsamkeit, seiner Hilflosigkeit, daß aber manchmal schon eine bescheiden anmutende Veränderung seines Befindens den Todeswunsch verstummen lasse. Die Helfer aus der Hospizbewegung, die solchen Sinneswandel immer wieder erlebt haben, wollen auch gewürdigt wissen, daß zumindest physische Schmerzen in Anbetracht der lindernden Möglichkeiten einer guten Palliativtherapie in den meisten Fällen kein Grund für einen Todeswunsch mehr sein müßten.

Es ist in der Tat sehr gefährlich, Leben als «nicht mehr lebenswert» qualifizieren zu wollen. «Auf diese Weise wird Leben von seiner Qualität her grundsätzlich zur Disposition gestellt», warnt der Münchner Moraltheologe und Sozialethiker Professor Johannes Gründel – und stellt die entscheidende Frage, nach welchen Maßstäben denn über Lebensqualität entschieden werden solle. Müßte dann auch einem unheilbar psychisch Kranken, der sein Leben als nicht mehr lebenswert empfinde, auf seinen Wunsch der «Gnadentod» gewährt werden?

Der Lebenswert eines Menschen ist mit Sicherheit kein wissenschaftlich zu definierender Sachverhalt. Er kann nur begrenzt, wenn überhaupt, medizinisch diagnostiziert oder prognostiziert werden. Sensible Ärzte wissen das; sie wissen, daß sie mit jeglichem Urteil über den Lebenswert eines Patienten die Erkenntnismöglichkeiten der empirischen Wissenschaft und damit ihre Kompetenzen als Mediziner überschreiten würden.

Seriöse Befürworter der Sterbehilfe, Hans Küng zum Beispiel, legen gesteigerten Wert auf die Feststellung, sie seien keineswegs der Meinung, ein Mensch werde durch eine unheilbare Krankheit, Altersschwäche oder definitive Bewußtlosigkeit zu einer «Nicht-Person» oder zum «Nicht-mehr-Menschen». Der australische Ethiker Peter Singer hat Ähnliches (mit zum Teil anstößigen Formulierungen) vor allem von schwer mißgebildeten Neugeborenen behauptet und wird seither von den Ideologen im deutschen Sterbehilfe-Streit gern – aber wohl zu Unrecht – als der Gottseibeiuns vorgeführt, wenn die Vergleiche mit der Nazi-Nähe der Sterbehelfer mal nicht zu gebrauchen sind, mindestens aber als eine Bedrohung aller Behinderten.

Es ist ja begreiflich, daß sich gerade bei diesem Thema die Behinderten Gehör verschaffen und Schluß der Debatte verlangen, wenigstens Respekt fordern für das Faktum, daß auch abhängiges Leben in schwerbehindertem Zustand lebenswert und schutzwürdig ist. Aggressiv intonierte Zwischenrufe werden manchmal auch im Umfeld der Hospizbewegung hörbar, zum Beispiel: «Fragen nach dem Wert des Lebens verbieten sich», oder: «Leben braucht keinen Sinn, um lebenswert zu sein.»

Der alte Römer Seneca, der den Tod bestimmt nicht gefürchtet hat, war da allerdings anderer Ansicht. Er wollte das hohe Alter nur dann nicht preisgeben, «wenn es mein besseres Selbst unbeschadet läßt». Wenn er aber wisse, «daß ich leiden muß ohne Hoffnung auf Besserung», dann wolle er aus dem Leben scheiden, nicht aus Furcht vor den Schmerzen, «sondern weil sie mir alles nehmen, was mir das Leben lebenswert macht».

Würde die Anerkennung eines Rechts auf den selbstbestimmten Tod die Dämme der allgemeinverbindlichen Rechtsordnung, die unser Menschenrecht auf Leben schützen soll, zum Einsturz bringen? Geriete die Gesetzgebung wirklich auf eine schiefe Ebene, wenn sie auch nur die kleinste Lücke ließe in der Mauer der Abwehr gegen die Verfügbarkeit des Lebens, gegen jeden Eingriff in die Unversehrtheit von Leib und Leben? Darf aktive Sterbehilfe auch nicht unter strengen Kautelen gestattet werden, weil sie sonst am Ende doch zu freizügig legalisiert würde, weil sie sonst die Ärzte korrumpieren und ihr Gewissen erlahmen lassen könnte?

Es ist fast unmöglich, Antworten auf solche Fragen zu geben, ohne dabei ins Kreuzfeuer der ideologisch aufgeladenen Kontroverse genommen zu werden. Der Rechtsphilosoph Norbert Hoerster hat es trotzdem versucht. Auch er leugnet die Gefahren einer bewußt mißbräuchlichen oder fahrlässig laxen oder einfach nur unzureichend informierten Anwendung aktiver Sterbehilfe im Einzelfall keineswegs; er macht nur darauf aufmerksam, daß es empirische Befunde zum Beweis solcher Gefahren bisher nicht gebe. Die in der Öffentlichkeit mit der gebührenden Empörung diskutierten Fälle der Tötung von Patienten in einigen Krankenhäusern «geschahen schließlich vor dem Hintergrund eines sozialen Klimas, in dem jede aktive Sterbehilfe undifferenziert tabuisiert und verboten wird».

Hoerster hält aktive Sterbehilfe unter genau festgelegten Bedingungen für legitim und rechtlich nicht verbotswürdig. Aber obwohl er dezidiert der Meinung ist, daß es juristisch nicht gegen das Grundrecht auf Leben

243

verstoßen würde, die Tötung auf Verlangen straffrei zu stellen, schlägt er nicht vor, dies auch zu tun. Denn der Besitz des Lebens sei die Voraussetzung des Genusses aller anderen individuellen Güter, und sein Verlust sei absolut irreversibel. Das Individuum habe also sogar ein Interesse daran, von der Rechtsordnung vor einer Preisgabe des eigenen Lebens geschützt zu werden, die einer bloß vorübergehenden Lebensmüdigkeit entspringen könnte.

Auch das ist gewiß eine widersprüchliche Position; aber der Widerspruch wird zumindest praktikabel, wenn man die Bedingungen kennt, unter denen Hoerster aktive Sterbehilfe für legitim hält: Der Betroffene muß, erstens, einem schweren, unheilbaren Leiden ausgesetzt sein. Er muß die Sterbehilfe, zweitens, selbst und aufgrund reiflicher, in urteilsfähigem und aufgeklärtem Zustand angestellter Überlegung wünschen; sie darf unter keinen Umständen von außen aufgenötigt sein. Und sie muß, drittens, von einem Arzt oder mit Ermächtigung eines Arztes geleistet werden. Diese Bedingungen sind weitgehend identisch mit denen, die ein reformierter holländischer Theologe, Harry M. Kuitert, formuliert hat; Kuitert fügt nur noch hinzu, daß der unerträgliche Leidenszustand des Patienten die Bitte um Sterbehilfe rechtfertigen müsse, daß der Arzt sich zuvor mit einem Kollegen zu beraten und ein Protokoll anzulegen habe. Und so wird es in den Niederlanden ja auch gehalten.

Die Niederlande haben, als einziges europäisches Land, den prinzipiellen Widerspruch praktikabel gemacht, indem sie ein, mehrfach ergänztes und präzisiertes, Sterbehilfe-Recht etabliert haben. Demnach ist und bleibt aktive Sterbehilfe ein Delikt, das aber in der Re-

gel nicht verfolgt wird. Von einer Strafverfolgung kann
abgesehen werden, wenn ein unheilbar kranker Patient
mehrmals und freiwillig um die Beendigung seines Lebens gebeten hat. Der Patient muß im Vollbesitz seiner
geistigen Kräfte sein. Der Patient und sein Arzt müssen
zueinander in einem lange währenden Vertrauensver-
hältnis stehen. Der Arzt muß einen Kollegen zu Rate ziehen und dessen Zustimmung zur Sterbehilfe erhalten.
Er ist verpflichtet, jeden einzelnen Fall samt einer ge-
nauen Beschreibung bei der Staatsanwaltschaft zu melden. 1994 wurden den Justizbehörden 1424 solche Fälle
gemeldet, 1993 waren es 1318, von denen nur 14 zu einer
Strafverfolgung führten.

Die praktische Ausführung der Euthanasie in den
Niederlanden, so Pieter Admiraal, der es wissen muß,
«geschieht nach Grundregeln, die durch die K.N.M.P.
(Königlich Niederländische Pharmazie-Gesellschaft)
herausgegeben werden. Diese Regeln werden von der
K.N.M.G. (Königlich Niederländische Ärztekammer)
empfohlen.» In ungefähr der Hälfte aller Fälle nehme
der Patient selbst ein Getränk mit Barbituraten. «Fast
unmittelbar danach schläft er ein und stirbt in tiefem
Koma durch Atmungshemmung. In 70 bis 80 Prozent er-
folgt das innerhalb von drei Stunden. Falls es länger
dauert, wird der Arzt meistens Curare intravenös oder
intramuskulär verwenden, um das Koma zu beenden. In
anderen Fällen werden Barbiturate in steigender Dosis
per Infusion gegeben, wobei der Patient im Laufe weniger Stunden stirbt, oder Barbiturate und Curare direkt
intravenös gespritzt, wodurch der Patient innerhalb weniger Minuten stirbt.»

Diese Praxis ist durchaus umstritten, auch in den Niederlanden selbst. Die Meinung wird verbreitet, der be-

fürchtete Dammbruch sei bereits eingetreten, die Zahl der Getöteten sei in Wahrheit viel höher. Auch gibt es Gerüchte, daß nicht eben wenige niederländische Ärzte bereit stünden, aktive Sterbehilfe bei solchen Patienten zu leisten, deren eigener Arzt dies abgelehnt habe, oder daß sie es sogar ohne ausdrückliche Einwilligung des Patienten täten. Von «herumreisenden Euthanasie-Ärzten» ist zuweilen die Rede gewesen, auch davon, daß viele alte Menschen ihre Ärzte zu beargwöhnen begännen.

Tatsache ist, daß die niederländische Praxis eher «liberaler» gehandhabt als Restriktionen unterworfen wird. So waren sich Justizministerin und Parlamentarier Anfang 1995 darin einig, daß ein Arzt künftig auch dann aktive Sterbehilfe oder Hilfe zur Selbsttötung (was dort strafbar ist) leisten dürfe, wenn der Patient sich noch nicht in der allerletzten Lebensphase befinde, sein Leiden aber «aussichtslos und unerträglich» erscheine. Das bedeutet zunächst wohl nur eine Angleichung an die tatsächlich vorherrschende Praxis, ist aber auch eine Reaktion auf die niederländische Rechtsprechung. Immerhin hatte der Hoge Raad, das Oberste Gericht der Niederlande, im Frühjahr 1994 einen Psychiater aus Haarlem zwar schuldig gesprochen, aber straffrei ausgehen lassen, der einer psychisch kranken Patientin bei der Selbsttötung geholfen hatte. Die 50 Jahre alte Frau litt an schweren, nach Meinung des Psychiaters völlig unheilbaren Depressionen und hatte auch bereits einen Selbstmordversuch unternommen, war im übrigen aber körperlich völlig gesund.

Schuldig, aber straffrei – das ist sicherlich keine Lösung, mit der unser überkommenes Rechtsempfinden sich wohl fühlen kann. Aber wie anders als paradox soll eine Lösung denn sein, wenn die Aufgabe Ähnlichkeit mit der Quadratur des Kreises hat: Sterbehilfe so zu legitimieren, daß der Mensch und seine Würde wieder in den Mittelpunkt des Sterbens rücken (und nicht dessen Verhinderung), zugleich aber die Gefahr des Mißbrauchs solcher Legitimierung so klein wie möglich zu halten.

Es ist höchst unwahrscheinlich, daß Sterbehilfe nach dem niederländischen Modell eine Chance hätte, auch hierzulande zugelassen zu werden. Am Stand der Debatte läßt sich das jedenfalls nicht ablesen, weil es eine rational geführte, auf Lösungen konzentrierte Debatte ja nur in Ansätzen gibt. Und selbst dort, wo mit sachlichen Argumenten und nicht mit ideologischen Verdächtigungen gearbeitet wird, wo man den Disputanten auch nicht unterstellen kann, sie wollten alte oder behinderte Menschen beseitigen helfen, auch dort gibt es keinen Konsens.

Auf dem Podium der Universität Tübingen haben Hans Küng und Walter Jens nachdrücklich zugunsten einer gesetzlichen Regelung der aktiven Sterbehilfe argumentiert. Der Theologe Küng meint, Gott habe gerade dem sterbenden Menschen die Gewissensentscheidung und die Verantwortung «für Art und Zeitpunkt seines Todes» überlassen. Dem Freiraum ärztlichen Ermessens will Küng dies jedenfalls nicht überlassen sehen. «Ich bin also für Regelungen nicht zuletzt wegen der Ärzte selber. Habe ich doch festgestellt, daß die Ärzte Angst haben müssen – und dies ist eine begründete Angst –, wenn sie bezüglich der aktiven Sterbehilfe öffentlich die Wahrheit sagen» – nämlich daß sie in hoffnungslosen Fällen eine «Überdosis», ein tödlich wirkendes Medikament, gegeben haben.

247

Walter Jens ist eher noch deutlicher geworden: «Mag, unter der ärztlichen Devise ‹aber wir tun's ja schon längst, mein Freund, was Du verlangst; nur bitte rede nicht davon, sonst schadest Du nur Dir und mir und meinen Kollegen, die wie ich handeln, aber nicht öffentlich sagen dürfen, wie sie's mit der Sterbehilfe halten: human und liberal›... mag unter dieser Devise eine Grauzone ihre Vorteile haben – ich will nicht mit ihr leben, sondern votiere für eine exakte rechtliche Bestimmung.»

Der Arzt Dietrich Niethammer votiert, wie die meisten seiner Berufskollegen, dagegen. Er glaubt, die Bitte um Hilfe müsse eine Angelegenheit zwischen Arzt und Patient bleiben, die kein Gericht und keinen Gutachter etwas angehe. «Unsere jetzigen Möglichkeiten reichen aus, wenn Ärzte und Menschen in unserer Gesellschaft ihre Verpflichtungen gegenüber den Mitmenschen ernst nehmen... Die einzige rechtliche Regelung, die wir Ärzte einfordern sollten, ist ein Schutz vor Strafe, wenn wir unseren Patienten adäquat beigestanden haben.»

Der juristische Co-Disputant wiederum, Professor Albin Eser vom Max Planck Institut für Völkerkunde in Freiburg, steuert in seiner Argumentation auf Umwegen das niederländische Modell an. Er könnte sich «nur zu einer Regelung bereit finden, die von Strafe freistellt, wenn ein Arzt dem Sterbeverlangen entsprechen will, nicht aber in der Weise, daß den Patienten eine Art von ‹Anspruch› eingeräumt würde, den dann der Arzt einzulösen hätte». Der Staat müsse einerseits klarmachen, daß man die aktive Tötung von geborenem Leben nie für rechtmäßig erklären, also auch auf den Schuldspruch nicht verzichten kann; andererseits könne eingeräumt werden, daß der Druck auf den Arzt, der dem Verlangen, getötet zu werden, nachkommt, so übermächtig werden kann, daß aus subjektiven Gründen auf die Verhängung der Strafe zu verzichten sei.

Tatsächlich gibt es auch in Deutschland bereits seit 1986 den «Alternativentwurf eines Gesetzes über Sterbehilfe», entworfen von einem Arbeitskreis aus Professoren des Strafrechts und der Medizin, darunter auch Albin Eser, der das niederländische Modell in seine Formulierungen übernommen hat. Vorgeschlagen wird eine Ergänzung im Abschnitt 16 StGB «Straftaten gegen das Leben». Darin soll die Tötung auf Verlangen (§ 216, Absatz 1) unverändert strafbar bleiben, aber es soll folgender Absatz 2 angefügt werden: «Das Gericht kann unter den Voraussetzungen des Absatz 1 von Strafe absehen, wenn die Tötung der Beendigung eines schwersten, vom Betroffenen nicht mehr zu ertragenden Leidenszustands dient, der nicht durch andere Maßnahmen behoben oder gemindert werden kann.»

Daß ebendieser «Alternativentwurf Sterbehilfe» in Deutschland jemals Gesetz werden wird, ist, wie gesagt, zweifelhaft. Der im nämlichen Jahr 1986 tagende Deutsche Juristentag jedenfalls hat sich von den vorgeschlagenen Ergänzungen des Abschnitts 16 StGB keine zu eigen machen wollen – allerdings mit Ausnahme der Möglichkeit, bei Tötung auf Verlangen von Strafe abzusehen. Die Mehrheit der Versammelten war nämlich der Meinung, so interpretiert es jedenfalls Albin Eser, «wir bräuchten keine gesetzliche Regelung, weil man – ähnlich wie es die Ärzte ja praktisch tun – ‹unterderhand› notfalls auch mit Hilfe der Rechtsprechung entsprechend verfahren könne». Sogar Juristen plädieren bei diesem Thema also für die «Grauzone».

Aber was heißt hier eigentlich «Grauzone»? Ist das die angemessene Bezeichnung für einen Bereich, in dem etwas geschieht, das sich der exakten Festlegung offenkundig verweigern muß? Eine Lösung für die Quadratur des Kreises würde man ja wohl auch nicht in einem Lehrbuch der Geometrie suchen. Und möchte jemand, der schon mal Patient war (und wer war das noch nicht?), ernstlich bestreiten, daß die Verantwortung eines Arztes im Umgang mit dem ihm anvertrauten Leben und Sterben weiter reicht als rechtliche Normen? «Suprema lex», das oberste Gebot also, egal ob nun «voluntas aegroti», der Wille des Kranken, oder sein Wohl, «salus aegroti», das ärztliche Handeln bestimmen soll – «suprema lex» ist allemal in die Hand des Arztes gegeben. Am Ende trägt er allein die Verantwortung.

Gewiß steht der Arzt nicht über der allgemeinverbindlichen Rechtsordnung. Aber alle juristischen Überlegungen «bewegen sich in gehöriger Distanz von der konkreten Situation im Sterbezimmer, die der Arzt ohnehin ganz allein mit sich und seinem Gewissen bewältigen muß». So hat es der Marburger Professor für Gerichts- und Sozial-Psychiatrie Helmuth Ehrhardt in einer bemerkenswerten, 1965 erschienenen Arbeit über «Euthanasie und Vernichtung ‹lebensunwerten› Lebens» formuliert. Ehrhardt geht noch weiter: «Das Verhältnis von Arzt und Patient, ganz besonders im Sterbezimmer, ist zu kompliziert, zu persönlich, um es in ein allgemeinverbindliches logisches, moralisches und rechtliches Begriffsgitter einzufangen.» Das heißt, die Gewissensentscheidung des Arztes im konkreten Einzelfall («und der sie auslösende – oft sehr komplexe – Sachverhalt») entzieht sich weitgehend der Einordnung in rechtliche, aber auch in moralische Kategorien.

Nun fragen manche Ärzte, ob den Befürwortern aktiver Sterbehilfe eigentlich bewußt sei, was sie den Medizinern da zumuten, und geben sich auch nicht zufrieden mit Hans Küngs Versicherung, natürlich dürfe kein Arzt gezwungen werden, medizinisch irgend etwas gegen sein Gewissen zu tun, allenfalls solle er verpflichtet werden, bei der Suche nach einem anders gesonnenen Kollegen behilflich zu sein – was zweifellos problematisch ist. Der Arzt Hermann Hepp hat noch erheblich gravierendere Einwände: «Verlassen wir die Position, Helfer *beim* Sterben zu sein, und überschreiten wir den Rubikon, indem wir Helfer *zum* Sterben werden, so wird der Arzt zum gefährlichsten Menschen jedes Staatswesens.» Aber wo genau dieser Rubikon denn nun verläuft – darüber sind sich auch die Mediziner nicht einig. Wenn der «eigene Tod» bedeutet, daß jedes Sterben anders ist als das nächste, dann ist auch jede Sterbehilfe wieder anders.

Es ist bestimmt nicht nur der Niederländer Admiraal, der zu dem Schluß kommt, daß es letztlich keinen moralisch relevanten Unterschied zwischen aktiver und passiver Sterbehilfe gibt: In beiden Fällen handelt der Arzt aus Respekt vor dem Recht des Patienten auf Selbstbestimmung. In beiden Fällen wird Leben verkürzt. In beiden Fällen hat der Arzt eine Handlung vorgenommen oder eine Unterlassung begangen, die zum Tod des Patienten führt. In beiden Fällen trägt er die Verantwortung.

Auch ist nicht zu leugnen, daß die Grenze zwischen aktiver und passiver Sterbehilfe fließend ist – abhängig von derart differenten Voraussetzungen, sachlichen und vor allem persönlichen, daß sie gar nicht genau gezogen werden kann. Auch die Grenze zwischen Sterbebegleitung und Sterbehilfe ist fließend, immer abhängig vom Maß des subjektiven Leidens. Viele erfahrene Begleiter aus der Hospizbewegung, mindestens die Ärzte unter ihnen, wissen das sehr wohl und bestreiten es im persönlichen Gespräch auch nicht. Bestimmt eignet sich diese Grenze nicht als Frontlinie, an der Sterbehelfer und Sterbebegleiter aufeinander losgehen müßten. Wer eine Überdosis Morphium für die Ultima ratio eines begleiteten Sterbens hält, der will den Sterbenden doch nicht die Zuwendung verweigern oder gar die Pflege bis zum letzten Augenblick.

Eine Geschichte aus der «Grauzone», eine wahre Geschichte: «Als feststand, daß der Krebs der Freundin von Hilde F. unheilbar war, ließ diese sich in den Vorruhestand versetzen und pflegte die Kranke zu Hause. Eine gemeinsame Bekannte, eine Ärztin, die ihre Praxis aufgegeben hatte, leistete während der letzten Tage medizinischen Beistand: Das hatten wir besprochen, wenn es dem Ende zugehen würde, wollte ich helfen, erzählt Frau Dr. K. Die Kranke konnte weder essen noch trinken, sie war zum Teil schon verwirrt, und ich sah, daß der Sterbetermin gekommen war. Und da zog ich die Spritze auf und sagte zu ihr: Jetzt wirst du gut schlafen, und sie verstand und sagte: Wie du das sagst...! Und dann fand sie Ruhe nach einer furchtbaren Nacht, das war morgens um sechs, und wir haben den ganzen Tag bei ihr gesessen, haben ihre Lieblingsgedichte vorgelesen und die Bachschen Fugen aufgelegt, und es war für uns alle ein ruhiger, friedlicher Vorgang, der dann eben abschloß mit dem Aushauchen des Lebens. Gegen Abend ist sie gestorben.»

William Osler, der amerikanische Arzt und Lehrer, hat das, was ein Arzt zu tun hat, schon im vergangenen

Jahrhundert so definiert: «To cure sometimes, to relieve often and to comfort always.» Heilen kann er nur manchmal, lindern kann er oft, aber Trost spenden muß er immer.

Für den Arzt gibt es kein «lebensunwertes» Leben, allenfalls lebensunfähiges Leben – und auch dieses bedarf seiner. Wenn er nicht zu jenen Ärzten gehört, die den Patienten im Stich lassen, sobald die Schlacht gegen die Krankheit verloren ist, wird er seinen Auftrag auch dann nicht für erfüllt halten, wenn er keine Macht über den Tod mehr hat. «Dann kann er», sagt Sherwin Nuland, «zumindest noch Kontrolle über den Sterbevorgang ausüben, seinen Verlauf beeinflussen und seine Dauer mitbestimmen.»

Nuland, der sich zwar nicht in seinem Buch, aber in anderen öffentlichen Äußerungen dazu bekannt hat, selber aktive Sterbehilfe geleistet zu haben, sieht im Hausarzt die idealtypische Inkarnation des Sterbebegleiters, in einem langjährigen Vertrauten also, der im entscheidenden Augenblick bereit ist, ebenso human wie mutig zu handeln. Einen solchen Sterbehelfer will er auch selber haben, denn «innerhalb der Grenzen dessen, was noch in meiner Macht liegt, will ich nicht später sterben als nötig, nur weil ein hochqualifizierter Spezialist nicht versteht, wer ich bin». Und offenbar hat er vorgesorgt: «Wenn meine Zeit kommt, werde ich Hoffnung aus dem Wissen schöpfen, daß man mir unnötige Schmerzen und sinnlose Versuche, meine Leiden zu verlängern, erspart. Hoffnung schöpfe ich aus der Gewißheit, daß ich im Sterben nicht allein gelassen werde.»

Dazu gehört Intimität, und die ist ja nicht selbstverständlich in der Beziehung zwischen Arzt und Patient;

sie ist wohl eher die Ausnahme. Timothy Quill, amerikanischer Arzt und Autor, bekennt sich in seinem Buch *Death and Dignity* nicht nur zu solcher Intimität, er verlangt sie auch von sich und seinesgleichen: «Ärzte müssen sich auf eine Politik des Nicht-im-Stich-Lassens verständigen. Sie müssen bei ihren Patienten bleiben, wie auch immer diese sich entscheiden mögen.»

Ich bin kein Mediziner, kein Philosoph und auch kein Rechtsgelehrter; ich messe mir nicht die Kompetenz zu, den hier referierten Definitionen und Konfessionen eigene hinzuzufügen – außer dieser: Ich hätte ein besseres Leben, wenn ich den Tod wie einen Freund erwarten dürfte; wenn ich sicher sein dürfte, daß mir in der höchsten Not jemand hilft, mein Sterben zu beenden, solange es noch Ähnlichkeit mit meinem Leben und noch nicht alle Würde verloren hat. Ich bin, wie Walter Jens, der Überzeugung, Millionen von Menschen könnten gelassener ihrer Arbeit nachgehen, «wenn wir wüßten, daß uns eines Tages ein Arzt zur Seite stünde: kein Spezialist, sondern ein Hausarzt wie Dr. Max Schur es war... Ja, es lebte sich leichter mit diesem Wissen.» Ich hoffe auf diese Intimität, die kein Gesetz gewähren kann. Ich plädiere für die «Grauzone».

Wenn Rilke recht hat, und da ist einer, «der dieses Fallen unendlich sanft in seinen Händen hält», dann wird in der Stunde unseres Todes auch einer dasein, der unser Sterben nicht zu einem Absturz in die Würdelosigkeit, in Schmerz und Verzweiflung werden läßt, einer, der uns den «eigenen Tod» gewährt. Das ist eine Hoffnung. Und ein Gebet.

Plädoyer für Freund Hein

Ich weiß nicht, wie meine Mutter gestorben ist, ich war nicht dabei. Es ist auch niemand dabeigewesen, der mir davon berichtet hätte. Ich muß mir vorstellen, wie es war. Aber ich kann mir nicht vorstellen, daß es gut war.

Ich weiß immerhin, daß ich damals versagt habe. Ich habe versucht, sozusagen sachlich zu bleiben und das Notwendige zu tun. Ich hielt das für die einzige Möglichkeit, mit dem Ereignis umzugehen, als es sich nicht länger verdrängen ließ, sondern mein Handeln erforderte. Ich habe das für mich nicht zu bewältigende Problem des Sterbens meiner Mutter in eine Reihe praktischer, gut zu bewältigender Probleme umfunktioniert. Was dabei herausgekommen ist, kann man fast einen Musterfall trauerloser, erinnerungsscheuer Entsorgung nennen.

Ich weiß jetzt auch, daß solches Versagen weit verbreitet und eine typische Folge der Ausbürgerung des Todes aus dem Leben dieser Gesellschaft ist – eine Zeiterscheinung. Ich habe sogar einleuchtende Erklärungen für meine Sprachlosigkeit vor dem Sterben der Mutter gefunden. Norbert Elias erwähnt «eine eigentümliche Verlegenheit der Lebenden in der Gegenwart eines Sterbenden. Sie wissen oft nicht recht, was zu sagen. Der Sprachschatz für den Gebrauch in dieser Situation ist verhältnismäßig arm.» Bei Zygmunt Bauman habe ich gelesen, wir könnten den Sterbenden «einzig und allein die Sprache des Überlebens anbieten». Seit der Tod «auf einen reinen und einfachen Abgang reduziert ist», habe er «keine Bedeutung, die mit den Worten erfaßbar wäre, die wir einstudiert haben und deren Gebrauch uns gestattet ist».

Bestätigt gefühlt habe ich mich durch solche Erklärungen aber nicht, eher entlarvt – als Mitläufer eines Zeitgeistes, über den ich mich erhaben geglaubt hatte. Was mich wesentlich mehr beeindruckt hat, waren die Schilderungen von Zeitgenossen, die sich in meiner Situation völlig anders verhalten haben.

Da ist zum Beispiel die Erzählung von Norbert Blüm, dem Arbeitsminister. Als ihn die Nachricht erreichte, seine Mutter liege im Sterben, raste er – wie schon früher beim Tod seines Vaters – in halsbrecherischer Autofahrt nach Rüsselsheim. Er kam auch diesmal noch beizeiten. Die alte Frau starb erst, nachdem sie Norbert und seinen Bruder mit präzisen Anweisungen für Kost und Logis versehen und für die Nacht aus dem Krankenhaus heimgeschickt hatte. Es war die Osternacht. Die Brüder Blüm besuchten die Auferstehungsmesse und sprachen danach mit dem Pfarrer über das Sterben ihrer Mutter. «Mittags war er bei ihr. ‹Kommt Norbert noch?› habe sie ihn gefragt. ‹Bestimmt, Frau Blüm.› – ‹So lange warte ich noch.› – ‹Herr Pfarrer, ist Sterben schwer?› habe sie ihn gefragt. ‹Ich weiß es nicht, Frau Blüm. Ich habe es doch auch noch nicht erlebt. Aber wenn man so fromm ist wie Sie, muß es doch leicht sein.› – ‹Also, probieren wir es›, war ihre Antwort.»

Oder Simone de Beauvoirs Schilderung des langen Sterbens ihrer Mutter *Ein sanfter Tod* – die hat mich besonders beeindruckt. Da gibt es keine Sprachlosigkeit, keinen Fluchtversuch. Gerissene Fäden werden behutsam aufgenommen und wieder geknüpft: «Ich war an diese Sterbende gebunden. Während wir im Halbdunkel miteinander sprachen, beschwichtigte ich einen alten Selbstvorwurf: ich nahm das Zwiegespräch wieder auf, das während meiner Jugend abgebrochen war und das wir auf Grund unserer Gegensätze und unserer Ähnlichkeit nie wieder hatten aufnehmen können. Und die frühere Zärtlichkeit, die ich für immer erloschen geglaubt hatte, erwachte wieder, seit es Mama möglich war, sich in schlichten Worten und Gesten auszudrükken.»

Getroffen haben mich auch ein paar Sätze aus einer *Stern*-Geschichte meiner Kollegin Evelyn Holst, in der sie «den langen Abschied» ihrer damals 84jährigen Großmutter Lea Horwitz beschreibt: «‹Ich bin so dankbar, daß ich nicht ins Heim muß›, sagt meine Großmutter manchmal, wenn sie aus ihrer Welt auftaucht, zu der wir längst keinen Zugang mehr haben. Dankbarkeit ist das positivste Gefühl, zu dem sie noch fähig ist. Freuen kann sie sich schon lange nicht mehr. Sie sagt artig ‹Danke schön›, wenn ihr ein frisches Nachthemd angezogen wird, wenn ihr die Kinder Blumen mitbringen, die sie doch nicht mehr riechen kann. Wenn es ihr Lieblingsgericht gibt, sagt sie ‹Oh, wie schön›, obwohl sie längst nichts mehr schmeckt.»

Oder ein paar Sätze aus einem *Sonntagsblatt*-Interview mit zwei Schwestern, die ihren krebskranken Bruder – moralisch unterstützt von einer Bremer Hospizhilfe – bis zum Tod zu Hause begleitet haben. «Da es uns aber weniger darum ging», sagt die eine Schwester, «Henrik im Sterben zu begleiten, sondern darum, noch eine richtig gute Zeit miteinander zu genießen, deshalb konnte ich den Streß auch durchstehen.» Und auf die

Frage, was es denn da zu genießen gegeben habe, sagt die andere: «Das Zusammenwachsen, das Geschwistersein, das hatten wir ja nie erlebt.»

Allmählich wurde mir bewußt, was ich versäumt hatte, ich ganz persönlich. Ich hatte mich bemüht, die verlorene Gemeinsamkeit durch fremde Fürsorge zu ersetzen. Der Versuch, das Gemeinsame wiederzufinden, die gerissenen Fäden neu zu knüpfen, war nicht unternommen worden; er war auch nicht gewollt. Ich hatte die letzte und beste Gelegenheit verpaßt, die auseinander gelaufenen Lebenslinien mindestens für einen entscheidenden Moment in unser beider Leben wieder zusammenzuführen. Ich hatte auf die Chance verzichtet, über die unvermeidlichen Brüche und Entfremdungen hinweg im Angesicht des Todes zu jener ursprünglichen Einheit zurückzufinden, die sich meine Mutter als eine hoffnungsvolle Utopie bewahrt hatte und die sie am Ende ihres Lebens weniger denn je entbehren konnte.

Vielleicht wäre diese ursprüngliche Einheit ja nicht mehr aufzufinden gewesen; vielleicht wäre der Versuch gescheitert, die in Jahrzehnten übermächtig gewordene Trennung am Ende doch noch zu überwinden. Aber der Versuch war gar nicht unternommen worden. Ich hatte meiner Mutter nie das Gefühl vermittelt, daß auch ich in Wahrheit «noch so viel zu sagen» hätte, daß ich Unausgesprochenes, «Unerledigtes» endlich einmal zur Sprache bringen wolle. Ausgerechnet ich, der ich – in meiner notorischen Ungeduld – mit «unfinished business», mit losen Enden, nie habe leben können, ausgerechnet ich hatte meine Mutter so aus dem Leben gehen lassen.

Ich habe damals noch nicht gespürt, daß mein Verhalten mich auch selber dezimieren würde. Ebensowenig habe ich gespürt, wie mächtig der Sog der allgemeinen Todesverdrängung war – oder was sonst mich dazu gebracht haben könnte, den Abschied von meiner Mutter zu einem alle Trauer unterbindenden Szenario zügiger Entsorgung werden zu lassen. Viel später erst ist mir das Verschwinden der Trauerkultur aus den Sitten und Gebräuchen dieser Gesellschaft bewußt geworden – auch meine ganz persönliche Unfähigkeit zu trauern, auch der Zusammenhang zwischen dieser Unfähigkeit und meiner Abkehr von der zerbröckelnden Familie.

Dem Konstanzer Literaturwissenschaftler Professor Helmut Bachmaier verdanke ich folgenden Hinweis auf Hegels Interpretation der *Antigone* des Sophokles: Die frisch verlobte Antigone räumt der Bestattung ihres toten Bruders einen höheren Rang ein als ihrem jungen Liebesleben; sie bekennt sich zur Pflicht der Erinnerung. Für Hegel ist es eine Familienpflicht, den Verstorbenen im Gedächtnis zu bewahren. Die Familie im Sinne Hegels ist eine kulturelle Stätte des Gedächtnisses. «Die Erinnerungskultur kommt der Familie zu», erläutert Helmut Bachmaier, «die auf diesem Wege dem Toten die Vollendung seines Lebens und ein Weiterleben in der Erinnerung ermöglicht... Der schreckliche Tod der Gegenwart ist demnach der gedächtnislose, der Tod, dem kein Gedächtnis folgt. Die Tabuisierung der Mortalität raubt also jedem Leben seine Einzigartigkeit und Vollendung.»

Der Niedergang der Trauerkultur hat hierzulande nicht viel Zeit in Anspruch genommen. Noch bis weit in dieses Jahrhundert hinein existierte eine Vielzahl von Ritualen, die, nach Region und Religion verschieden, auch gepflegt wurden – ob nun ein Leichenbitter die Todesnachricht von Tür zu Tür brachte, oder ob Totenbretter vor dem Haus des Verstorbenen aufgestellt wurden, verziert mit Symbolen und Sinnsprüchen unserer Vergänglichkeit. Die Angehörigen gingen im Trauerzug durch den Ort, und die Trauergäste bekamen Totenzettel mit dem Bild des Verstorbenen, seinen biographischen Daten und auch mit Gebetstexten. In meiner Kindheit sind mir immer wieder solche Zettel aus den Gebetbüchern der Familie entgegengefallen.

Heute hingegen gibt es eine Tendenz zum Anonymen, mindestens zur Nüchternheit. Es soll schnell gehen und möglichst wenig Spuren hinterlassen. Die Beerdigungsunternehmen richten sich danach, denn der Konkurrenzkampf unter den 3500 deutschen Bestattern ist mörderisch. Der Anteil der Feuerbestattungen hat in den alten Bundesländern binnen zehn Jahren von 18,7 auf 26,7 Prozent zugenommen; in den neuen Bundesländern schätzt man den Anteil der Feuerbestattungen sogar auf 45 Prozent. Auch die Seebestattung, also das mehr oder weniger feierliche Versenken der Urne im Meer, ist durchaus üblich geworden. Die quasi therapeutische Bedeutung der Grabstätte als einer Hilfe zur Trauerbewältigung ist aus dem Blick geraten. Und die Verweigerung eines «ordentlichen» Begräbnisses – zu Werthers Zeiten die Strafe der Kirche für den tabuisierten Selbstmord – würde kaum noch jemanden schrekken. «Handwerker trugen ihn. Kein Geistlicher hat ihn begleitet.» Heute läge das im Trend.

Der Anteil der spurlos Verschwundenen, weil anonym Bestatteten, ist in den letzten Jahren ständig gestiegen. Im Bundesdurchschnitt waren es Ende 1994 etwa sechs Prozent; in einigen Gegenden Norddeutschlands, wo die Kirchen nicht ganz so strikt dagegen sind wie im Süden, waren es bis zu 30 Prozent. Selbst in einer erzkatholischen Stadt wie Köln, wo diese Form der Bestattung erst seit ein paar Jahren möglich ist, wurden 1990 nur 1,9 Prozent der Toten anonym bestattet, drei Jahre später aber bereits acht Prozent. Die am häufigsten zu hörende Begründung ist, man wolle niemandem mit der Grabpflege lästig fallen. Alleinstehende haben ohnehin nur die Möglichkeit, eine «Dauergrabpflege» beim Friedhofsgärtner schon bei Lebzeiten zu bestellen, per Vertrag und gegen Vorkasse.

Anonym: Die Urne wird nach einer konventionellen Trauerfeier, oder auch ganz ohne eine solche, an einem nicht bekannten Ort zu einem nicht bekannten Zeitpunkt beigesetzt. Trauergäste sind dabei nicht anwesend. Den Friedhofsämtern ist es nicht gestattet, den Bestattungsort mitzuteilen. Es gibt keinen Grabstein, keine Grabplatte, auch kein Kreuz, nur kurz geschnittenes Gras. Niemand braucht Blumen zu pflanzen oder Unkraut zu rupfen. Niemand braucht sich zu erinnern.

Aber es gibt auch Alternativen, die nicht so trostlos und so trauerlos sind. Im Schweizer Kanton Freiburg zum Beispiel hat der Galerist und Mundartdichter Franz Aebischer vor ein paar Jahren die «Alp Spielmannda» für 531000 Franken ersteigert und zum alternativen Bergfriedhof gemacht. Die 512000 Quadratmeter große Wiese liegt in 1500 Metern Höhe oberhalb des Schwarzsees am Waldesrand; Alpenrosen, Enzian, Knabenkraut und Wacholder wachsen da. Weil es in der Schweiz keine Vorschriften über die Bestattung von Kremationsurnen und deren Inhalt gibt, kann man sich also gegen eine Gebühr von eintausend Franken, zahlbar im voraus an Aebischer, nach dessen Regeln zur letzten Ruhe legen lassen: Kein Grabstein, kein Kreuz, auch keine Gedenktafel, nur Natur; die genaue Stelle der Beisetzung wissen allein die Angehörigen. Die Bergwiese, sagt Aebischer, könne Wunder wirken: «Aus der Asche, die wir ohne Urne in die Erde geben, werden Pflanzen, Blumen und Gräser, denn hier oben ist der Tod ein Übergehen in die Vegetation, ins Leben.»

Tatsächlich macht sich, in den Nischen des Zeitgeists, eine Art Gegenbewegung zur Ex-und-hopp-Mentalität, zur gefühlsarmen Entsorgung bemerkbar – eingekleidet zumeist in eine vorsorgliche Inszenierung des eigenen Trauerfalls. Auffällig ist dieser «Trend» besonders in den Niederlanden, wo ja auch mit der Sterbehilfe liberaler als anderswo umgegangen wird. «Die niederländische Beerdigungskultur ist in Bewegung geraten», hat das *Algemeen Dagblad* konstatiert. Die zunehmende Individualisierung der Gesellschaft drücke nun auch unserer letzten irdischen «Tätigkeit» ihren Stempel auf.

Seit Aids die Menschen heimsucht, seit der Krebs sogar Kinder anfällt, wird der Tod auch wieder zu einem Thema für junge Menschen, fast wie in vergangenen Zeiten. Und junge Menschen gehen anders damit um als die Alten, sie sehen das Ende des Lebens noch nicht durch den Schleier der Melancholie, erst recht nicht als Vollendung eines langen Weges. Sie wollen diese Welt auch anders verlassen als ihre Vorfahren.

Ein junger Mann, nur 35 Jahre alt geworden, hat sich gewünscht, daß 35 Luftballons aufsteigen sollen, während sein Sarg ins Grab gesenkt wird; und so ist es geschehen. Ein anderer, mit 44 Jahren an Aids gestorben, ist in einem weißlackierten Sarg mit einer strahlenden orange-grauen Marmorierung begraben worden, in seinen Lieblingsjeans und seiner bevorzugten Lederweste. Die Friedhofskapelle war mit Stoffbahnen in den Regenbogenfarben ausgekleidet, und um den Sarg herum standen zwischen Hunderten von weißen und roten Rosen viele Fotografien aus allen Lebensphasen des Toten, große und kleine, schwarzweiße und farbige. Die Trauergäste kamen, einer nach dem anderen, nach vorn und zündeten vor dem Sarg kleine Teelichter an. Nina Hagen sang das Ave Maria.

«Es ändert sich etwas», sagt Claudia Marschner, eine etwa 30jährige Bestatterin, die in Berlin solche «alternativen» Totenfeiern ausrichtet. Die Hinterbliebenen gerade der jung Verstorbenen suchten nach neuen Trauerritualen und seien froh, wenn sie dabei Hilfe finden. «Ich sage ihnen auch, wieviel sie selbst gestalten und bestimmen können. Die meisten Menschen wissen das doch gar nicht. In Brasilien zum Beispiel käme niemand auf die Idee, einen Redner oder Musiker zu bestellen. Da ist es Ehrensache, daß die Familie und die Freunde das selber machen, und bei uns geht das doch auch.» Viele wissen zum Beispiel nicht, daß in Deutschland die Aufbahrung des Toten zu Hause 36 Stunden lang gestattet ist. Ob sie von dieser Möglichkeit Gebrauch machen würden, falls sie davon wüßten, ist eine andere Frage. Nur wenn Kinder sterben, werden solche Wünsche zuweilen laut.

In Köln gibt es seit 1991 eine von 160 Mitgliedern getragene Genossenschaft «Begleitung eG», die mit ihrem Rat und ihrer Hilfe für Sterbende und für die Hinterbliebenen bewußt anzuknüpfen versucht an die Rituale alter Trauerkulturen, an mittelalterliche Bestattungsbrüderschaften auf Gegenseitigkeit zum Beispiel. Und da in Köln ein offener Sarg in der Kirche oder in der Trauerhalle nicht gestattet ist, raten die Mitarbeiter der «Begleitung» durchaus auch zur Hausaufbahrung. «Wir glauben», sagt Rüdiger Reitz, Initiator der «Begleitung eG», «daß das Abschiednehmen für viele weniger traumatisch wäre, wenn sie den Menschen, der sie verlassen hat, während der Feier noch einmal sehen dürften, so, wie das früher üblich war. Aber dieses Verbot entspricht dem Denken in unserer Gesellschaft. Wir wollen von Tod und Sterben lieber nichts sehen und hören, und deshalb muß der Tote möglichst schnell vergraben werden.»

Das liegt in der Logik der Entwicklung. Wenn der Tod verdrängt wird, dann muß auch der Tote verdrängt werden; wenn der Tod tabu ist, dann ist es auch die Leiche. Der Körper, aus dem das Leben entwichen ist, gilt sehr vielen Menschen, wie man aus Befragungen weiß, als «unangenehm», wenn nicht als «ekelhaft», mindestens als «beängstigend». Oder warum sonst «lassen so viele heute sofort, oft mitten in der Nacht, die Leiche eines geliebten Menschen wie Sondermüll abholen»? Das fragt die Rundfunkjournalistin Carmen Thomas, die sich nach einer ihrer populären «Hallo-Ü-Wagen»-Sendungen zum Thema «Umgang mit der Leiche» mit so vielen Reaktionen und Erfahrungsberichten aus dem Kreis der Zuhörer konfrontiert sah, daß sie ein Buch über diese *Berührungsängste* veröffentlicht hat, in dem sie nachdrücklich dazu auffordert, die Distanz zur Leiche zu überwinden und sich vom Körper eines Menschen, dem man im Leben nahe war, im Tod nicht einfach abzuwenden. Die Aufforderung ist vor allem an die Nachkriegsgenerationen adressiert, für die Leichen im Fernsehen zum Alltag gehören, die aber in Panik geraten oder krampfhaft wegschauen, wenn sie mit einer «echten» Leiche konfrontiert werden.

264

Der wohl am häufigsten genannte Grund für die Weigerung, am offenen Sarg von den Toten Abschied zu nehmen, ist der Wunsch, die Verstorbenen so im Gedächtnis zu behalten, wie man sie im Leben gekannt hat. Mir ist dieser Wunsch geläufig, ich selbst habe ihn vorgebracht, und das war keine Heuchelei. Ich glaube auch heute nicht, daß der Anblick der toten Mutter mich besser befähigt hätte zu trauern, daß der Abschied, der mir an ihrem Krankenbett mißlungen war, an ihrem Sarg gelungen wäre. Was ich versäumt habe, das habe ich weit mehr an der Lebenden versäumt, auch an der Sterbenden, nicht an der Toten.

Und doch hätte ich es nicht dahin kommen lassen dürfen, daß ihr Begräbnis zu einer seelsorgerischen – in Wahrheit: einer entsorgerischen – Pflichtübung wurde. Bestimmt hat meine Mutter gewollt, daß man sich an sie erinnere. Ganz gewiß hat sie sich von der Familie, die es eigentlich nicht gab und die sie also auch nicht zu Hause hatte sterben lassen, wenigstens jene «Erinnerungskultur» erhofft, von der Bachmaier sagt, daß sie dem Toten die Vollendung seines Lebens und ein Weiterleben in der Erinnerung ermögliche. Zygmunt Bauman meint: «Die fortdauernde Existenz der Gemeinschaft stellt die Gewähr dafür dar, daß sich die individuelle Vergänglichkeit zumindest für eine gewisse Zeit überwinden läßt.» Und von dem todkranken François Mitterrand stammt der Satz: «Der Toten zu gedenken heißt für mich, das Nachleben der Menschen zu gewährleisten, die man geliebt hat, in der Erwartung, daß die anderen dieses auch für einen selbst tun.»

Die Totenfeier hätte deutlich machen müssen, daß es so sei; sie hätte eine sehr persönliche Abschiedsfeier sein müssen. Gewiß, von den Freunden und Bekannten meiner Mutter war kaum noch jemand am Leben oder in der Lage anzureisen. Aber ich hatte noch nicht einmal darüber nachgedacht, wen sonst aus ihrem eng gewordenen Lebensraum ich hätte einladen sollen, Abschied von ihr zu nehmen, oder was ich hätte tun können, um diese letzte Zusammenkunft in ihrem Namen und in ihrer leiblichen Gegenwart wirklich zu einem Anlaß der Erinnerung zu machen.

Die einzige Bestätigung, die ich in Norbert Blüms Beschreibung des Abschieds von seinen Eltern gefunden habe, ist die Peinlichkeit, die Blüm empfand, «als am Grab meines Vaters ein Pastor, der meinem Vater nie begegnet war und den auch mein Vater nie gesehen hatte, über meinen guten alten Vatter sprach, als wäre er mit ihm schon einmal die Treppe hinunter gefallen». Doch daß Blüm versucht hätte, dem geistlichen Herrn vorsorglich das Wort zu verbieten, wie ich es getan habe, das wage ich zu bezweifeln. Vor allem aber: Mir ist nichts Besseres als diese Verhinderung eingefallen, nichts, was auch nur in die Nähe eines persönlichen Gedenkens oder gar eines Rituals gekommen wäre. «Gedenkriten proben die Nicht-Endgültigkeit des Todes» – auch das habe ich erst bei Zygmunt Bauman gelesen. «Sie trennen den Augenblick des körperlichen Todes vom Augenblick des *sozialen* Todes.» Ich denke, daß meine Mutter so etwas von mir erwartet hätte.

Ich hätte nichts ändern können an den «Verhältnissen», an den Voraussetzungen unserer Beziehung; ich hätte die Familie nicht rekonstruieren können, die in der Lage gewesen wäre, Heimstatt und Zentrum der Pflege zu sein. Auch heute sehe ich nicht, wie ich meiner Mutter den Weg ins Altenheim, in das sie nicht wollte, hätte ersparen können. Aber die Familie als Utopie, als Hort der Erinnerung, hätte ich ihr darum nicht zu nehmen brauchen. Wenn ich mir überlege, was ich heute anders machen würde, dann fallen mir zuerst zwei Dinge ein, die Cicely Saunders häufig erwähnt hat: «Watch with me!», also die Szene im Garten von Gethsemane, wo Jesus seine Jünger vergebens bat, mit ihm zu wachen und ihn mit seiner Todesangst nicht allein zu lassen; und das Wort vom «unfinished business», vom Unausgesprochenen, Unvollendeten, das die Sterbenden manchmal daran hindert, im Frieden zu scheiden und ein gutes Ende zu nehmen.

Das heißt, ich würde versuchen, nicht wegzulaufen, sondern unter allen Umständen präsent zu bleiben. Ich würde meine schon damals durchaus überwindliche Unabkömmlichkeit nicht mehr als so wichtig ansehen, sondern als Vorwand. Vor allem würde ich versuchen, die Kommunikation nicht abreißen zu lassen, auch wenn kein Dialog mehr möglich wäre. Ich weiß jetzt, daß Sterben kein kurzer Prozeß ist, ich weiß also, daß ich meine Mutter noch erreicht hätte, als sie «nicht mehr ansprechbar» war. Das wäre der Augenblick gewesen, in dem ich ihr alles hätte sagen können, was ich ein Leben lang verschwiegen, hinter Rücksichten und Rollenspielen versteckt hatte.

Das klingt nach Bilanz, nach «Aufarbeiten», womöglich nach Rechtfertigung, und wenn ich damals nicht geflüchtet wäre, sondern geredet hätte, dann hätte ich so etwas Ähnliches vielleicht versucht – und wäre damit gescheitert. Es kann nicht darum gehen, «unfinished business» in einem dramatischen Dialog mit dem Sterbenden wirklich zu «erledigen». Ein sterbender Mensch ist kein «Geschäftspartner» mehr, selbst wenn er noch dialogfähig sein sollte. Ich kannte damals das

Tibetanische Totenbuch noch nicht, also auch nicht die, an anderer Stelle schon einmal zitierte, Erläuterung des tibetanischen Meditationsmeisters, daß nämlich der Sterbende, während seine Intelligenz und sein Bewußtsein zerfallen, zugleich jene «höhere Bewußtheit des umgebenden Gefühls» entwickle. «Wenn es dir also möglich ist», fährt Tschögyam Trungpa fort, «ihm eine grundsätzliche Wärme zu vermitteln und das grundlegende Vertrauen, daß das, was du ihm erzählst, die Wahrheit ist und nicht nur irgend etwas, von dem man dir gesagt hat, du solltest es ihm erzählen, dann ist das von größter Wichtigkeit.» Es waren weniger die Worte, die mir damals gefehlt haben, es war mir einfach nicht möglich, diese «grundsätzliche Wärme» zu vermitteln.

Ich denke heute, daß es gar nicht darauf angekommen wäre, unser problematisches Mutter-Sohn-Verhältnis zu analysieren, also beispielsweise zu klären, woher die Berührungsängste kamen, die seit der Pubertät meinen Umgang mit der Mutter in einer für sie gewiß schmerzlichen Weise beeinträchtigt hatten. Es hätte genügt zu sagen, daß dies zwar so gewesen, aber nun nicht mehr wichtig sei. Die Lebensbilanz als sinnstiftendes Element hatte für meine gläubige Mutter, die keine Zweifel an einem Leben nach dem Tod und an einem Wiedersehen mit ihren toten Freunden und Verwandten hegte, wohl nicht mehr allzuviel Bedeutung. Es hätte genügt, wahrhaft präsent zu sein und «dem Geisteszustand eines sterbenden Menschen beizustehen», wie der Tibeter Trungpa sagt: «Es ist äußerst wichtig, den sterbenden Menschen anzusprechen, ihm zu sagen, daß der Tod an diesem Punkt kein Mythos ist, sondern daß er tatsächlich eintritt. ‹Er tritt tatsächlich ein, aber wir sind deine Freunde, und deshalb schauen wir zu bei deinem Tod. Wir wissen, daß du stirbst, und du weißt, daß du stirbst, und so treffen wir alle in diesem Punkt zusammen.› Das ist der edelste und beste Beweis von Freundschaft und Verbundenheit, und er gibt dem sterbenden Menschen unvorstellbar reiche Inspiration.»

Ich weiß nicht, wie vielen von den 15 oder 20 Menschen, die sich an einem kalten, mit Schnee garnierten Märztag 1995 am Sterbelager des Fernsehjournalisten Hanns Joachim Friedrichs versammelten, dieser Text bekannt war; jedenfalls handelten sie danach. Es war Friedrichs' 68. Geburtstag, sein letzter – soviel war klar. Seine Tumor-Krankheit hatte, schneller als erwartet, das Endstadium erreicht. Aber wie feiert man den Geburtstag eines Sterbenden? Konnte es noch irgend etwas geben, das ihn an einem solchen Tag erfreuen würde? Wenn überhaupt, dann konnte es nur etwas sein, das über diesen Tag hinaus Bestand hatte.

Ein paar Tage vor diesem Geburtstag taten sich ein gutes Dutzend alter persönlicher Freunde, zu denen ich gehörte, zusammen und stifteten in Friedrichs' Namen einen Preis für Fernsehjournalisten, der von einem eigens gegründeten Verein nun alljährlich verliehen werden soll. Diese Stiftung – schön formuliert in einer Urkunde und in eine edle Ledermappe gesteckt, in die sein Name geprägt war – sollte unser Geschenk sein zu seinem Geburtstag und unser Beitrag zu seinem Andenken.

Als der «Verein» sich am Spätnachmittag des 15. März 1995 in Friedrichs' Wohnung in der Hamburger Abteistraße versammelte, erwartete Hanns uns nicht, wie erhofft, in den Wohnräumen. Er war schon zu schwach aufzustehen, und es war zunächst auch nicht

klar, ob er noch wach genug sein würde, uns alle wahrzunehmen. Dennoch kamen wir nicht in ein stilles, von
ängstlicher Erwartung gelähmtes, sondern in ein ganz
lebendiges Haus, in dem auch das Lachen nicht verstummt war. Das lag an der großen, verzweigten, auch
recht kinderreichen Familie von Ilse Madaus, der Frau,
mit der Hanns seine letzten Jahre in bemerkenswerter
Harmonie verbracht hat. Es waren nicht nur Ilses Kinder
samt Ehegatten, sondern auch einige von Ilses Enkeln
da und verschafften Nelson, dem Hund des Hauses,
einem ebenso kräftigen wie folgsamen Labrador-Boxer,
die sehr erwünschte Bewegung. Alles war vorbereitet
für eine kleine Party, und als die Gäste versammelt waren, gingen wir ins Schlafzimmer und drängelten uns
um das Bett des sterbenden Freundes.

So ähnlich muß das früher gewesen sein, als das Sterben noch nicht verbannt war und das Abschiednehmen
noch der Familie gehörte und den Freunden. Hanns war
sehr still, aber durchaus präsent und trug seine Schwä-
che klaglos, nur ein bißchen betreten, wie einen Anzug,
der schon mal besser gesessen hat. Die Nähe, die wir
alle zu ihm und auch zueinander empfanden, lag gewiß
nicht nur an der Enge des Raumes. Vielleicht waren wir
befangen, aber die meisten Anwesenden waren Journalisten oder Medien-Menschen, denen Befangenheit
so fremd ist wie Pathos, und also redeten wir miteinander wie immer, nur viel herzlicher. Ulrich Wickert, der
Vereinsvorsitzende und Friedrichs-Nachfolger bei den
Tagesthemen, las die Stiftungsurkunde vor, und zu den
künftigen Verleihungen des Preises sagte er: «Wo immer du dann auch sein wirst, Hanns, du wirst dabei-
sein.» Dann tranken wir einen Schluck Champagner
und sangen, so gut es eben ging, «Happy birthday». Ja,

natürlich haben wir auch geweint, alle irgendwann mal, auch Hanns – aber nicht verzweifelt und auch nicht deprimiert, sondern eben in jener «höheren Bewußtheit des umgebenden Gefühls», die von diesem Menschen ausging, von dem wir Abschied zu nehmen hatten.

Und dann gab es doch noch eine richtige Geburtstagsfeier, mit Snacks und Smalltalk und allerhand Gelächter. «Es gab wunderbar leichte Gespräche manchmal», hat einer der versammelten Freunde, Jürgen Leinemann, später gesagt, «von einer befreiten Heiterkeit, wie sie nur im Wissen um den nahen Tod aufkommt. Liebevoll und getragen von zärtlicher Aufmerksamkeit füreinander.» Während der Trainer Otto Rehagel und der fußballkundige Theatermann Jürgen Flimm sich in ein Fachgespräch mit dem ehemaligen Sportstudio-Moderator Friedrichs verwickelten, gingen die übrigen Gäste zum Buffet und kamen nach und nach mit ihren Tellern und ihren Gläsern wieder ins Schlafzimmer. Es wurden Stühle geholt und volle Flaschen, und schließlich biwakierten wir zwei oder drei Stunden am Bett und auf dem Bett des Todkranken und genossen diese Gemeinsamkeit, als wären wir so freundschaftlich noch nie beisammen gewesen und würden es auch nie wieder sein. Leinemann hat das in seiner Totenrede so beschrieben: «Es waren aber auch wir die Beschenkten. Wir haben dir, du hast uns ein Fest bereitet.»

Daß er einen inoperablen Lungenkrebs mit Metastasen in der Leber hatte, das wußte Hanns Joachim Friedrichs mit letzter Sicherheit seit dem 27. Dezember 1994. Darauf gefaßt gemacht hat er sich spätestens während der vielen Untersuchungen, die dem Ereignis vorangingen, das er «die Urteilsverkündung» nannte. Wer in den Tagen des Jahreswechsels 1994/1995 mit ihm telefo-

nierte, hörte den Todkranken sagen: «Ich fühle mich
doch gar nicht so. Ich sehe auch nicht so aus. Und ich
hätte ja ganz gern noch ein bißchen länger gelebt.»
Aber er sagte auch: «Es ist vorbei. Ich bereite mich auf
den Tod vor.» Und er sagte: «Ilse und ich werden jetzt
heiraten.»

Gehandelt hat er sofort, gehadert fast nie. Er hat nicht
resigniert, aber aufbegehrt auch nicht. Die Mediziner
sollten ihre Chance haben, den Versuch einer Chemo-
therapie eingeschlossen. Aber daß ihnen ein Wunder
gelingen würde, hat der Patient nie geglaubt. Er hoffte
allenfalls auf eine Verlängerung und auf relative Be-
schwerdefreiheit. Für den März war eine Golfreise an
die Algarve gebucht; sie wurde erst im Februar abge-
sagt. Und gleich nach der «Urteilsverkündung» fuhren
Hanns und Ilse zu Silvester in ihre Sylter Wohnung.

Jürgen Leinemann und seine Frau waren bereits auf
der Insel, und so wurden sie zu Gefährten dieser letzten Wegstrecke. In seiner Totenrede hat Leinemann
dies den übrigen Freunden und Weggefährten, die in
der kleinen Kapelle auf dem Friedhof im Hamburger
Stadtteil Nienstedten versammelt waren, so erzählt:
«Hanns wollte am Schluß seines Lebens keine losen
Enden herumbaumeln sehen, wie er sagte, ‹no unfinished business›. Zielstrebig leitete er die Trauung mit
Ilse ein. Er wollte Heimat haben. Und Eindeutigkeit.
Und das hat er so unverkrampft ausgestrahlt, daß sich
der freundliche Standesbeamte Buttgereit in Westerland nicht scheute, von ‹der kurzen Zeit› zu sprechen,
‹die Ihnen bleibt›. Er wünschte Glück, mehr nicht. ‹Was
soll ich Ihnen denn schon vom Leben erzählen›, sagte
der Beamte, der mit liebevoller Beharrlichkeit eine bü-
rokratische Hürde nach der anderen wegzuräumen

272

hatte, bevor die schnelle Heirat möglich wurde. ‹Sie wissen doch beide so viel mehr davon als ich.› Es war ein eiskalter Januartag auf der Insel. Zur Trauung schlichen wir nach Feierabend ins Standesamt neben dem Spielcasino – das Brautpaar, Ilses Bruder Gerd, seine Frau Evelyn und wir. Kein Mikrophon, kein Notizblock, keine Fotografen weit und breit. Das hatte auch was von einem gelungenen Coup. Es gibt kein Foto von der Zeremonie, nicht einmal ein privates. Nur Erinnerungen. Dann kam sofort das Fieber. Wie ein Überfall. Wir haben noch kurz angestoßen in Munkmarsch (in Friedrichs' Wohnung), da klapperten Hajo schon die Zähne.»

Der Coup auf dem Standesamt von Westerland war natürlich auch ein Affront – gegen die Boulevardpresse, die alles getan hätte, um an die Fotos und an die Schlagzeilen zu kommen, mit denen die späte Hochzeit des todkranken TV-Stars dann vermarktet worden wäre. Es gibt noch mehr solche Affronts in den letzten Äußerungen des Hanns Joachim Friedrichs, besonders in dem Aufsehen erregenden, eine Woche vor seinem Tod geführten und einen Tag vor seinem Tod erschienenen *Spiegel*-Gespräch – die Erwähnung «irgendeines journalistischen Strichjungen aus der ARD-Hierarchie» zum Beispiel, oder seine Erklärung der Bildschirm-Popularität, die ausschließlich auf «Frequenz» beruhe: «Du kannst so dumm sein, daß dich die Schweine beißen, du mußt nur jeden Tag so dumm sein, daß dich die Schweine beißen.» Das ist in den hochgestimmten Nachrufen kaum zitiert worden, ist aber erinnernswert, denn es zeigt, daß dieser Mann am Ende seines Lebens durchaus auch an den Antagonismen festhalten wollte, mit denen er umgegangen war, die er vielleicht sogar geschaffen hatte, weil er sie notwendig, mindestens in

Ordnung fand. In der Tat hat er auch auf dem Sterbebett keinerlei Neigung gezeigt, zerbrochene Freundschaften mit einem wohlfeilen Wort der Versöhnung im Angesicht des Todes wieder «einzurenken», wenn er fand, daß sie zu Recht zerbrochen seien. Er war auch in diesem Betracht mit sich im reinen.

«Hajo», dieser Sonntagsjunge, hat den Sinn seines Sterbens in seinem Leben gefunden. Er hatte alles getan, was er tun wollte, und also barg das Ende keinen Schrecken für ihn. «So ist das nun, und so mußt du das nehmen. Was wirklich Wichtiges versäume ich nicht.» Er war ein Hanns im Glück und ist es bis zuletzt geblieben. Oder wie sonst soll man erklären, daß ein Mann Ende sechzig, der den größten Teil seiner Zeit als begehrter Junggeselle «in Gesellschaft angenehmer Damen» zugebracht hat, zum Lebensende in eine intakte Familie einheiratet, die ihn zum Sterben aufnimmt wie ihren Patriarchen? Und daß er so sterben kann, wie er gelebt hat, ohne Kampf und ohne Schmerzen?

Die Aussicht auf ein besseres «Leben danach» hat er nicht gebraucht; sie wäre ihm ganz unglaubwürdig erschienen. Die Frage, ob es ein Leben nach dem Tod gebe, hat ihn ergo nicht beschäftigt, auch nicht auf dem Sterbelager. Die zahlreichen Nachruf-Zitate seines Spruchs «Man sieht sich im Himmel, auf Wolke 7» (der sogar geistliches Lob erfahren hat) mißverstehen eine selbstironische Nebenbemerkung; jedenfalls unterschlagen sie die eindeutige Feststellung: «Ich glaube nicht an das Leben nach dem Tode. Auch nicht an Seelenwanderung oder an eine Wiedergeburt.» Sterbebett-Visionen von einer anderen, besseren Welt hat er ebenfalls nicht gehabt – wie Adenauer etwa, dieser Menschenverächter, der wenige Tage vor seinem Ende noch erzählte, er habe geträumt, «daß im Laufe der Jahrtausende die Menschen doch besser würden». Friedrichs hatte «wilde Träume..., optische Kurzzitate, Realitätsfetzen, Erinnerungsschübe» aus dem gelebten Leben. Was das Jenseits angeht, so hätte er es gewiß eher mit Karl Moor aus den *Räubern* gehalten: «Sei wie du willst, namenloses Jenseits – bleibt mir nur dieses mein Selbst getreu. Sei wie du willst, wenn ich nur mein Selbst mit hinübernehme. Ich bin mein Himmel und meine Hölle.»

Daß er das Ende seines Lebens selbst bestimmen wolle, und zwar dann, wenn dieses Leben ihm nicht mehr sinnvoll erschien – daran hat Hanns Joachim Friedrichs, spätestens seit er wußte, daß er unheilbar an Krebs erkrankt war, keinen Zweifel gelassen. Zwar hat er längst nicht so viel zu leiden gehabt wie viele, allzu viele Krebspatienten im Endstadium. Aber er litt in den letzten Lebenstagen sehr unter dem rasch fortschreitenden körperlichen Verfall – kein Wunder bei einem Mann, der zu seiner Körperlichkeit allzeit ein sehr intensives, vor allem intensiv ästhetisches Verhältnis gehabt hat. Er erfuhr, «daß der Kranke... trotz der immer wirksamer werdenden Mittel medizinischer und sozialer Assistenz Gefahr läuft, sich von der eigenen Gebrechlichkeit erdrückt zu fühlen»; wenigstens diesen Satz aus der Enzyklika *Evangelium vitae* Johannes Pauls II. hätte er gewiß unterschrieben.

Er durfte sicher sein, daß eine Bitte um Sterbehilfe gehört und auch befolgt worden wäre. Er hatte mehr als nur einen Freund, den er – wie Sigmund Freud seinen Max Schur – hätte beim Wort nehmen können. Er hat das gewußt, und es hat ihm geholfen, einen Zustand zu ertragen, den er eigentlich als unerträglich empfand. Wer in den letzten Tagen seines Lebens noch mit ihm sprechen konnte, bekam das auch zu hören: «So wie ich jetzt lebe, will ich nicht leben. Werde ich auch nicht lange leben. Wenn da nicht von der Medizin aus was passiert, dann passiert von mir aus was.» Aber «passiert» ist dann doch nichts. Hanns Joachim Friedrichs hat keine Sterbehilfe gebraucht. Er ist gestorben, als er nicht mehr leben wollte. Er ist seinen eigenen Tod gestorben.

Zwei, drei Tage vor dem Ende zog er sich zurück in ein Zwischenreich, in das ihm auch die Seinen nicht mehr folgen konnten. Er war kaum noch ansprechbar. Versuche, ihm etwas mitzuteilen, wehrte er mit einem gemurmelten «später» ab und versank wieder in einen Dämmer, den die bescheidene Dosierung der schmerzlindernden Medikamente in seinem Tropf schwerlich auslösen konnte. Am Abend des 27. März meinte Helge, sein angeheirateter Schwiegersohn und von Beruf Facharzt der Anästhesie, bei seinem letzten Besuch am Krankenbett, es werde wohl noch zwei Tage so gehen. Ein paar Stunden später, kurz vor ein Uhr nachts am 28. März, starb Hanns Joachim Friedrichs, mit sich und seinem Tod im Frieden.

In dieser Nacht saßen Ilse, seine Frau, ihr Sohn Tilman und dessen Gefährtin Sybille, die Tochter der ersten Frau Friedrichs, noch viele Stunden am Bett des Toten, der gar nicht tot aussah, tranken Tee, weinten und redeten von ihm. Und mehr als einmal hatten sie das deutliche Gefühl, Hanns höre ihnen zu.

Ausgewählte Literatur

Ariés, Philippe: *Geschichte des Todes.* München. Deutscher Taschenbuch Verlag. 1982

Auer, Alfons: *Geglücktes Altern – eine theologisch-ethische Ermutigung.* Freiburg, Basel, Wien. Herder Verlag. 1995

Bauman, Zygmunt: *Tod, Unsterblichkeit und andere Lebensstrategien.* Frankfurt am Main. Fischer Taschenbuch Verlag. 1994

Blackmore, Susan: *Dying to live.* Near-Death Experiences. Buffalo, New York. Prometheus Books. 1993

Brauchbar, Mathis / Heer, Heinz: *Zukunft Alter.* Herausforderung und Wagnis. München. Artemis & Winkler. 1993

Dworkin, Ronald: *Die Grenzen des Lebens.* Abtreibung, Euthanasie und persönliche Freiheit. Reinbek. Rowohlt Verlag. 1994

Ehrhardt, Helmuth: *Euthanasie und Vernichtung «lebensunwerten» Lebens.* Stuttgart. Ferdinand Enke Verlag. 1965

Erikśon, Erik H.: *Der vollständige Lebenszyklus.* Frankfurt am Main. Suhrkamp Taschenbuch Wissenschaft 737. 1988

Evans-Wentz, W.Y. (Hg.): *Das Tibetanische Totenbuch oder die Nachtod-Erfahrungen auf der Bardo-Stufe.* Olten und Freiburg im Breisgau. Walter Verlag. 1991

Fremantle, Francesca / Trungpa, Tschögyam: *Das Totenbuch der Tibeter.* München. Diederichs Gelbe Reihe. Eugen Diederichs Verlag. 1993

Gronemeyer, Reimer: *Die Entfernung vom Wolfsrudel.* Über den drohenden Krieg der Jungen gegen die Alten. Düsseldorf. Claassen Verlag. 1990

Höfer, Werner (Hg.): *Leben müssen – sterben dürfen.* Die letzten Dinge, die letzte Stunde. Bergisch Gladbach. Lübbe Verlag. 1977

Humanes Leben – Humanes Sterben. Workshop der Friedrich-Ebert-Stiftung, der Philosophisch-Politischen Akademie und des Humanistischen Verbandes Deutschlands. Bonn. 1994

Jens, Walter/Küng, Hans: *Menschenwürdig sterben.* Ein Plädoyer für die Selbstverantwortung. München, Zürich. Piper Verlag. 1995

Kast, Verena: *Trauern.* Phasen und Chancen des physischen Prozesses. Stuttgart. Kreuz Verlag. 1982

Klose, Hans-Ulrich (Hg.): *Altern der Gesellschaft.* Antworten auf den demographischen Wandel. Köln. Bund-Verlag. 1993

Kübler-Ross, Elisabeth: *Interviews mit Sterbenden.* Stuttgart. Kreuz Verlag. 1971

Lüth, Paul: *Die Leiden des Hippokrates oder Medizin als Politik.* Darmstadt und Nieuwied. Luchterhand Verlag. 1975

Meier, Christoph (Hg.): *An der Grenze zwischen Leben und Tod.* Lebensqualität – Sterbehilfe. Dokumentation einer Tagung. Evangelische Akademie Tutzing, Gesundheitsforum der *Süddeutschen Zeitung.* 1992

Montaigne, Michel de: *Die Essais.* Sammlung Dieterich, Band 137. Bremen. Carl Schünemann Verlag. 1953

Moody, Raymond A.: *Leben nach dem Tod.* Die Erforschung einer ungeklärten Erfahrung. Reinbek. Rowohlt Verlag. 1977

Morse, Melvin, und Perry, Paul: *Zum Licht.* Was wir von Kindern lernen können, die dem Tod nahe waren. Frankfurt am Main. Zweitausendeins. 1992

Nuland, Sherwin B.: *Wie wir sterben.* Ein Ende in Würde? München. Kindler Verlag. 1994

Pflüger, Peter M. (Hg.): *Abschiedlich leben.* Umsiedeln – Entwurzeln – Identität suchen. Olten und Freiburg im Breisgau. Walter-Verlag. 1991

Richter, Horst-Eberhard: *Umgang mit Angst.* Hamburg. Hoffmann und Campe. 1992

280

Ring, Kenneth: *Life at Death.* A scientific investigation of the Near-Death Experience. New York. Quill. 1982

Ring, Kenneth: *Heading toward Omega.* In search of the meaning of the Near-Death Experience. New York. Quill. 1985

Schachtner, Christel: *Störfall Alter.* Für ein Recht auf Eigen-Sinn. Frankfurt am Main. S. Fischer Verlag. 1988

Schröter-Kunhardt, Michael: *Mögliche neurophysiologische Korrelate des NDE.* In: Dittrich, Adolf (Hg.): *Welten des Bewußtseins.* Berlin. Verlag für Wissenschaft und Bildung. 1993
Erfahrungen Sterbender während des klinischen Todes. In: *TW Neurologie Psychiatrie,* Heft 3, 1995

Student, Johann-Christoph (Hg.): *Das Recht auf den eigenen Tod.* Düsseldorf. Patmos Verlag. 1993

Tausch-Flammer, Daniela: *Sterbenden nahe sein.* Was können wir noch tun? Freiburg, Basel, Wien. Herder Verlag. 1993

Tolstoi, Leo N.: *Der Tod des Iwan Iljitsch.* Frankfurt am Main. insel taschenbuch 864. 1985

Zaleski, Carol: *Nah-Todeserlebnisse und Jenseitsvisionen.* Frankfurt am Main und Leipzig. Insel Verlag. 1993

BETTY FRIEDAN

Mythos Alter

Deutsch von Cornelia Holfelder-von der Tann
und Adelheid Zöfel
928 Seiten. Gebunden

Keine Illusion ist uns lieber als die, daß wir jung sind und es immer bleiben werden. Ihr zuliebe verdrängen wir die Realität, ihr zuliebe leben wir in der Vergangenheit. Der «Mythos Alter» hält uns gefangen, wir fürchten, das zu werden, was eine jugendverliebte Gesellschaft unter Alter versteht: hilflos, krank – Ausschuß.

Mit der gleichen streitlustigen Intelligenz, mit der sie den «Weiblichkeitswahn» aus den Köpfen der Frauen fegte, widerlegt Betty Friedan in diesem provozierenden Buch die Klischees von Senilität und Verfall. Nach intensiver und kritischer Beschäftigung mit allen Aspekten des Alters, der Altersforschung und der Altersfürsorge zieht sie das Resümee: «Die Forschung der letzten fünfzehn bis zwanzig Jahre läßt keine Zweifel: Der Leistungsverfall im Alter wird überschätzt. Alte Menschen verfügen über ein hohes Niveau an beruflicher Qualifikation und über kognitive, physische und soziale Kompetenz.»

ROWOHLT

JOHANNES HOFF /
JÜRGEN IN DER SCHMITTEN (Hg.)

Wann ist der Mensch tot?

Organverpflanzung und Hirntodkriterium

416 Seiten. Kartoniert
und als rororo science Band 9991

In diesem vielbeachteten und -diskutierten Buch kommen
namhafte Befürworter und Gegner des «Hirntod»-Kriteriums
zu Wort, das nicht erst seit dem Fall des «Erlanger Babys» heftig umstritten ist. Es geht um nicht weniger als die Frage: Ist
das «Hirntod»-Kriterium, die entscheidende Voraussetzung
für die Entnahme von Organen, ethisch gerechtfertigt? Denn
daß «Hirntote» wirklich nicht mehr leben, ist keine naturwissenschaftlich unumstößliche Tatsache.

ROWOHLT

OLIVER SACKS

Eine Anthropologin auf dem Mars

Sieben paradoxe Geschichten

Deutsch von Hainer Kober, Alexandre Métraux
und Jutta Schust
448 Seiten. Mit 16 Farbtafeln. Gebunden

Oliver Sacks, Neurologe und Autor u. a. des Bestsellers «Der Mann, der seine Frau mit einem Hut verwechselte», stellt eine neue Sammlung von Fallgeschichten vor. Feinfühlig und respektvoll porträtiert Sacks sieben Menschen, die von neurologischen Ausfällen ganz verschiedener Art betroffen sind: Greg ist durch einen Tumor erblindet, ist sich dessen jedoch nicht bewußt: «Wenn ich blind wäre, müßte ich doch der erste sein, der davon weiß.» Temple Grandin ist seit ihrer Kindheit autistisch. Durch ihre selbst konstruierte «Drückmaschine» erfährt sie eine Ganzkörpermassage: «Ich bin jetzt richtig entspannt. Ich vermute, andere bekommen das durch ihre Beziehungen.» Jonathan ist Maler und nach einem Unfall absolut farbenblind: «Mein Hund ist dunkelgrau, Tomatensaft ist schwarz, und die Farbfernsehbilder sind ein grauer Mischmasch...»

«Sacks' kunstvoll erzählte Stories wirken wie bewußtseinserweiternde Drogen: Die Wirklichkeit ist nach der Lektüre nicht mehr, was sie vorher war.»

Joachim Köhler, Stern

ROWOHLT

Oliver Sacks

Migräne
Deutsch von Jutta Schust
544 Seiten. Gebunden

Awakenings – Zeit des Erwachens
rororo Band 8878

Der Mann, der seine Frau mit einem
Hut verwechselte
rororo Band 8780

Stumme Stimmen
Reise in die Welt der Gehörlosen
rororo Band 9198

Der Tag, an dem mein Bein fortging
rororo Band 8884

ROWOHLT